GRUPPO ITALIAIDEA

Italian

ITALIAN COURSE
FOR ENGLISH
SPEAKERS

Espresso

Alma
Edizioni
Firenze

1

Il GRUPPO ITALIAIDEA è composto da:

PAOLO BULTRINI
FILIPPO GRAZIANI
NICOLETTA MAGNANI

In **Italian Espresso 1** sono stati utilizzati e rielaborati materiali originariamente creati da Maria Balì, Giovanna Rizzo, Luciana Ziglio.

Direzione editoriale: **Ciro Massimo Naddeo**

Redazione: **Carlo Guastalla**

Progetto grafico: **Caroline Sieveking** e **Andrea Caponecchia**

Impaginazione: **Andrea Caponecchia**

Progetto copertina: **Sergio Segoloni**

Illustrazioni interne: **ofczarek!**

Editing: **Giulia Guidotti** e **Thomas Simpson**

Stampa: **la Cittadina,** azienda grafica - Gianico (Bs)

Printed in Italy

ISBN Textbook 978-88-8923-721-2

© **2006 Alma Edizioni**
Ultima ristampa: giugno 2012

Alma Edizioni
Viale dei Cadorna, 44
50129 Firenze
tel +39 055476644
fax +39 055473531
alma@almaedizioni.it
www.almaedizioni.it

Introduction

Italian Espresso is the first authentic "Made in Italy" Italian course designed for English-speaking students.

Presented in two volumes, the course is particularly suitable for students at American colleges and universities in both the United States and Italy and for Anglo-American educational institutions in general.

The innovative teaching method is based on an entertaining and communicative approach, allowing the teacher to construct a study programme by which students can learn while enjoying themselves. In line with the Alma Edizioni's consolidated tradition, this method combines scientific rigor with the use of a modern, dynamic and motivating teaching style.

This involves:
* accent on communication, with the objective to enable the student, from the very beginning, to speak and interact in Italian
* authentic language in both the oral and written extracts
* real, non-stereotypical situations
* motivating and interesting teaching activities
* inductive grammar
* a textual rather than a phrasal approach
* culture sections full of information on Italy and the Italians, given from a intercultural point of view, with the aim of stimulating reflection and comparison of the respective cultures
* choice of up-to-date and interesting topics for the foreign studies, in order to give the most modern idea of customs, lifestyle and trends in contemporary Italy
* learning strategies aimed at developing independent study
* a clear and systematic layout which guarantees simplicity and practical use for both the student and the teacher

We are sure both students and teachers will have a rewarding and enjoyable experience using **Italian Espresso**.

Authors and Publisher

Summary of the lessons

Lesson	Speaking Writing	Speaking practice Writing practice	Grammar	Communicative function
1 **Primi Contatti** page 8	1 Ciao o buongiorno 2 Scusa, come ti chiami? 4 Alfabeto 5 Il personaggio misterioso 7 C come Ciao 10 E tu di dove sei? 14 Sei italiano? 18 Numeri da 0 a 20 20 Qual è il tuo numero? 22 Alla fine della lezione	3 E tu come ti chiami? 6 Come si scrive? 8 Come si pronuncia? 9 Che significa? 11 E tu? 12 Sei francese? 13 Come si dice? 16 Abiti in centro? 17 Piacere! 19 Che numero è? 21 Rubrica telefonica	2 Essere *and* chiamarsi: *first and second person singular* 4 *Alphabet* 10 *Adjectives of nationality* 15 *Regular verbs: first and second person singular* 18 *Numbers from 0 to 20*	*Greeting people* *Introducing yourself* *Asking pronunciation and spelling of a word* *Asking nationality* *Asking the meaning and translation of a word* *Asking for telephone numbers* *Saying goodbye*
2 **Buon appettito** page 20	1 Che cos'è questo? 3 In un bar 6 Che cos'è questo? 8 Quali piatti conosci? 10 In trattoria 14 Messaggio per Marco 17 Il conto per favore 19 Numeri da 20 a 100 20 Che numero è?	2 La mia lista 5 Che cosa prendi? 7 Al bar 12 La carne o il pesce? 13 Da bere… 16 Articoli indeterminativi 18 Al ristorante 21 Leggete e completate 22 Quanto costa?	4 *Nouns of the first group (ending in "o" or "a")* 6 Questo *and* quello 9 *Nouns of the second group (ending in "e")* 11 *Definite article* 15 *Indefinite article* 18 *Numbers from 20 to 100*	*Ordering in a caffè* *Ordering in a restaurant* *Asking for the check* *Asking prices*
3 **Io e gli altri** page 32	1 Presentare qualcuno 5 Che lavoro fa? 10 Faccio la segretaria 13 Posti di lavoro 15 Cara Tiziana… 17 I numeri da 100 in poi 19 Una straniera in Italia 22 Come va?	3 Chi è? 4 Parla inglese? 8 Che cosa fa? 11 Che lavoro fai? 14 Chi sono? 16 Presentazioni 18 Date famose 21 Riscrittura al formale 23 Come stai? 24 Piacere!	2 *Verbs ending in -* ARE *+* essere: *third person singular* 6 *Nouns which do not change* 7 *Regular verbs +* fare, essere *and* avere: *third personal singular* 9 *Names of occupations which do not have a feminine form* 12 *Peculiarities of nouns* 15 *Simple prepositions* 17 *Numbers from 100 onwards* 20 *Formal and informal communication*	*Introducing someone* *Asking and giving personal details* *Talking about your work* *Speaking formally*
4 **Tempo libero** page 44	1 Il tempo libero 2 Che cosa fai nel tempo libero? 5 Un'email da Berlino 11 Che cosa fai il fine settimana? 15 L'italiano per studenti: vuoi corrispondere? 19 I giovani e la discoteca	4 Che cosa fa nel tempo libero? 7 Presente dei verbi regolari 9 Sapere o conoscere? 12 Sempre, spesso o mai 13 Sempre, spesso o mai 14 Fai ginnastica spesso? 17 Ti piace? 18 Amici su internet 21 Interrogativi 22 Che cosa fai il fine settimana?	3 Fare, andare *and* stare: *third person singular* 6 *Regular verbs:* Presente indicativo 8 *Verbs* sapere *and* conoscere 10 *Adverbs of frequency* 16 *The verb* piacere 20 *Asking questions*	*Talking about leisure time* *Talking about how often you do something* *Expressing likes and preferences*

Summary of the lessons

Lesson	Speaking Writing	Speaking practice Writing practice	Grammar	Communicative function
9 **La famiglia** page 106	1 La famiglia fa notizia 4 Vive ancora con i genitori 5 Carissimo diario 15 Genitori vicini e lontani	2 La famiglia 3 Trovate un titolo 8 Quanti siete in famiglia? 9 Chi di voi… 10 Mio, tuo 12 Cerca una persona che… 13 Passato prossimo 14 Una lettera 16 Che famiglia!	7 *Possessive adjectives* 6 *Possessive adjectives with words denoting family relationships* 11 *Passato prossimo of reflexive verbs*	*Identifying family relationships* *Describing your family*
10 **Sapori d'Italia** page 118	1 Alimentari 2 Fare la spesa 5 Caro Antonio 10 In un negozio di alimentari	3 Cosa hai comprato? 4 Mozzarella, aceto balsamico e… 6 Il mio negozio preferito 8 Mangi spesso… 9 Pronomi oggetto diretto 12 Vorrei del… 13 Cosa desidera? 15 Quanto ne vuole? 16 Pronomi oggetto diretto e NE 17 In un negozio 18 La lista della spesa 19 Cara Serena	7 *Direct object pronouns* 14 Ne *as partitive expression* 11 *Partitive use of* di + *article*	*Describing food and eating habits* *Grocery shopping*
11 **Fare acquisti** page 130	1 Come si chiamano? 3 Cerco un pullover 7 I fantastici 5 10 In un negozio di calzature	2 Capi d'abbigliamento 5 Ti piacciono questi capi? 6 Che taglia porta? 9 Pronomi oggetto diretto e indiretto 12 Riscrittura all'informale 13 Vorrei… 15 Che ne dice? 16 Che abbigliamento preferisci?	4 *Indirect object pronouns* 8 *Use of indirect pronouns contrasted with direct pronouns* 11 *Condizionale presente for making polite requests* 14 Più, meno, troppo, *the adjective* quello	*Shopping for clothes* *Making polite requests* *Expressing tastes and preferences*
12 **Da piccola** page 142	1 I bambini e gli animali 3 Da piccola avevo un cane 4 Caro diario… 9 Tu dove andavi in vacanza? 12 Un'intervista sull'infanzia 17 La gatta	2 Il vostro sondaggio 6 Da piccolo 7 E tu? 8 Animali: pro e contro 11 E tu? 13 La vostra intervista 14 Passato prossimo e imperfetto 15 Un concorso letterario 16 La gatta	5 *Imperfetto* 10 *The use of the* imperfetto *compared to the* passato prossimo	*Describing animals* *Talking about your childhood* *Describing past situations* *Talking about habitual activities in the past*

Summary of the "Caffè culturale" section

Primi contatti

Ciao
Buonasera
Buongiorno

(CD 1) **1** Ascolto - Ciao o buongiorno?

Listen to the recording and put the 4 conversations in the order in which they appear. Then complete the conversations with the greetings in the balloon.

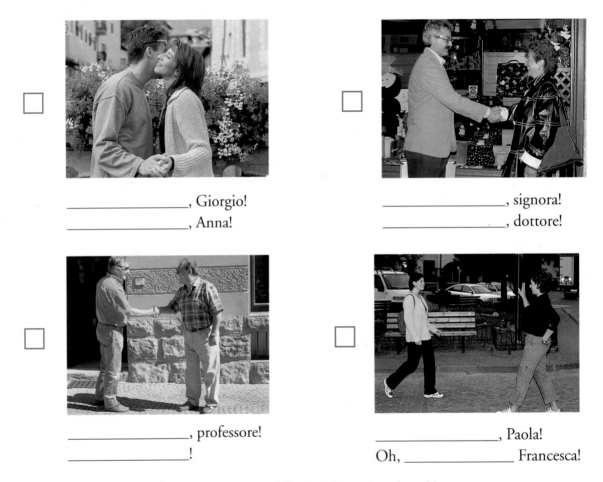

☐ _____, Giorgio!
_____, Anna!

☐ _____, signora!
_____, dottore!

☐ _____, professore!
_____!

☐ _____, Paola!
Oh, _____ Francesca!

How do you greet people at various times of the day? Complete the table.

	INFORMALE	FORMALE

Infobox

When do we say **"buongiorno"** and when do we say **"buonasera"**? Normally, we say **"buonasera"** after 5.00/6.00 pm, but in many Italian towns it is also used after 1.00 pm.

2 Ascolto - Scusa, come ti chiami?

CD 2

a. Close the book, listen to the conversations, then discuss with your partner.

b. Listen again and complete the conversations using the verbs in the boxes.

sono	sono	ti chiami

1. ● Ciao, _____ Valeria, e tu come _____?

   ■ Alberto. E tu?

   ● Io Cecilia.

2. ● Buongiorno, _____ Giovanni Muti.

   ■ Piacere, Carlo De Giuli.

c. Insert the forms of the verbs from the above conversations in the table below.

BYE   NAZYWAĆ SIĘ

	ESSERE	CHIAMARSI
IO	*SONO*	mi chiamo
TU	sei	

3 Esercizio orale - E tu come ti chiami?

Go round the classroom and introduce yourself to your classmates.

Example: ■ Ciao, sono Giovanni e tu come ti chiami?

   ▼ Mi chiamo Francesca. Piacere!

   ■ Piacere!

4 L'alfabeto

CD 3

Listen and repeat.

A	E	I
B bi	F effe	L elle
C ci	G gi	M emme
D di	H acca	N enne

O
P pi
Q cu
R erre
S esse
T ti

U
V vi/vu
Z zeta

foreign letters
J i lunga
K kappa
W doppia vu
X ics
Y ipsilon

 G 1.1

Primi contatti

1

Ascolto - Il personaggio misterioso

Listen to the recording and write the letters. You will find the names of some famous Italians.

1. _____   2. _____

3. _____   4. _____

6 **Esercizio scritto - Come si scrive?**

Work with a partner and take turns to ask how to spell each other's names.

> Example: "Come si scrive il tuo nome?"
>
> "Si scrive _ _ _ _ _ _ _ _ _ _ _"
>
> "E come si scrive il tuo cognome?"
>
> "Si scrive _ _ _ _ _ _ _ _ _ _ _"
>
> "Scusa, puoi ripetere per favore?"
>
> "Si scrive _ _ _ _ _ _ _ _ _ _ _"

◎ **7** **Ascolto - «c» come ciao**

CD 5 *Listen and repeat the words.*   Ⓖ 1.2, 1.3

> caffè · Garda · piacere · spaghetti · parmigiano · ciao · arrivederci · zucchero ·
> chitarra · gelato · Germania · radicchio · zucchini · Monaco · funghi · formaggio ·
> cuoco · buongiorno · prosecco · lago · ragù · cuore

Put the words in order according to the following sounds.

[ʧ]   **ciao**   _____

[k]   **caffè**   _____

[ʤ]   **gelato**   _____

[g]   **Garda**   _____

"c" is pronounced [ʧ] when it comes before _____ and [k] when it comes

before _____.

"g" is pronounced [ʤ] when it comes before _____ and [g] when it comes

before _____.

8 Pratica orale - Come si pronuncia?

Work with a partner and take turns to ask each other how to pronounce these words.

Example: "Come si pronuncia questa parola?"
"Si pronuncia *macchina*."

Now check the pronunciation with the recording.

9 Esercizio orale e scritto - Che significa?

Work in pairs. Student A looks at this page and Student B looks at page 12.

Student A

Ask Student B what one of the words written below means. Write Student B's answer under the corresponding illustration. Then take turns asking each other all the remaining words.

Example: A - Che significa *sedia*?
B - Significa *chair*.

~~sedia~~	finestra	insegnante
libro	penna	

lavagna   porta   registratore   FINESTRA

PENNA   sedia   tavolo   LIBRO

Primi contatti

1

Student B

Work with a partner. Student B looks at this page and Student A looks at page 11.
Answer Student A's question. Then ask Student A what one of the words written below means. Write Student A's answer under the corresponding illustration. Then take turns asking each other all the remaining words.

Example: A - Che significa sedia?
B - Significa *chair*.

lavagna	porta
registratore	tavolo

_____   _____

finestra

penna   sedia   insegnante   _____   libro

---

10 Ascolto - Di dove sei?

CD 7

Listen to the conversations and match the people with their nationalities.

G 1.4

Australia	australiano	australiana
Austria	austriaco	austriaca
Canada	canadese	canadese
Cina	cinese	cinese
Corea	coreano	coreana
Francia	francese	francese
Germania	tedesco	tedesca
Giappone	giapponese	giapponese
India	indiano	indiana
Inghilterra	inglese	inglese
Irlanda	irlandese	irlandese
Italia	italiano	italiana
Messico	messicano	messicana
Portogallo	portoghese	portoghese
Scozia	scozzese	scozzese
Spagna	spagnolo	spagnola
Svizzera	svizzero	svizzera

dialogo 1

dialogo 2

_____   _____   _____

Primi contatti

1

11 Esercizio scritto - E tu?

CD 7

Complete the conversation using the words in the boxes.

● _____ tedesco?

■ No, _____ austriaco.

E tu ____di____ ____dove____ sei?

● Sono italiana, _____ Genova.

di		dove
sono		
di		sei

Now listen to the second conversation of exercise 10 and check.

12 Esercizio orale - Sei francese?

Work with a partner. Repeat the conversation with different nationalities and cities, as in the example. Take turns to continue with all the remaining nationalities and cities.

Example: giapponese/coreano/francese/Parigi

■ Sei giapponese?

▼ No, sono coreano. E tu di dove sei?

■ Sono francese, di Parigi.

1. italiano/spagnolo/tedesco/Berlino
2. messicano/colombiano/scozzese/Edimburgo
3. americano/canadese/giapponese/Tokyo
4. brasiliano/portoghese/irlandese/Dublino
5. inglese/australiano/spagnolo/Madrid

Primi contatti

1

13 Esercizio orale e scritto - Come si dice?

Do you remember what these things are called in Italian? Ask your partner whether he or she knows those you can't remember.

_____   _____   _____   _____

_____   _____   _____   _____

14 Lettura - Sei italiano?

Complete the conversation by inserting Rose's answers from the box on the right.

● Ciao, sono Antonio, tu come ti chiami?

■ ....

● No sono spagnolo, ma studio in Italia.

■ ....

● Studio economia, e tu?

■ ....

● Dove lavori?

■ ....

● E dove abiti?

■ ....

● Beata te! Io invece abito in periferia.

Abito in centro con la famiglia.

Io non studio. Lavoro part-time.

Rose, sono australiana. Sei italiano?

Lavoro come baby sitter per una famiglia italiana.

Che cosa studi?

15 Riflettiamo - Presente indicativo, prima e seconda persona singolare   G 7.1

*Find in the text of the above conversation the forms of the verbs verbs **abitare**, **lavorare** and **studiare** and insert them in the following table.*

	ABIT**ARE**	LAVOR**ARE**	STUDI**ARE**
IO	....	lavor<u>o</u>	....
TU	....	....	stud<u>i</u>

16 Esercizio orale - Abiti in centro?

Work with a partner. Take turns to ask and answer the questions, as in the example.

Example: *abitare* in centro / in periferia	A - Abit**i** in centro?
	B - No, **non** abit**o** in centro, abit**o** in periferia.

1. *studiare* economia / architettura
2. *parlare* spagnolo / italiano
3. *visitare* Firenze / Roma
4. *abitare* a Milano / a Venezia

5. *lavorare* in banca / in ospedale
6. *preparare* la pizza / la pasta
7. *ascoltare* musica rock / musica punk
8. *telefonare* a Maria / a Giovanni

17 Esercizio orale - Piacere!

Imagine that you are a foreign student on your first day of an Italian course in Rome: write on a piece of paper your name, nationality and the city where you live. Then work with partner and introduce yourselves to each other.

18 Ascolto - Numeri da 0 a 20

CD 8

Listen and repeat.

G 14.1.1

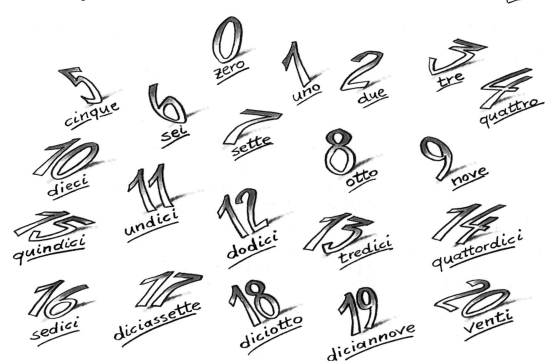

19 Esercizio orale - Che numero è?

*Write in the box on the left seven numbers (**numeri**) of your choice from 0 to 20 then dictate them to your partner, who should write them in the box on the right. When you have finished compare the results.*

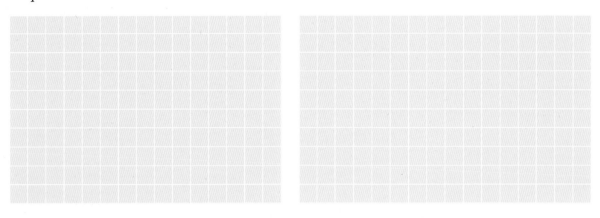

20 Lettura - Qual è il tuo numero di telefono?

Complete the conversation with the questions in the box.

● ....

■ 06 342 67 95. Però ho anche il
cellulare: 347-762 17 82.

● ....

■ 347-762 17 82

● ....

■ Via Garibaldi, 22.

E qual è il tuo indirizzo?

Come, scusa?

Qual è il tuo numero di telefono?

Esercizio orale e scritto - Rubrica telefonica

Go round the classroom asking for the telephone numbers of your classmates.
Then write them in the telephone book below.

Example: ■ Qual è il tuo numero di telefono?
▼ 02 5465339.
■ E il cellulare?
▼ 347 35441418.

Nome	Telefono di casa	Cellulare

 Lessico - Alla fine della lezione…

At the end of the lesson say goodbye to your classmates.

Arrivederci!

A presto!

Ciao!

A domani!

Caffè culturale

PER FARCI UN'IDEA

It's often said that the Italians "speak" with their hands. What do you think the popular soccer player Francesco Totti is "saying" in these photographs?

CON OCCHI DI STRANIERO

STEPHANIE S.
Following her ballet career Stephanie continues to direct, choreograph and teach throughout the world. A mother of two daughters, she now lives in Rome with her husband and studies Italian language and culture.

The Language of gestures in Italy

One of the first things you notice about Italy is the rich, eloquent body language, a symbolic language of expression and gesture so distinctively evolved over millennia to have become an intriguing art form in its own right. Walk down any street in Italy today and you'll not only hear but also see the conversations taking place: spoken words invariably accompanied by a gestured language from some unwritten dictionary that all Italians seem to speak in volumes. Eye contact with everyone is important; to look away may be considered an act of boredom or outright rudeness, so everyone is looking at everyone else and reading body language all the time. In Italy, what one says in words is not nearly as important as how one says it with gesture. This can be most entertaining! It is not at all unusual in this day and age to see a madly gesticulating person heading your way down the street, one you initially think might be a bit crazy - talking to themselves and drawing abstract pictures in the air - until suddenly you realize that those grand gestures, although not seen by the second party, are being used to punctuate conversation on a mobile *telefonino*! Exaggerated animation and expression abound in practically all Italian conversations regardless of time, place, or content. While all it takes is a single turn of the wrist, look in the eye, or tilt of the head to serve to capture the essence of meaning, the flowery nature of Italian gestures automatically brings vibrancy to even the most ordinary everyday speech. Italians will almost always gesture good naturedly to emphasize a point or feeling. In moments of stress or anger, gestures say in no uncertain terms what words might not. Should a conversation need be held at some distance, perchance across the piazza, a gestured code can be worth a thousand words: "Hungry? You get the car. Meet us in 10 minutes. Let's go for pizza!" It is delightful to observe even very young Italian children who have learned through example from infancy to express themselves with a wide repertoire of representational gestures far more sophisticated than mere pointing. They are taught early on the physical code of Italian manners requisite in daily interactions, perhaps a survival tactic since personal space is much smaller in Italy than anywhere else in Europe, certainly less than in America. The concept of an Italian cue for example, will probably remain loosely defined for all eternity. Fortunately, Italians really like to be close physically! It is quite common to see Italian women with women or men with men walking arm in arm or hand in hand publicly denoting a closely shared experience. When coming or going from interactions Italians will typically have some sort of touch gesture exchanged, whether it be the double kiss on the cheek with best friends, the warm, strong handshake when newly acquainted, or the expected embrace with someone you already know. Even when abroad, Italians like to seek out other Italians; then just imagine the flow of words and the language of gesture that springs forth as they converse like old friends.

Which gestures are made in your country during conversation or instead of an exclamation? Which ones do you make?

■ NOTIZIE DALL'ITALIA

a. Do you understand these gestures? Work with a partner and try to match them to the definitions, then check with your teacher.

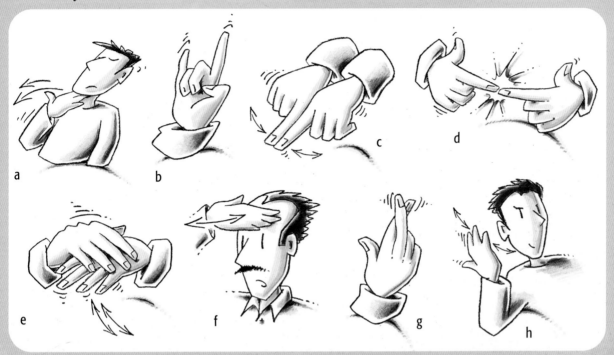

___ /1. Indicates a threat. It's an informal gesture often used with children to threaten a punishment or jokingly with friends and acquaintances.

___ /2. Indicates your departure or that of other people.

___ /3. Indicates friendship, agreement or understanding between two people.

___ /4. Indicates indifference.

___ /5. Indicates stupidity or madness in others or denying it in yourself.

___ /6. Used to wish for good luck.

___ /7. Used to ward off something.

___ /8. Indicates hostility or disagreement between two people.

b. Now you try to make them! Have fun!!!

■ L'ITALIA IN RETE

*Go to the section **immagini** on www.google.it, insert the word* gesti *and choose the ones you like best.*

Buon appetito!

1 Lessico - Che cos'è questo?

Look at the pictures and write next to each one the corresponding name from the list below.

birra   formaggi   cappuccino   spaghetti   pomodori

gelato   pizza   cornetto   acqua   fragole   patatine fritte   torte

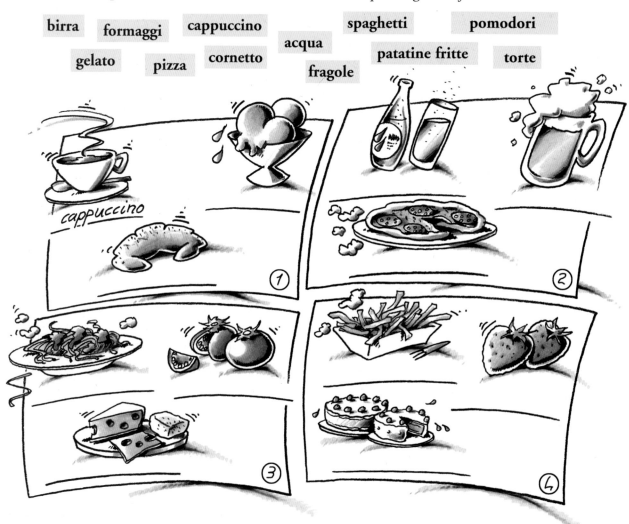

2 Scriviamo - La mia lista

Do you know the names of other types of Italian food or drink? Write them below.

3 Ascolto - In un bar

CD 11

a. Close the book, listen to the conversation, then discuss with your partner.

b. Listen again and complete the dialogue with the expressions in the boxes.

| per me | solo | bene | anch'io vorrei | io prendo |

● I signori desiderano?

■ _____ un cornetto e un caffè macchiato.

● E Lei, signora?

◆ _____ un cornetto e poi ... un tè al limone.

● I cornetti con la crema o con la marmellata?

◆ Mmm ... con la crema.

■ _____ invece con la marmellata.

● E Lei che cosa prende?

▼ Mmm, _____ un tè al latte.

● _____, allora due cornetti, due tè e un macchiato.

4 Riflettiamo - Sostantivi

a. Look at the pictures in activity 1 and complete the table.

G 2

○ **MASCHILE SINGOLARE**

1) cornett....
2) cappucin....
3) ....

○ **FEMMINILE SINGOLARE**

1) birr....
2) acqu....
3) ....

○ **MASCHILE PLURALE**

1) spaghett....
2) pomodor....
3) ....

○ **FEMMINILE PLURALE**

1) patatin.... fritte
2) tort...
3) ....

*b. Look at the last letter of all the nouns (**nomi**) and write it in the corresponding column.*

	MASCHILE	FEMMINILE
SINGOLARE	_____	_____
PLURALE	_____	_____

5 **Esercizio orale - Che cosa prendi?**

Look at the photographs with a partner and take turns saying the dialogue changing the word "cornetto" with the objects shown in the photographs.

 un'aranciata   un tramezzino   un gelato   un cornetto

> Example:
> - Io prendo **un cornetto**.
> ▼ Ah, anch'io vorrei **un cornetto**.
> - Bene, allora **due cornetti**.

un cappuccino   un panino

6 **Lettura - Che cos'è questo?**   Ⓖ 6

a. What does the waiter answer? Put the correct answer in the corresponding cartoon.

a. **Quello** è un **panino** con prosciutto e formaggio.
b. **Questa** è una **pasta** al cioccolato.
c. **Quella** è una **bruschetta**.
d. **Questo** è un **cornetto** con la crema.

b. Now, with your partner, answer the following questions:
- *What word is used to indicate an object near you?* ....
- *What word is used to indicate an object far away from you?* ....

7 Parliamo - Al Bar

It's 9.00 am and you are in a caffè with your friends, the teacher is your waiter. The groups order breakfast.

8 Lettura - Quali piatti conosci?

Read the menu and explain to one of your classmates the dishes that you know. Then ask the teacher the words that you don't know.

Ristorante **Buca Lapi**

Menù a prezzo fisso
20 euro

Antipasti
Affettati misti
Pomodori ripieni
Bruschette
Insalata di mare

Primi piatti
Tortellini in brodo
Tagliatelle ai porcini
Lasagne al forno
Risotto ai funghi
Minestrone
Spaghetti ai frutti di mare
Spaghetti al pomodoro

Secondi piatti
Carne
Cotoletta alla milanese
Braciola di maiale ai ferri
Pollo allo spiedo
Arrosto di vitello

Pesce
Trota alla mugnaia
Sogliola

Contorni
Insalata mista
Patatine fritte
Purè di patate
Spinaci al burro
Peperoni alla griglia

Dessert
Frutta fresca
Macedonia
Fragole
Gelato
Panna cotta
Tiramisù

9 Riflettiamo - Sostantivi

G 2.1

a. Find the corresponding words in the menu and complete the tables.

MASCHILE SINGOLARE	MASCHILE PLURALE
tortellino	....
....	pesci
....	risotti
....	minestroni
....	polli
peperone	....

FEMMINILE SINGOLARE	FEMMINILE PLURALE
bruschetta	....
....	fragole
macedonia	....
lasagna	lasagne
carne	carni
cotoletta	....

*b. Work with a partner, find the 4 nouns in the tables which in the singular form do not end in "**-o**" or in "**-a**" and write them below.*

_____   _____   _____   _____

c. Now solve the two problems below.
   1. The 4 nouns that you wrote above are:

- *all masculine*
- *all feminine*
- *some masculine and some feminine*

   2. These nouns have as their final vowel:

   ___   *in the singular*

   ___   *in the plural*

  10 Ascolto - In trattoria

   a. Close the book, listen to the dialogue, then discuss with your partner.

   b. Listen to the dialogue again and underline the things that the woman and the boy order.

> gli spaghetti - la coca cola - l'arrosto - le tagliatelle - i tortellini
> lo spezzatino - il minestrone - gli affettati misti - il risotto
> i peperoni - le patatine fritte - le arance - la minestra - il vino
> l'insalata - la cotoletta - gli spinaci - l'acqua minerale

Compare your results with your partner and, if necessary, ask the teacher the meaning of any words you don't know.

11 Riflettiamo - Articoli determinativi   **G** 3

   a. Work with a partner. Put all the words from activity 10 into the table and answer the questions.

	SINGOLARE	**PLURALE**
MASCHILE		**gli** spaghetti
FEMMINILE		**le** tagliatelle

- *Which of these are masculine articles (**articoli maschili**)?* ____ , ____ , ____ , ____ , ____ .
- *Which of these are feminine articles (**articoli femminili**)?* ____ , ____ , ____ .

b. Now insert the articles and complete the table.

	SINGOLARE	PLURALE	
MASCHILE	___ minestrone ___ risotto ___ vino	___ tortellini ___ peperoni	Gli articoli maschili _____ singolare e _____ plurale **prima di consonante**
	___ arrosto	___ affettati misti	Gli articoli maschili _____ singolare e _____ plurale **prima di vocale**
	___ spezzatino	___ spaghetti ___ spinaci	Gli articoli maschili _____ singolare e _____ plurale **prima di s+consonante**
FEMMINILE	___ minestra ___ coca cola	___ tagliatelle ___ patatine fritte	Gli articoli femminili _____ singolare e _____ plurale **prima di consonante**
	___ insalata ___ acqua minerale	___ arance	Gli articoli femminili _____ singolare e _____ plurale **prima di vocale**

12 Esercizio scritto e orale - Preferisci la carne o il pesce?

a. Work with a partner. Write the articles next to the nouns below.

Example: __la__ carne / __il__ pesce

__ panna cotta / __ fragole   __ acqua / __ birra   __ pollo / __ bistecca
__ spaghetti / __ tagliatelle   __ tortellini / __ lasagne   __ spinaci / __ patatine
__ minestrone / __ risotto   __ gelato / __ macedonia   __ bruschetta / __ affettati misti
__ insalata / __ peperoni   __ arrosto / __ cotoletta   __ vino bianco / __ vino rosso

b. Work with a different partner. In turn ask each other questions as in the example, using the words set out at point a. above.

Example: ■ Prendi **la** carne o **il** pesce?
▼ Prendo **la** carne.

13 Esercizio scritto e orale - Da bere…

Choose from the list in the previous activity the dishes that you want to order and write them in the menu below. Then work with a partner and compare what you have chosen, as in the example, taking turns.

Da bere: _____

Per antipasto: _____

Per primo: _____

Per secondo: _____

Per contorno: _____

Per dessert: _____

Example:
A: Per primo vorrei le lasagne, e tu?
B: Anch'io prendo le lasagne.

B: Per secondo vorrei la carne, e tu?
A: Io prendo il pesce.

 14 Lettura - Messaggio per Marco

a. Read the message from Francesca.

```
Ciao Marco, bentornato!
Io sono ad un concerto con un'amica e torno tardi.
Se vuoi fare uno spuntino prendi le cose nel frigorifero: un formaggio francese
molto buono, un avocado, un'arancia e una coca cola....... mi dispiace non è molto
ma è sufficiente per un panino; il pane è sul tavolo.
Se hai fame, la Trattoria in Piazza Dante è perfetta: io prendo, generalmente, un
menù fisso - la sera: una minestra, un secondo con un contorno - per 12 euro e mangi
in un'atmosfera molto familiare e rilassante!
Buonanotte
Francesca
```

b. Imagine that you are Marco: what would you choose?

 15 Riflettiamo - Articoli indeterminativi singolari

*a. Find the words in the table in the message from Francesca and insert the relevant indefinite articles (**articoli indeterminativi**).*

MASCHILE	FEMMINILE
_____ concerto	un' amica
_____ spuntino	_____ arancia
_____ formaggio	_____ coca cola
_____ avocado	_____ minestra
_____ panino	_____ atmosfera
_____ menù	
_____ secondo	
_____ contorno	

b. Now compare your table with that of your partner and answer the following questions:

- *What is the difference between the masculine indefinite article and the feminine indefinite article before a word which begins with a vowel?*

- *What is the indefinite article which comes before a word that begins with "s" followed by a consonant?*

16 Esercizio scritto - Articoli indeterminativi

Work with a partner. In 3 minutes write in the boxes as many words which correspond to the four indefinite articles as you can.

UN	
UNO	
UNA	
UN'	

17 Ascolto - Il conto, per favore!

a. Close the book, listen to the dialogue, then discuss with your partner.

b. Listen to the dialogue again and complete it with the following words.

per cortesia   grazie   scusi!   per favore   grazie

● _____

▪ Sì, dica.

● Mi porta ancora mezza minerale,

   _____?

▪ Certo, signora. Desidera ancora

   qualcos'altro? Come dessert

   abbiamo gelato, macedonia,

   frutta fresca o il tiramisù, molto buono.

● No, _____, va bene così.

   Ah, un momento, magari un caffè!

▪ Corretto?

● Sì, _____.

   E poi il conto, _____.

▪ D'accordo.

c. Look at the 4 expressions that you have inserted.

   ● *Which one does the lady use to say thanks?* ....

   ● *Which does she use to make a polite request?* ....

   ● *Which does she use to get the waiter's attention in a polite manner?* ....

18 Esercizio orale - Al ristorante

Work with a partner. In turns one of you will play the customer in a caffè (A) and improvise a dialogue following the instructions, ordering something from the list below. The other will play the waiter and will answer giving the lines of B.

una macedonia	una panna cotta	un cannolo
una grappa	un tiramisù	una coca cola
un cappuccino	un sorbetto al limone	un gelato
un caffè	un'aranciata	
un limoncello	una bottiglia d'acqua	

A = Cliente
B = Cameriere

A: [Calls the waiter]
B: Sì, dica.
A: [Orders several items from among those in the box above]

B: Certo. Desidera qualcos'altro?
A: [Answers no, asks for the check, and thanks the waiter]
B: D'accordo.

 19 Ascolto - Numeri da venti a cento

CD 14

$\boxed{G}$ 14.1

Fill in the missing numbers.

20	venti	29	_____	60	sessanta
21	ventuno	30	trenta	68	_____
22	_____	31	trentuno	70	settanta
23	ventitré	32	trentadue	74	settantaquattro
24	_____	35	_____	80	ottanta
25	venticinque	40	quaranta	81	_____
26	_____	46	_____	90	novanta
27	_____	50	cinquanta	93	_____
28	ventotto	57	_____	100	cento

Now listen and check.

 20 Ascolto - Che numero è?

CD 15

Listen and mark the numbers that you hear.

23	67		
	33	77	91
81	50		24
15		42	5

Buon appetito! 2

21 **Esercizio orale - Leggete e completate**

Read the numbers out loud. Which numbers follow in the sequences?

5	15	25	____
10	20	30	____
44	33	22	____
100	90	80	____
50	51	52	____

 22 **Esercizio orale - Quanto costa?**

Work in pairs. Complete your list asking your partner the prices that you do not know.
Remember to put in the indefinite articles.

Example: ■ Quanto costa **una** coca cola?
           ▼ **Una** coca cola costa 1 euro e 50.

A
Bar Il giardino
Lista prezzi

Caffè	euro _____
Cappuccino	euro __1__
Tè	euro _0,90_
Latte macchiato	euro _____
Coca cola	euro _1,50_
Sprite	euro _1,50_
Aranciata	euro _1,50_
Spremuta d'arancia	euro _2,10_
Cornetto	euro _____
Aperitivo	euro _____
Panino	euro _____
Pizzetta	euro _2,40_

B
Bar Il giardino
Lista prezzi

Caffè	euro _0,80_
Cappuccino	euro _____
Tè	euro _____
Latte macchiato	euro _1,80_
Coca cola	euro _1,50_
Sprite	euro _1,50_
Aranciata	euro _____
Spremuta d'arancia	euro _____
Cornetto	euro _1,10_
Aperitivo	euro _3,70_
Panino	euro _2,30_
Pizzetta	euro _____

Now, in turn, give your orders and then ask for the check.

Infobox

The submulitples of the Euro are Eurocents.
The value of the Euro can change.
Ask your teacher or check on Internet what
is the current exchange rate.

Caffè culturale

■ PER FARCI UN'IDEA

"Utterly charming! I swear I could smell the culinary delights!"

A Comedy With Taste

MINNIE DRIVER
IAN HOLM
ISABELLA ROSSELLINI

TONY SHALHOUB
STANLEY TUCCI

Big Night

Another original UK quad from www.ukquad.com

(www.ukquad.com)

"Chi mangia bene sta molto vicino a Dio."

(He who eats well is very close to God)

Big Night *is an American movie in which the tradition of Italian cuisine (rather, the cuisine of Calabria) is of very great importance. If you have seen the movie, describe it to a partner who hasn't seen it. If you haven't seen it, work with a partner and together try to imagine the plot, considering the photograph and the line by one of the characters in the movie above.*

■ CON OCCHI DI STRANIERO

Adam L. *is American.*
He has been living in Rome for six years, as an employee of an international education organization that works with over 50 American colleges and universities to provide study abroad programs.

ITALIAN COOKING

You don't have to be a chef for cooking to be an art form when you live in Italy. Learning to cook in Italy is both amazing and fun, if you have the right person to learn from. When I came to Italy, I lived with a family for the first year and the mother taught me how to cook *real Italian*.

It turned out to be more difficult than opening a jar of sauce and boiling pasta.

Choosing the sauce is the most difficult part. As Italians often eat pasta at least once a day, decisions have to be made about what you are really in the mood for. This was the hardest thing for me to get used to, eating pasta everyday, but with all the different sauces, with meat or without, with cheese or without, with tomatoes or without, you can easily see how eating pasta everyday can become a habit. In fact at one point I would get really upset if I didn't have pasta at least once a day.

Pasta, as everyone knows, has many shapes and sizes. But few people know that these shapes and sizes have a mea-

ning depending on what sauce you are having. Sauces without cheese get long pasta like spaghetti or linguine or short pastas like *penne lisce* (pens without ridges) or *sedani rigati* (celery with ridges). For sauces that have cheese in them, you have a mountain of choices: *fusilli*, *pipe rigate* (ridged pipes), *rigatoni*, and spaghetti. This is something that even today I don't really understand. I think that you have to grow up in Italy to understand. I would ask, "why can't we have fusilli with this sauce" and the answer would be, "because we just don't eat fusilli with this kind of sauce."

The second course is much easier. There are many similar dishes in Italy like *polpettone* (meatloaf) *arrosto* (a roast of some kind of meat), *abbacchio* (lamb roast) and all served with potatoes. In Rome there are specialties though. *Trippa* (tripe), *coda* (ox tail), and *coratella* (a mix of lamb sweetmeats and artichokes) are a few of the typical Roman dishes. As an American I was really apprehensive about these dishes, but being in Italy I was following the old saying "when in Rome do as the Romans do."

The last thing I had to get used to was the salad. In Italy, salad is eaten at the end of the meal rather than at the beginning or with your main dish, and it is always served with oil and vinegar dressing. Now I find that having the salad at the end of the meal is very refreshing, but I must admit that I really miss the variety of dressings that we have in the US.

Work with a partner. What, according to Adam, are the elements that confirm the image of Italian cuisine which is widespread in your country, and which of them contradict it?

Cosa mangiamo in Italia?

Alcuni dati indicativi del consumo per i vari prodotti:

Prodotto	Consumo medio annuo (per famiglia)
Frutta	156,4 kg
Verdura	112,8 kg
Carne	56,2 kg
Pasta	42,6 kg
Carne di manzo e vitello	25,3 kg
Pollo	19,5 kg
Yogurt	14,1 kg
Carne di maiale	11,4 kg
Mozzarella	8,1 kg
Riso	7,8 kg
Pesce	5,8 kg
Prosciutto cotto	3,8 kg
Prosciutto crudo	2,9 kg
Salame	2,3 kg
Parmigiano	1,5 kg

(www.cucinait.com)

From the table, what are in your opinion the most surprising figures about consumption of food products in Italy?

Choose a region of Italy and do a search on www.google.it, inserting the name of the region and the words piatti *and* tipici. *Print the description of some dishes which are typical of the cuisine of the region and bring them to class.*

Io e gli altri

1 Ascolto - Presentare qualcuno

CD 19

a. Close the book, listen to the conversation, then discuss with your partner.

b. Now listen again and complete the conversation with the phrases in the boxes.

● Ehi, ciao, Guido. _____?

■ _____. E tu?

● _____. Senti, _____ Eva,
una mia amica spagnola, di Siviglia.
_____ Guido, un mio amico.

■ Ciao!

▼ _____!

● Sai, Eva parla molto bene l'italiano.

■ Ah, sì? Io invece purtroppo non parlo lo spagnolo!

| E questo è | questa è | Benissimo | Piacere | Come stai | Anch'io, grazie |

2 Riflettiamo - Presente indicativo: terza persona singolare   G 7

a. Find in the text of the conversation the forms of the following verbs and write them in the correct spaces.

	PARLARE	ESSERE
IO		
TU		sei
LEI/LUI		

*b. Work with a partner.
Complete the table with the
missing forms.*

3 Esercizio orale - Chi è?

Take turns introducing the people in the photographs, as in the example.

Example: ■ Questa è
Eva, una mia
amica spagnola
di Siviglia.
▼ Piacere.
■ Eva parla
bene italiano.

Eva - Siviglia
parlare
bene italiano

Sonia - Mosca
lavorare
a Roma

Peter - Berlino
amare
lo sport

Annie - Parigi
studiare
economia

Jack - Londra
essere
architetto

4 **Esercizio orale - Parla inglese?**

Work with a partner. Choose a person in the picture without telling your partner which you have chosen. Your partner has three chances to find out what language the person speaks, and then must guess which person it is.

Example: ▽ Parla l'italiano?
■ No.
▽ Parla il russo?
■ Sì.
▽ Parla il francese?
■ No.
▽ È Aja?
■ No, è Dimitri.

Lingue del mondo

l'arabo	l'olandese
il cinese	il polacco
il coreano	il portoghese
il croato	il russo
il danese	il serbo
l'ebraico	lo spagnolo
il francese	lo svedese
il giapponese	il tedesco
il greco	l'ungherese
l'inglese	....
l'italiano	....
il norvegese	....

5 Lettura - Che lavoro fa?

a. Match the photographs to the descriptions of the people.

 1.

 2.

 3.

 4.

Bianca Parigini è un architetto, lavora in uno studio importante di Venezia. Il lunedì e il mercoledì organizza tour per studenti di arte di molte università. Conosce molto bene la sua città e il sabato normalmente visita altre città italiane con gli amici.

Alma Visconti è un medico chirurgo, lavora in un ospedale pubblico di Roma. Il martedì e il mercoledì insegna all'università di Napoli, e torna a Roma il giovedì mattina. Per andare a Napoli prende sempre il treno, perché detesta guidare. È sposata e ha due figli.

Maurizio Iotti è avvocato e vive a Palermo. Viaggia molto per lavoro. Quando è a Palermo il venerdì pratica vari sport come il tennis e il calcio. Il sabato e la domenica normalmente parte con la famiglia e passa il fine settimana in campagna.

Dario Valentini fa il parrucchiere in un centro estetico di Torino. Il mercoledì segue un corso di massaggio shiatsu. Sogna di aprire un centro Shiatsu a Teramo, la sua città d'origine. È appassionato di film francesi e il venerdì segue anche un corso di storia del cinema.

b. Read the description of the people and then complete the following sentences.

Il lunedì Bianca ....

Il martedì Alma ....

Il mercoledì Dario ....

Il giovedì Alma ....

Il venerdì Dario ....

Il sabato Bianca ....

La domenica Maurizio ....

6 Riflettiamo - Sostantivi invariabili

G 2

- *Find the following words in the 4 presentations. How many times do they appear in the texts?*

   università ....   città ....

- *These words behave differently from those you have studied so far.*

   In what way?...

- *Now find the words* tour, film *and* sport.

   In your opinion are they singular or plural? Do you notice anything in particular?

7 Riflettiamo - Presente indicativo: terza persona singolare

*a. From the texts of activity 5, find the verbs which are in the table and write the form that you find next to the infinitive (**infinito**).*

-ARE		-ERE		-IRE	
Lavor**are**	....	Conosc**ere**	....	Part**ire**	....
Visit**are**	....	Prend**ere**	....	Segu**ire**	....
Insegn**are**	....				
Torn**are**	....				
Viaggi**are**	....				
Pass**are**	....				

*b. Now, with your partner find in the texts the third person of the irregular verbs **avere**, **essere** and **fare** and complete the two tables below.*

VERBI IRREGOLARI			
	AVERE	ESSERE	FARE
IO	ho	sono	faccio
TU	hai	sei	fai
LEI/LUI	HA	E	FA

VERBI REGOLARI			
	-ARE	-ERE	-IRE
IO	-0	-0	-0
TU	-I	-I	-I
LEI/LUI	A	E	E

8 Esercizio orale - Cosa fa…?

Student A

Ask Student B information about what Rosa does on the various days of the week and complete her diary. Then answer your partner's questions about Carlo's week.

Example:	Cosa fa Rosa il martedì?	Il martedì inseg**na** matematica.

CARLO		ROSA	
Lun	*Preparare* una cena con amici	Lun	
Mar	*Seguire* un corso di fotografia	Mar	insegna matematica
Mer	*Lavorare* in un pub la sera	Mer	
Gio	*Fare* sport	Gio	
Ven	*Studiare* francese	Ven	
Sab	*Visitare* Napoli	Sab	
Dom	*Visitare* Pompei e poi *tornare* a casa	Dom	

Student B

Ask Student A information on what Carlo does on the various days of the week and complete his diary. Then answer your partner's questions about Rosa's week.

	CARLO			ROSA
Lun			Lun	*Fare* sport
Mar			Mar	*Insegnare* matematica
Mer			Mer	*Studiare* fotografia
Gio			Gio	*Seguire* un corso di massaggio
Ven	studia francese		Ven	*Lavorare* in un museo
Sab			Sab	*Partire* per Firenze
Dom			Dom	*Visitare* Firenze

Example: Cosa fa Carlo il venerdì?   Il venerdì studi**a** francese.

9 Riflettiamo - Sostantivi   Ⓖ 2.3

   a. Complete the sentences with the names of the occupations you find in the texts of activity 5.

Carlo è **un architetto**. Anche Bianca Parigini è _____ _____
Giovanni è **un medico chirurgo**. Anche Alma Visconti è _____ _____

   b. Look at the two examples and complete the following sentence.
   In Italian some occupations, such as **architetto**, **medico**, **avvocato** and **giudice** are always _____

10 Ascolto - Faccio la segretaria

CD 20

   a. Close the book, listen to the dialogue and then discuss it with a partner.

   b. Now listen again to the dialogue and try to complete it, putting the sentences in the box below in order.

In uno studio fotografico.	E tu che lavoro fai?	No, faccio la segretaria.
No, io lavoro in una scuola di lingue.		Sei insegnante?
Io sono impiegata in un'agenzia pubblicitaria. E tu dove lavori?		

● Siete di qui?

■ No, siamo di Napoli, ma abitiamo qui a Bologna.

● Ah, di Napoli! E che cosa fate di bello? Studiate?

▲ ....

● ....

▲ ....

● ....

■ ....

● ....

11 Esercizio orale - Che lavoro fai?

Work with a partner. Improvise a short conversation as in the example.

> Example: **Anna/segretaria - Mario/fotografo**
> ■ Anna, che lavoro fai?
> ▼ Faccio **la segretaria**. E tu Mario?
> ■ Io sono **fotografo**.

Paolo/insegnante - Rosa/impiegata
Sara/farmacista - Marco/attore
Filippo/studente - Laura/cantante
Chiara/scrittrice - Pietro/ingegnere
Sergio/medico - Sonia/professoressa
Teresa/operaia - Dario/dentista
Claudio/commesso - Rita/traduttrice

Io sono studente.

Io non lavoro, sono pensionato.

Io lavoro tanto, sono casalinga.

12 Riflettiamo - Sostantivi

Insert in the table the names of the occupations which you used in activity 11.

Ⓖ 2.3

FEMMINILE	MASCHILE
commessa	....
....	impiegato
....	operaio
....	cantante
insegnante	....

FEMMINILE	MASCHILE
....	professore
studentessa	....
attrice	....
....	scrittore
....	traduttore
dentista	....
....	farmacista

13 Lessico - Posti di lavoro

Working in small groups (3 students), match the workplaces to the pictures. The group which finishes first wins.

un negozio
un ufficio postale
un ristorante
un'officina
una banca
un ufficio
una fabbrica
una farmacia

a.

b.

c.

d.

e.

f.

g.

h.

Io e gli altri

3

14 Esercizio orale - Chi sono?

Work with a partner. Take turns introducing the people in the photographs, making up the sentences as in the example.

Francesco/Firenze/operaio

Questo è Francesco, è di Firenze,
fa l'operaio/è operaio,
lavora in una fabbrica.

Antonio/Napoli/
farmacista

Mariangela/Roma/
insegnante

Alberta/Milano/
infermiera

Luisa/Venezia/
commessa

15 Riflettiamo - Preposizioni semplici

G 8.1

*Read the e-mail from Stella and complete the tables with the prepositions (**preposizioni**) you find in the text.*

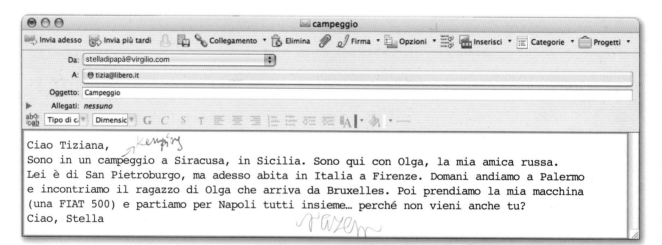

	ESEMPIO	REGOLA
SONO	_in_ Italia _in_ Sicilia	____ + paese, regione
ABITA ANDIAMO	_A_ Siracusa _A_ Firenze _A_ Palermo	____ + città

ATTENZIONE!	
PARTIAMO	____ Napoli
È	_di_ San Pietroburgo
ARRIVA	_da_ Bruxelles

16 Scriviamo - Presentazioni

In groups of three write a dialogue in which a boy or a girl introduces a foreign friend to another friend who is Italian. Then present the dialogue to the rest of the class.

17 Ascolto - I numeri da 100 in poi

14.1.2

Listen to the numbers and fill in the blank spaces below.

100 cento	101 centouno	112 _____
200 duecento	250 duecentocinquanta	290 duecentonovanta
800 ottocento	900 novecento	933 _____
1000 mille	2000 _____	10.000 diecimila
1.000.000 un milione	2.000.000 due milioni	1.000.000.000 un miliardo
2.000.000.000 due miliardi		

18 Combinazioni - Date famose

How do you say these dates in Italian? After you have read them write them beside the corresponding events.

1492 - 1776 - 1789 - 1914 - 1939 - 1989 - 1994

Inizia la Prima Guerra Mondiale	_____	Crolla il muro di Berlino	_____
Scoppia la Rivoluzione francese	_____	Scoppia la Rivoluzione americana	_____
Inizia la Seconda Guerra Mondiale	_____	Cristoforo Colombo scopre il	
Finisce l'apartheid in Sud Africa	_____	continente americano	_____

19 Ascolto - Una straniera in Italia

a. Close the book, listen to the conversation and then discuss with your partner.

b. Listen again to the conversation between Valeria, Licia and Franco and check the box with the correct answer.

Valeria è	una collega di Franco.	☐
	un'amica di Franco.	☑
È	spagnola.	☐
	argentina.	☑
È di	Buenos Aires.	☐
	Cordoba.	☑
È ad Urbino	per visitare la città.	☐
	per studiare l'italiano.	☑
Studia l'italiano	per motivi di lavoro e perché ama la lingua.	☑
	perché adesso abita e lavora in Italia.	☐
Licia lavora	in banca.	☑
	in ospedale.	☐
Franco lavora	in banca.	☐
	in proprio.	☑

dla siebie pracować

20 **Riflettiamo - Conversazioni formali e informali**   G 12

a. Listen again and find the expression used in the conversation.

- Sanchez… allora **tu sei/Lei è** spagnola?
- No no, sono argentina.
- Ah, e di dove?
- Di Cordoba.
- Ah, bella l'Argentina. Sa, io ho uno zio a Buenos Aires.
- Ah, davvero?
- Eh sì. E **Lei/tu** come mai **è/sei** qui in Italia?
- Per migliorare il mio italiano. Frequento un corso qui a Urbino.
- Ma come per migliorare il **tuo/Suo** italiano? **Tu/Lei** lo **parla/parli** benissimo!
- Grazie, ma non è così. Ho ancora tanto da imparare!

*b. In this dialogue Licia and Valeria are speaking in a **formal** manner.*
When you speak to someone in a formal manner you do not use the second person singular.
Which person do you use?

....

21 **Esercizio scritto - Riscrittura**

Work with a partner. Rewrite the conversation in activity 10, changing the conversation from informal to formal.

Important! *The pronoun **Lei** is used when speaking to either a woman or a man.*

- Io lavoro in una scuola di lingue.   ....
- Sei insegnante?   ....
- No, faccio la segretaria.   ....
- E tu che lavoro fai?   ....
- ▲ Io sono impiegata in un'agenzia pubblicitaria.   ....
  E tu dove lavori?   ....
- In uno studio fotografico.   ....

Io e gli altri

3

22 Lettura - Come va?

a. Which of these situations are formal and which are informal?

b. What do you say when you ask someone how they are?

FORMALE _____ _____

INFORMALE _____ _____

c. Write the answers in the correct order, from the most positive to the most negative.

+++ _____

++ _____

+ _____

- _____

23 Esercizio orale - Come stai?

Go around the classroom and ask your classmates how they are. Ask both formally and informally, alternating the two forms.

24 Parliamo - Piacere!

With a partner improvise a conversation in which a person introduces himself to his new neighbor. Remember, the two people do not know each other so the conversation must be formal.

Caffè culturale

PER FARCI UN'IDEA

| Siamo tutti stranieri | Stranieri? Cittadini! | Il denaro circola, gli uomini no |

Which problem of the working world in Italy do these images refer to?

CON OCCHI DI STRANIERO

Brendan P. M.
Originally from New York, Brendan came to Italy in 1998 to study Italian language and culture. He has lived in Italy on and off for 5 years.

THE WORKING WORLD IN ITALY

High unemployment is a main factor in the prevalence of the "job for life" concept in Italy. Italians yearn for a *tempo indeterminato* (open-ended) contract and they often cite security as the most important aspect of a job. It is not uncommon for an Italian to have the same job from when they enter the market until they retire. Italians see a job as a clerk at the *comune*, or, city council, as a prize as it means that they will never have to worry about looking for a job ever again. The way an employee is hired in Italy is different from the way a person is hired in the US. Italians often compete for specific vacancies by doing a *concorso*, or, job competition exam. Although the job competition exams should prevent this, many Italians believe that only through direct connections with decision-makers within the organisation will they land a desired job. University graduates can often be found doing unpaid internships well after they graduate with hopes that it will materialize into a real job.

Holiday time is much more generous in Italy than in the U.S. Italian workers get an average of six weeks off per year. If one is able to land a proper contract, they are sure to be paid on the several national holidays or when they request days off. In fact, national contracts often mandate holiday time.

Rigid Italian labour laws make it very difficult to fire an employee, therefore companies are extremely cautious about taking people on full-time. When an Italian company hires a full-time employee, they are required to pay a hefty contribution to the national pension fund and set aside a cumulative severance package on behalf of that person. A worker in Italy takes home about half of what the company pays to employ them. In order to fire someone, the employer must have *giusta causa*, or, just cause. Although what constitutes the just cause is a bit of a grey area, usually it means that the employee must have done something to damage the organisation. The fact that an employee is not doing his or her work, showing up late, or not showing up at all is does not necessarily justify their dismissal. At times laid-off workers turn around and successfully sue their former employers, thus giving companies more reasons not to hire anyone long-term. A way to avoid these costs and issues is to offer workers short-term "precarious" contracts that offer workers little hopes of promotion and security. In America, it is much easier to fire or lay someone off. Contracts are usually reserved for executive or government jobs. In a certain sense, all jobs in America are "precarious". Most of the time, if a worker does a good job and contributes what is expected of them to the company they will not be fired. If they are laid off, they will re-enter the job market in a much shorter period than their Italian counterparts, or hone their job skills according to the demands of the market.

From reading Brendan's article, what in your opinion are the major differences between the working world in Italy and in your country?

■ NOTIZIE DALL'ITALIA

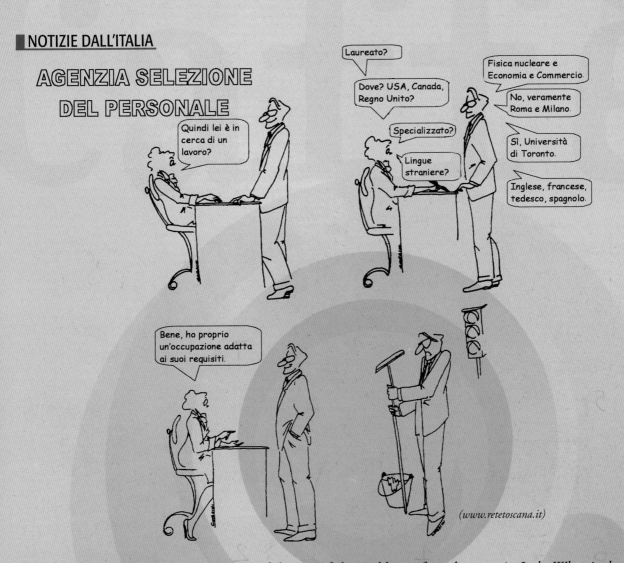

(www.retetoscana.it)

This cartoon is an ironic representation of the one of the problems of employment in Italy. What is that, in your opinion?

■ L'ITALIA IN RETE

A working holiday in Italy is a great opportunity to practice speaking the language and especially a chance to make new friends and experience new things. Find some information about this type of holiday.

Tempo libero

1 Lessico - Il tempo libero

Write next to the picture the number which corresponds to the activity.

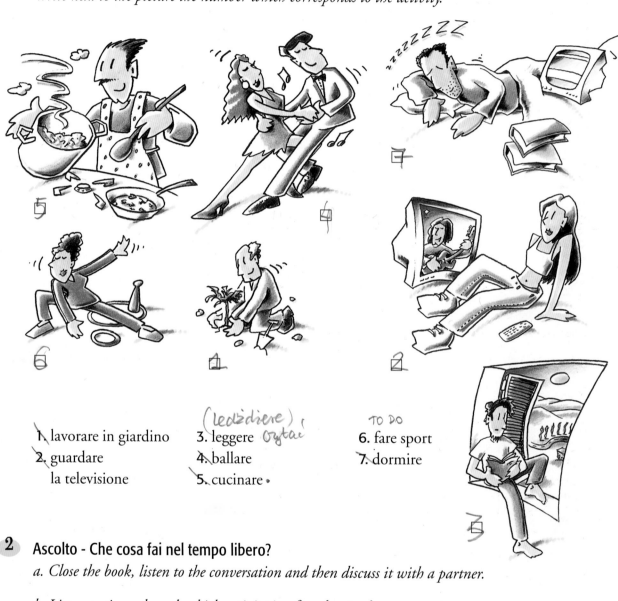

1. lavorare in giardino
2. guardare la televisione
3. leggere *(leždžere) oytai*
4. ballare
5. cucinare
6. fare sport *TO DO*
7. dormire

2 Ascolto - Che cosa fai nel tempo libero?

CD 25

a. Close the book, listen to the conversation and then discuss it with a partner.

b. Listen again and mark which activity is referred to in the conversation.

ballare	☐	cucinare	☐
fare sport	☒	leggere	☒
lavorare in giardino	☐	guardare la televisione	☒
dormire	☒		

Guardo la TV

3 Riflettiamo - Verbi irregolari   G 7.2

a. Listen to the conversation again and complete the text with the words, writing them in the correct order.

When you have finished, compare your solution with your partner's.

● ....?   libero / fai / Che / tempo / cosa / nel /

■ ....   vado / in palestra. / faccio / di solito /
sport: / Io

.... E tu?

● Io invece sto quasi sempre a casa: .... *(LEGGO)*

....   leggo / a lungo, / la TV /dormo /o /
guardo

....

b. Complete the conjugation of these three verbs. Insert the forms used in the conversation and then try to fill in the missing verb forms.

	FARE *(TO DO/TO MAKE)*	ANDARE *(TO GO)*	STARE *(TO STAY)*
IO	FACCIO	VADO	STO
TU	FAI	vai	stai
LEI/LUI	fa	VA	STA

(handwritten: like — IO STO BENE / DA SOLO - ON MY OWN)

4 Esercizio orale - Che cosa fa nel tempo libero?

Take turns asking each other for information on the activities of one of these people and then of your partner.

> Example: Marta - giocare a carte.
> ■ Che cosa fa Marta nel tempo libero?
> ▼ Nel tempo libero Marta gioca a carte. E tu che cosa fai?
> ■ Io faccio un passeggiata.

Daniele - fare una passeggiata   Giulia - fare la spesa   Pietro - andare in bicicletta
Franco - andare al cinema   Carlo - giocare a carte
Gloria - navigare su Internet
Paolo - ascoltare musica
Sara - giocare a tennis

5 Lettura - Una mail da Berlino

a. Read the email.

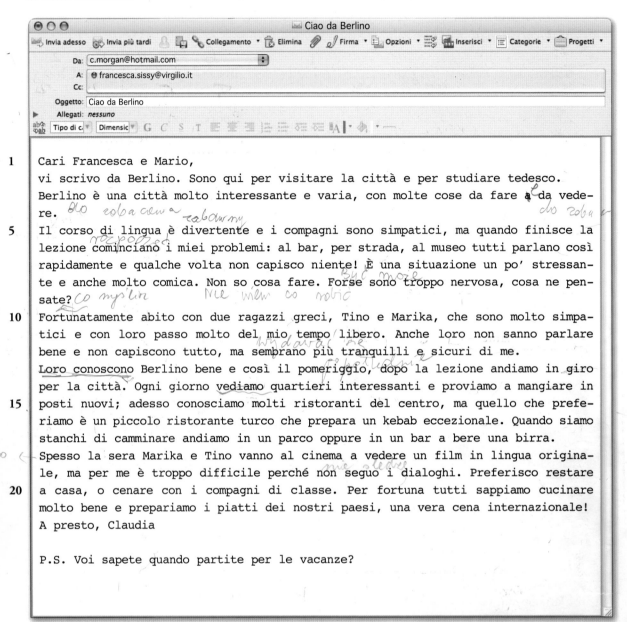

1 Cari Francesca e Mario,
vi scrivo da Berlino. Sono qui per visitare la città e per studiare tedesco.
Berlino è una città molto interessante e varia, con molte cose da fare e da vedere.
5 Il corso di lingua è divertente e i compagni sono simpatici, ma quando finisce la
lezione cominciano i miei problemi: al bar, per strada, al museo tutti parlano così
rapidamente e qualche volta non capisco niente! È una situazione un po' stressan-
te e anche molto comica. Non so cosa fare. Forse sono troppo nervosa, cosa ne pen-
sate?
10 Fortunatamente abito con due ragazzi greci, Tino e Marika, che sono molto simpatici e con loro passo molto del mio tempo libero. Anche loro non sanno parlare
bene e non capiscono tutto, ma sembrano più tranquilli e sicuri di me.
Loro conoscono Berlino bene e così il pomeriggio, dopo la lezione andiamo in giro
per la città. Ogni giorno vediamo quartieri interessanti e proviamo a mangiare in
15 posti nuovi; adesso conosciamo molti ristoranti del centro, ma quello che prefe-
riamo è un piccolo ristorante turco che prepara un kebab eccezionale. Quando siamo
stanchi di camminare andiamo in un parco oppure in un bar a bere una birra.
Spesso la sera Marika e Tino vanno al cinema a vedere un film in lingua originale, ma per me è troppo difficile perché non seguo i dialoghi. Preferisco restare
20 a casa, o cenare con i compagni di classe. Per fortuna tutti sappiamo cucinare
molto bene e prepariamo i piatti dei nostri paesi, una vera cena internazionale!
A presto, Claudia

P.S. Voi sapete quando partite per le vacanze?

Try to answer these questions together with your partner.

1. Dov'è Claudia? Che cosa fa?

2. Quale problema ha Claudia?

3. Perché Claudia non va al cinema con i suoi amici greci?

PRO VARE — Próbować
Vedere

6 Riflettiamo - Presente indicativo: persone plurali

G 7.1

a. Find the following verbs in the email that you have just read and write the form that you find in the text next to the infinitive in the table below. The numbers next to the verb refer to the line in the text.

-ARE			
riga	infinito	presente	soggetto
6	Parlare	PARLANO	3ª plur.
8	Pensare	PENSATE	2ª plur.
21	Preparare	PREPARIAMO	1ª plur.

myśleć

-ERE			
riga	infinito	presente	soggetto
13	Conoscere	CONOSCONO	3ª plur.
14	Vedere	VEDIAMO	1ª plur.

zobaczyć

śledzić

-IRE 1° tipo			
riga	infinito	presente	soggetto
19	Seguire	SEGUIO	1ª sing.
23	Partire	PARTITE	2ª plur.

-IRE 2° tipo / IRREGULAR			
riga	infinito	presente	soggetto
5	Finire	FINISHE	3ª sing.
7	Capire	CAPISCO	1ª sing.
12	Capire	CAPIORO	3ª plur.
15	Preferire	PREFERIAMO	1ª plur.

zrozumieć

b. Fill in the tables, with the verb forms of the first, second and third group.

CAPIRE (ISC) + FINIRE

VERBI REGOLARI				
	-ARE	-ERE	-IRE 1° tipo	-IRE 2° tipo
1ª sing. IO	O	O	O	ISCO
2ª sing. TU	I	I	I	-ISCI
3ª sing. LEI/LUI	-A	E	E	ISCE
1ª plur. NOI	IAMO	IAMO	-IAMO	IAMO
2ª plur. VOI	ATE	-ETE	ITE	-ITE
3ª plur. LORO	ANO	ONO	-ONO	ISCONO

MY

wy

oni

*In Italian the personal pronoun **Loro** is used only when referring to people. In all other cases the pronoun in not used.*

7 Esercizio orale - Persone plurali dei verbi regolari

Work with a partner. Take turns making up short conversations as in the example.

> Example: ■ leggere - libro - giornale
> ⬚ Loro **leggono** un libro, e voi cosa **leggete**?
> ■ Noi **leggiamo** il giornale.

visitare - Firenze - Napoli
mangiare - la lasagna - i tortellini
prendere - un caffè - un succo di frutta
preferire - la musica classica - il rock
preparare - un dolce - la pizza

studiare - francese - tedesco
scrivere - una lettera - una mail
guidare - la macchina - la bicicletta
seguire - un corso di arte - un corso di cucina
guardare - un film - le foto

8 Riflettiamo - Presente indicativo: il verbo *sapere* e *conoscere*   🄶 7.6

*a. Read these sentences taken from activity 5.
Find the forms of the verb SAPERE
and write them into the table.*

Non so cosa fare.

Loro non sanno parlare bene.

Tutti sappiamo cucinare.

Voi sapete quando partite per le vacanze?

	SAPERE
1ª sing. IO	so
2ª sing. TU	sai
3ª sing. LEI/LUI	sa
1ª plur. NOI	SAPPIAMO
2ª plur. VOI	SAPETE
3ª plur. LORO	SANNO

b. Now read these other 2 sentences and answer the question.

Loro conoscono Berlino.   Conosciamo molti ristoranti.

*The verb **sapere** is always followed by a verb or a phrase.
What is the verb **conoscere** followed by?* ....

9 Esercizio scritto - *Sapere o conoscere?*

*Insert in the following phrases the verb **sapere** or **conoscere**.*

1. (tu) _____Conosci_____ Luca? ✓
2. Susanna, _____SAI_____ suonare il flauto?
3. Ragazzi, (voi) _____SAPETE_____ Pisa? CONOSCETE
4. (tu) _____SAI_____ quanto costa un biglietto per il concerto?

5. Loro non _____conoscono_____ le opere di Verdi. E Tu?
   Io amo molto Verdi, _____conosco_____ tutte le sue opere.

6. Non trovo il mio passaporto; non (io) _____so_____ dov' è.

7. (voi) _____sapete_____ dov' è la fermata dell'autobus?

8. (voi) _____conoscete_____ un buon ristorante nella zona?

9. (voi) _____sapete_____ dov' è un buon ristorante nella zona?

10. Non (io) _____so_____ quando comincia il film.

10 Riflettiamo - Avverbi di frequenza

a. Read this page of Claudia's appointment book.

Lunedì	Studiare tedesco Andare in palestra
Martedì	Andare in palestra
Mercoledì	Studiare tedesco Andare in palestra
Giovedì	Andare in palestra
Venerdì	Studiare tedesco Andare in palestra
Sabato / Domenica	Andare in palestra Teatro

*b. After you have read Claudia's appointment book, look at these sentences which describe her week. These sentences contain adverbs (**avverbi**) which express the frequency with which an action is performed.*

Durante la settimana...

Claudia va *sempre* in palestra.   Claudia studia *spesso* tedesco.
Claudia non va *mai* al cinema.   *Qualche volta* va a teatro, se non è stanca.

c. Now complete the table, write the adverbs in descending order.

spesso	qualche volta	mai	sempre

+ ....
  ....
  ....
- ....

*d. The adverbs **sempre** and **spesso** are written after the verb.*
   *What is the position of the adverb **qualche volta** in the sentence?*
*e. When the adverb **mai** is used, is the verb in the affirmative or negative form?*

11 Ascolto - Che cosa fai il fine settimana?

a. Close the book, listen to the dialogue and then discuss with your partner.

b. Now listen again to the dialogue and match the verbs with the adverbs of frequency.

LEI
uscire con gli amici
andare in discoteca

LUI
andare a ballare
mangiare una pizza con gli amici
andare al cinema

non ... mai

spesso

qualche volta

sempre

12 Esercizio scritto - Sempre, spesso o mai

Now make up some sentences using the verbs and adverbs from activity 11.

LEI	**LUI**

Esce sempre con gli amici

13 Esercizio scritto - Sempre, spesso o mai

Write down the frequency with which you do these activities. Use **sempre**, *spesso*, **mai** *and* **qualche volta**.

Example: fare ginnastica   Non faccio mai ginnastica. / Faccio sempre ginnastica.

cucinare	
guardare la TV	
mangiare fuori	
andare a teatro	
fare la spesa	
andare a sciare	

14 Esercizio orale - Fai ginnastica spesso?

Work with a partner. Try to guess how frequently he or she does the activities in the previous exercise.

Example: ■ Fai ginnastica spesso?
▼ Si, faccio ginnastica spesso. / No, non faccio ginnastica mai.

Tempo libero

4

15 Lettura - L'italiano per studenti - vuoi corrispondere?

a. Match the names to their personal description.

Nome: Adam
Cognome: Banks
Età: 30
Indirizzo: Liverpool (GB)
E-mail: a.banks@yahoo.uk
Professione: insegnante

Descrizione personale: Studio la lingua italiana per lavoro. Vorrei corrispondere con altre persone che studiano o parlano italiano. Nel tempo libero faccio sport, leggo libri e ascolto musica. La mia passione è la lirica, in particolare **mi piacciono** le opere di Rossini e Donizetti. Se **ti piace** l'opera italiana, scrivimi.

Nome: Erika
Cognome: Reich
Età: 25
Indirizzo: Ungheria (Budapešt)
E-mail: ereich@mail.com
Professione: studentessa

Descrizione personale: Quando non insegno **mi piace** cucinare e fare sport. Studio italiano perché amo molto la cucina italiana e vado spesso in Toscana e in Piemonte per fare corsi di cucina regionale. Lo sport che preferisco è il calcio: ogni giovedì gioco nella squadra dei professori del college. Nel fine settimana **mi piace** fare lunghe passeggiate in campagna.

Nome: Jowita
Cognome: Pawowska
Età: 24
Indirizzo: Polonia
E-mail: everde@renet.pl
Professione: impiegata

Descrizione personale: Studio economia e lingua italiana. L'Italia **mi piace** moltissimo e dopo l'università vorrei trovare lavoro a Venezia o a Firenze. Questa estate, ad agosto, penso di fare un viaggio in Sicilia, una regione che non conosco. Nel tempo libero **mi piace** andare al cinema, **mi piacciono** molto i film francesi. Vorrei corrispondere con studenti italiani. Ciao a tutti!

b. After you have read the texts match the phrases to the corresponding names.

	Adam	Erika	Jowita
1. Studia italiano per lavoro	☐	☐	☑
2. Il giovedì fa sport	☑	☐	☐
3. Fa lunghe passeggiate in campagna	☑	☐	☐
4. Va spesso al cinema	☐	☑	☐
5. Nel tempo libero legge	☐	☐	☑
6. Non conosce la Sicilia	☐	☑	☐
7. Ama la cucina regionale	☑	☐	☐

c. Which person would you prefer as a penpal? Which do you feel has similar tastes to your own? Discuss with your partner.

16 Riflettiamo - Il verbo *piacere*

G 7.4

a. Look at the personal descriptions in activity 15 and complete the phrases.

VERBO PIACERE	
Mi piacciono	
Ti piace	
	cucinare
	fare lunghe passeggiate
	l'Italia
Mi piace	
	i film francesi

*b. Work with a partner. Look at the phrases in the previous exercise and complete the following
table with the words in the boxes.*

plural noun   verb in the infinitive   singular noun

MI/TI **PIACE**	is followed by	SINGOLARE / VERBO ALE IN FINI
MI/TI **PIACCIONO**	is followed by	PLURALE

17 Esercizio orale - Ti piace ....?

Interview a partner. Discover his/her likes and dislikes.

- Ti piace/ti piacciono ... ?   ◆ No, non molto./No, affatto./No, per niente.
- ◆ Ti piace/ti piacciono ... ?   ■ Sì, moltissimo./Sì, molto.

il rap   i fumetti   la musica classica   il corso d'italiano   dormire a lungo

cucinare   i libri di fantascienza   l'arte moderna   leggere a letto   i film gialli

18 Scriviamo - Amici su internet

Find friends on Internet. Write an e-mail, introduce yourself and speak about your likes and dislikes.

19 Ascolto - I giovani e la discoteca

CD 27

a. Close the book, listen to the dialogue and then discuss with a partner.
b. Listen to the interviews again and match the names to the relevant information.

Il fine settimana va in discoteca		Lavora come estetista
Ha ventidue anni	**MONICA**	Abita ad Oderzo, in provincia di Treviso
Durante la settimana lavora molto	**CRISTIAN**	Va in discoteca con o senza amici

Riflettiamo - Gli interrogativi

Complete the dialogues with the questions in the boxes. The phrases are not in the correct order.
Then listen again and check.

> Il fine settimana tu come lo trascorri?
> Dove abiti?
> Cos'è che ti piace della discoteca?
> La musica?
> Tu come ti chiami?
> Ed esci quasi sempre il fine settimana?

> E che tipo di lavoro fai?
> Quanti anni hai?
> Tu come ti chiami?
> E il fine settimana come ti diverti?

▪ ....

● Cristian Paro.

▪ ....

● Oderzo, provincia di Treviso.

▪ ....

● Spesso in discoteca trendy.

▪ ....

● Sì, sì, perché purtroppo il lavoro mi impegna molto durante la settimana.

▪ ....

● La moda, il fashion, il trendy.

▪ ....

● Anche.

▪ ....

◆ Monica.

▪ ....

◆ Ventidue.

▪ ....

◆ Estetista. Lavoro dal martedì al sabato con orario continuato a Treviso.

▪ ....

◆ Il fine settimana e non solo il fine settimana vado in discoteca, con o senza amici, anche da sola e... ci divertiamo.

21 Combinazioni - Interrogativi

Make phrases and then match the questions with the answers as in the example.

Come	abitano Carlo e Maria?	La prossima settimana.
Cosa	anni avete?	È 0655263752.
Dove	andate a Venezia?	Io medicina e Giulia architettura.
Quanti	ti chiami?	Abitano a Milano.
Qual	studiate?	Mi chiamo Anna.
Quando	è il tuo numero di telefono?	Abbiamo 23 anni.

22 Esercizio orale - Che cosa fai il fine settimana?

Go round the classroom and ask one of your classmates how they spend the weekend.

[handwritten] Quanti anni avete — Ile man let
[handwritten] Abbiamo 35 anni

Caffè culturale

■ PER FARCI UN'IDEA

Nella foto qui sotto si vede Campo de' Fiori, a Roma, in una notte di primavera. Questa piazza è il punto di ritrovo dei giovani tra i 19 e i 35 anni.

Meeting friends and spending time outdoors is a widespread habit in Italy in the centre and south of the country, but not so much in the North. Why is that, in your opinion?

■ CON OCCHI DI STRANIERO

RENAE A.
has lived in Italy for three and a half years with her husband and their dog. She teaches English at an American University.

Leisure time in Italy

Living and working in Rome, I have been impressed by Italians' commitment to making the most of their free time. I admire the healthy balance they achieve between their professional and personal lives. I have observed my Italian friends' and colleagues' ability to give 100% to their jobs and still manage to spend ample time enjoying themselves with family and friends. My Italian friends love to go out to dinner or the movies or a concert or dancing-even on work nights! Going out to dinner after work means meeting at a restaurant at 9 p.m. or later and getting home after midnight, something my friends and I rarely do in the United States.

Many of my Italian friends regularly make time to pursue personal interests such as learning another language, taking yoga classes or going to the gym. Some people devote long weekends or more time to participating in workshops and conferences designed for personal development in areas such as writing, meditation and dance. Over the years I have met people who belong to organized groups that occasionally meet in different areas of Italy to do, for example, trekking, cultural heritage visits, or sailing.

Something I really love about working in Italy is the number of days per year on which one does not work. Italy observes many religious and national holidays, allowing for long weekends and shortened workweeks. These days off are often used as an opportunity to leave the city! Many people have family homes in the countryside, or friends with country homes. Most of my Italian friends are lucky enough to have a generous allotment of vacation days during the year plus the entire month of August. People spend an enormous amount of time dreaming of and planning for upcoming vacations, starting pretty much as soon as one vacation has ended. In June and July, the main topic of conversation among friends is related to their anticipated summer holidays, and in September talk is centered on recounting those holidays.

Living in Rome has taught me to be less selfish and more flexible about my free time. Italians really believe "the more the merrier" when it comes to leisure; whether it is dinner with friends, a weekend at the sea, a month-long desert safari, or just a short passeggiata or a quick gelato on a lovely evening, everyone is welcome. Friends of friends quickly become friends, and social circles expand and interconnect. The only problem is that there is never enough free time to be able to accept all of the social invitations.

Which of the habits described in the text are furthest from your way of life? Which strike you as most different? Discuss this with your partner.

Nome: **Alan**
Età: **21**

"Vivo da solo. Lavoro in birreria. Faccio *pugilato*[1]. Credo in Dio e nella famiglia. *Sogno*[2] di fare tutto quello che mi passa per la mente. Ho paura di Dio: solo lui è più forte di me. *Non ho bisogno di*[3] niente."

Nome: **Noemi**
Età: **77**

"Sono *pensionata*[4]. Giovedì e domenica ballo, gioco a carte gli altri giorni, e viaggio. Credo in Dio. *Ho paura di*[5] uscire di sera, perché non c'è sicurezza. Non ho bisogno di nulla, sono felice."

Nome: **Elio**
Età: **41**

"Vivo con mia sorella. Faccio il portiere. Nel tempo libero cinema, mostre, letture. Credo nell'amicizia. Sogno una società più giusta e più umana. Ho bisogno di sentirmi in pace con me stesso."

Nome: **Grace**
Età: **49**

"Vivo con marito e due figli. Sono *casalinga*[6]. Tempo libero poco. Vengo a ballare, vado in piscina, faccio shopping. Credo in un futuro migliore. Sogno di vivere in campagna. Ho bisogno di viaggiare."

Nome: **Renzo**
Età: **29**

"Vivo con *i miei*[7]. Faccio l'impresario *edile*[8]. Sono abbastanza sedentario. Credo nella vita. Sogno di volare. Ho paura di restare solo. Ho bisogno di molti soldi."

Nome: **Antonella**
Età: **18**

"Vivo con *i genitori*[9]. Lavoro dormo, esco. Credo in me stessa. Sogno di *realizzarmi*[10]. Ho paura di stare sola. Ho bisogno di divertirmi."

[1] *boxing*
[2] *I dream*
[3] *I don't need*

[4] *retired*
[5] *I am afraid*
[6] *a housewife*

[7] *my parents*
[8] *building contractor*

[9] *my parents*
[10] *fulfil my potential*

In your opinion, do these outlines have points of contact with the article you read on the previous page? Give reasons for your opinions to a partner.

■ L'ITALIA IN RETE

You want to organize a week in this city with some friends. Go to the Timeout website and consult the online guide to decide where to go and what to do.

In giro per l'Italia

1 Parliamo - Il Bel Paese

a. Work with a partner and try to match the photographs with the names of the places.

1. Il golfo di Napoli - 2. Il castello di Federico II a Castel del Monte - 3. Piazza S. Marco a Venezia - 4. La cupola di S. Maria del Fiore a Firenze - 5. Trinità dei monti a Roma

b. Look at the photographs. Which of these places do you know? Do you know any other Italian cities or monuments? Is there a town or a village that you haven't visited yet and that you would very much like to see?

2 Lettura - Questionario: la vita in un'altra città

This is the first part of a questionnaire that was made for a survey into the quality of life of an Italian student who chooses to attend university in a city other than his own.

Fill in the questionnaire with the questions to the answers given by Stefania and compare your answers with your partner's.

Con chi vivi? - Che cosa studi? - Come vai all'università e come giri per la città?
Secondo te, la città è costosa? - Di dove sei? - Dove studi: a casa o in biblioteca?
Ti piace questa situazione? - Da quanto tempo vivi a Bologna? - Prendi spesso il treno?

NOME: Stefania Ricci

1. *Di dove sei?*
Sono di Reggio Calabria.

2. *Di quando tempo vivi a Bologna?*
Da tre anni.

3. *Che cosa studi?*
Studio filosofia all'università.

4. *Con chi vivi?*
Vivo con altre ragazze in un appartamento vicino al centro.

5. *Ti piace questa situazione?*
Sì molto! L'appartamento è tranquillo e la mia camera è luminosa. Nel palazzo ci sono altri studenti: al primo piano abitano due ragazze spagnole e vicino a noi abitano tre ragazzi simpatici di Venezia. Qualche volta la sera usciamo insieme: a Bologna ci sono molti locali economici. In primavera e in estate, spesso, ceniamo insieme in terrazza: abbiamo una terrazza spaziosa.

6. *Dove studi - a casa o in biblioteca?*
Dipende. Quando ho lezione rimango all'università e vado in biblioteca a studiare. Se no resto a casa. Il nostro appartamento è silenzioso: due di noi, Paola e Francesca, lavorano, escono la mattina e tornano a casa la sera; Maria studia medicina e va all'università tutti i giorni.

7. *Prendi spesso il treno?*
Di solito vado in bicicletta o in autobus. Le biciclette sono tante a Bologna: la città è abbastanza piccola ed è comodo usare la bicicletta, quando non piove; in inverno, però, preferisco andare a piedi.

8. *Come vai all'università e con ...*
Solo quando torno a casa. Di solito vado in Calabria in treno, raramente in aereo perché è caro.

9. *Secondo te, la città è costosa?*
Sì. I negozi del centro sono cari ma noi facciamo la spesa in un supermercato economico vicino a casa. Anche gli appartamenti sono cari, soprattutto in centro.

---

3 ## Riflettiamo - Aggettivi (primo tipo)   4.1

a. Underline in the questionnaire the words listed below. Then work with a partner.
*Write the adjectives (**aggettivi**) which refer to these words and check the appropriate box.*

AGGETTIVI		maschile singolare	femminile singolare	maschile plurale	femminile plurale
appartamento	TRANQUILLO	☒	☐	☐	☐
camera	luminosa	☐	☑	☐	☐
ragazze	spagnole	☐	☐	☐	☑
ragazzi	simpatici	☐	☐	☑	☐
locali	economici	☐	☐	☑	☐
terrazza	spaziosa	☐	☑	☐	☐
appartamento	è silenzioso	☑	☐	☐	☐
biciclette	tante	☑	☐	☐	☐
supermercato	economico	☑	☐	☐	☐
appartamenti	sono cari	☐	☐	☑	☐

b. Now look at the last letter of each adjective and write it in the table below.

	MASCHILE	FEMMINILE
SINGOLARE	ultima lettera _____	ultima lettera _____
PLURALE	ultima lettera _____	ultima lettera _____

4 Ascolto - Viaggio di lavoro

CD 30

a. Close the book, listen to the conversation, then discuss with your partner.

b. Work with a partner. Read the conversation and circle the adjective that you think is correct.

- Quindi voi andate spesso in giro per lavoro.
- Beh, sì abbastanza. Io e Maria andiamo spesso a Napoli... abbiamo dei clienti lì.
- Uhm, Napoli è molto ***bello/bella***.
- Sì, mi piace molto... soprattutto in primavera e in estate è ***fantastico/fantastica***.
- È una città ***caotico/caotica*** ...
- Eh sì, soprattutto se una persona viene da una città ***piccolo/piccola*** e ***tranquillo/tranquilla*** come la mia!
- E di solito rimanete lì qualche giorno?
- Beh, sì... quando è possibile.
- E dove state quando rimanete lì? So che non è facile trovare un buon albergo...
- Di solito stiamo in un ***piccolo/piccola*** bed & breakfast molto ***tranquillo/tranquilla***, a Riviera di Chiaia... quando siamo ***fortunati/fortunate*** i proprietari ci danno la stanza con la vista sul mare... il golfo di notte è veramente ***romantico/romantica***. Qualche volta stiamo a casa di Giovanni, un amico di Maria: ha un appartamento grande in centro... è un po' ***rumoroso/rumorosa*** ma è ***comodo/comoda***.
- E la sera uscite?
- Sì, ogni tanto usciamo con Giovanni... sai che i napoletani vanno a cena tardi la sera così, qualche volta, noi ceniamo prima e poi raggiungiamo Giovanni e i suoi amici in trattoria e beviamo solo qualcosa insieme. Loro dicono che io sono la solita nordica!!
- Senti, e fate anche delle visite quando siete lì o non avete tempo?
- Se rimaniamo il fine settimana sì... Io preferisco mostre e musei; Maria esce la mattina molto presto, va al mercato e compra di tutto. In estate facciamo anche delle gite in barca: alcuni amici di Giovanni hanno la barca... beh è ***stupendo/stupenda***, la prossima volta vogliamo vedere Capri!
- Beh, a Capri ci vengo anch'io!!

c. Now listen to the recording and check your answers.

5 Riflettiamo - I verbi irregolari

G 7.2

*Fill in the table with the forms you know of the following irregular verbs (**verbi irregolari**).*
Then find the missing ones in the conversation at page 58.

	Essere	Avere	Andare	Venire	Stare	Dare	Uscire	Dire	Fare	Rimanere
IO I sing.		ho				do	esco	dico		rimango
TU II sing.		hai		vieni		dai	esci	dici		rimani
LUI/LEI III sing.						dà		dice		rimane
NOI I plur.				veniamo		diamo		diciamo		
VOI II plur.				venite		date		dite		
LORO III plur.	sono			vengono	stanno		escono		fanno	riman-gono

6 Esercizio orale - Presente dei verbi irregolari

Work with a partner. Take turns to choose a verb from the list and throw the dice.
The other player has to conjugate the verb in the person indicated on the dice.

1=IO, 2=TU, 3=LEI/LUI, 4=NOI, 5=VOI, 6=LORO

essere   avere   andare   venire   stare

dare   uscire   dire   fare   rimanere

7 Esercizio scritto - Presente indicativo

*Fill in this part of the questionnaire with the following verbs conjugated in the **presente indicativo** (present tense). They are in the correct order.*

> 1. piacere - 2. abitare - 3. uscire - 4. cenare - 5. avere - 6. rimanere - 7. andare
> 8. restare - 9. essere - 10. uscire - 11. andare - 12. essere - 13. fare - 14. essere

5. Ti [1]_____ questa situazione?
Sì molto! L'appartamento è tranquillo e la mia camera è luminosa. Nel palazzo ci sono altri studenti: al primo piano [2]_____ due ragazze spagnole e vicino a noi abitano tre ragazzi simpatici di Venezia. Qualche volta la sera [3]_____ insieme: a Bologna ci sono molti locali economici. In primavera e in estate, spesso, [4]_____ insieme in terrazza: [5]_____ una terrazza spaziosa.

6. Dove studi, a casa o in biblioteca?
Dipende. Quando ho lezione [6]_____ all'università e [7]_____ in biblioteca a studiare. Se no [8]_____ a casa. Il nostro appartamento [9]_____ silenzioso: due di noi, Paola e Francesca, lavorano, [10]_____ la mattina e tornano a casa la sera; Maria studia medicina e [11]_____ all'università tutti i giorni.

9. Secondo te la città è costosa?
Sì. I negozi del centro [12]_____ cari ma noi [13]_____ la spesa in un supermercato economico vicino a casa. Anche gli appartamenti [14]_____ cari, soprattutto in centro.

8 Lettura - Che posto è?

Match the following photographs with the descriptions of the places.

1.

2.

3.

4.

5.

6.

a. È un mercato famoso in una città medievale, ci sono grandi ombrelloni bianchi, ci sono molti bar con le tende verdi, c'è la statua di un leone alato, ci sono tre torri, c'è una fontana semplice ma molto elegante. C'è molta gente.

b. È un quartiere popolare, ci sono edifici moderni, ci sono molti balconi, ma sui balconi non ci sono piante. C'è un lampione. Non ci sono molte persone in giro.

c. È una zona industriale, c'è un grande negozio con un'insegna gialla, c'è un prato, ci sono alberi, c'è qualche macchina parcheggiata.

d. È un paese sul mare. Ci sono edifici piccoli e pittoreschi. C'è un grande albero. Ci sono un po' di barche.

e. Sono palazzi rinascimentali, sulle facciate ci sono affreschi antichi e molto eleganti. Al pianterreno c'è un caffè famoso. Sullo sfondo c'è una cupola gialla e verde.

f. È una grande piazza. C'è una chiesa importante. Ci sono palazzi antichi. Ci sono delle persone sedute fuori nei bar. C'è molta luce, non c'è traffico, è un posto molto piacevole e rilassante.

9 Riflettiamo - C'è / Ci sono

[G] 7.5

*a. Underline in the texts of activity 8 above the phrases which have the verbs **c'è** and **ci sono**.*
b. Work with a partner. Fill in the table following the examples.

C'È	NON C'È	CI SONO	NON CI SONO
un grande negozio		alberi	piante

*c. In your opinion when do we use **c'è** and when do we use **ci sono**?*

- *We use **c'è** (or **non c'è**) with* ....

- *We use **ci sono** (or **non ci sono**) with* ....

10 Esercizio orale - C'è / Ci sono

*Work with a partner. Take turns saying what there is or what there isn't in your town. If you use the correct form of **c'è** or **ci sono** you win one point, otherwise you lose a point. The winner is the person who has the most points when the teacher signals the end of the game.*

11 Riflettiamo - Aggettivi (secondo tipo)　　　　　　　　　🄖 4.2

a. Work with a partner. In the texts of activity 8 find all the adjectives and put them into the table.

	MASCHILE	FEMMINILE
SINGOLARE	famoso	medievale
PLURALE	grandi	

b. From these examples you can recognize the two types of adjectives which exist in Italian. Work with a partner. Try to complete the table of the two types of adjective.

AGGETTIVI DEL 1° TIPO

	MASCHILE	FEMMINILE
SINGOLARE	-O	_____
PLURALE	_____	-E

AGGETTIVI DEL 2° TIPO

	MASCHILE	FEMMINILE
SINGOLARE	_____	_____
PLURALE	_____	_____

12 Parliamo - La mia città preferita

Describe your favorite city.

13 Combinazioni - Articoli, sostantivi, aggettivi.

Makes phrases by combining the articles, nouns and adjectives as in the example.

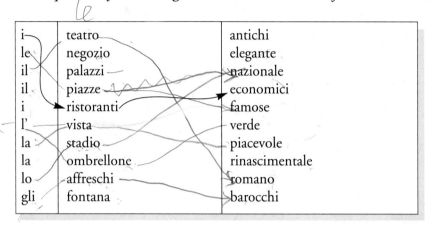

i	teatro	antichi
le	negozio	elegante
il	palazzi	nazionale
il	piazze	economici
i	ristoranti	famose
l'	vista	verde
la	stadio	piacevole
la	ombrellone	rinascimentale
lo	affreschi	romano
gli	fontana	barocchi

14 Riflettiamo - Preposizioni semplici: *a* o *in*?

a. Read again this part of the questionnaire and choose the preposition that you think is correct.

(….)

7. *Come vai all'università e come giri per la città?*

Di solito vado **a/in** bicicletta o **a/in** autobus. Le biciclette sono tante **a/in** Bologna: la città è abbastanza piccola ed è comodo usare la bicicletta, quando non piove; **a/in** inverno, però, preferisco andare **a/in** piedi.

8. *Prendi spesso il treno?*

Solo quando torno **a/in** casa. Di solito vado **a/in** Calabria in treno, raramente **a/in** aereo perché è caro.

9. *Secondo te, la città è costosa?*

Sì. I negozi del centro sono cari ma noi facciamo la spesa **a/in** un supermercato economico vicino a casa. Anche gli appartamenti sono cari, soprattutto **a/in** centro.

b. Now discuss with a partner and together compare your answers with the text of activity 2. Then work together to fill in the table below.

Vado all'università	IN	bicicletta macchina motorino treno aereo autobus
Torno a casa	A	piedi

SCUSI - _formale_
SCUSA - _informale_

15 Ascolto - Alla reception

CD 31

a. Close the book, listen to the conversation, then discuss with your partner.

b. Listen to the conversation and put in the correct order the pictures which describe the directions given by the woman. There are two left over: which ones are they?

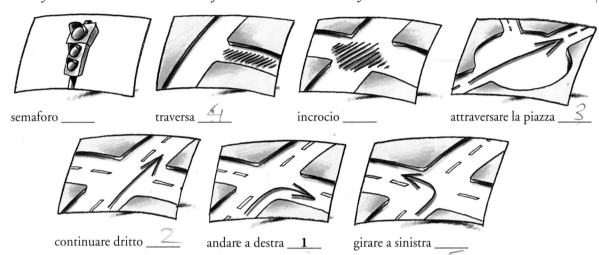

semaforo _____   traversa _4_   incrocio _____   attraversare la piazza _3_

continuare dritto _2_   andare a destra _1_   girare a sinistra _5_

c. Write the last part of the conversation, putting the phrases in the box at the side in the correct order. Then listen to the recording again and check.

- Mi scusi, è ancora possibile cenare qui in albergo? *Hotel*
- No, mi dispiace, a quest'ora la cucina è già chiusa.
- Ah, capisco. Peccato! Sa se c'è un ristorante ancora aperto qui vicino?
- Beh, c'è il Pe Pen, una pizzeria, che chiude verso mezzanotte.
- Ah, va bene. E dov'è?
- In via Roma. Sa dov'è?
- Veramente no.
- Dunque, _Lei esce dall'albergo_, ...
....
.... e lì,
proprio accanto al cinema Astra c'è la pizzeria.

manca - missing

alla prima, - attraversa una piazza, - va subito a destra, - e va ancora avanti, - no no anzi alla seconda traversa - gira a sinistra - Lei esce dall'albergo, - continua dritto,

16 Esercizio orale - Scusi, dov'è...?

che peccato - ale škoda

*Work with a partner. Student **A** reads this page. Student **B** reads the next page.*
Student A - *You are at the train station. Ask how to get to the following places and use the map to follow the directions your partner gives you.*

1. un supermercato   2. una libreria
3. l'hotel Europa   4. il cinema Lux

■ Scusi, c'è un supermercato qui vicino?
◆ Sì, Lei gira a ....

Student B - *You are at the train station. Ask how to get to the following places and use the map to follow the directions your partner gives you.*

1. una farmacia   **2. una banca**   **3. l'ospedale**   **4. l'ufficio del turismo**

■ Scusi, c'è una
farmacia qui vicino?
◆ Sì, Lei va ....

17 Esercizio scritto - Preposizioni

a. Look at the picture and match the phrases as in the example.

between

L'ufficio postale è ——— fra il museo e il teatro.
La chiesa è ——— di fronte al supermercato.
petrol station — Il distributore è ——— davanti alla scuola.
Il parcheggio è ——— all'angolo.
Il bar è ——— accanto alla banca.
La fermata dell'autobus è ——— dietro la stazione.

b. Now, still referring to the picture, complete these sentences with the following words.

next to   *between*

di fronte/davanti	accanto/vicino	fra/tra	dietro

La banca è ___*fra*___ le poste italiane e il bar.   Il teatro è ___*accanto*___ alla chiesa
Il museo è ___*accano*___ alla chiesa.   La scuola è ___*davanti*___ alla stazione.
La stazione è _____ al teatro.

18 Ascolto - Scusi, sa che ore sono?

Listen to the conversations and put the words in order. Then write the number of the conversation next to the relevant clock.

1. ....per piacere?/ ora Che è   3. Scusi, sa che ore sono?

   Le..................................../ quarti e nove tre   Sì, .../ meno otto le dieci

2. ....?/ è che Scusa ora   4. ....?/ già sette le Sono

   L'una e mezza.   Eh, sì!

□   □   □   □

19 Riflettiamo - Chiedere l'ora

a. Read again conversations 1 and 3 again and write the two different ways for asking the time.

1)..   2)..

b. Read the timetables. Sometimes the verb used is in the singular and sometimes in the plural. Work with a partner and try to explain why.

 È l'una. Sono le due. Sono le due e un quarto. Sono le due e venticinque.

 Sono le due e trenta./ Sono le due e mezza. Sono le tre meno venti. Sono le tre meno un quarto. È mezzogiorno. È mezzanotte.

20 Esercizio scritto - E adesso che ore sono?

Write the time.

_____   _____   _____   _____

In giro per l'Italia 5

In giro per l'Italia 5

Caffè culturale

PER FARCI UN'IDEA

3ª SETTIMANA DELLA Lingua italiana NEL MONDO

20-25 OTTOBRE 2003

MINISTERO DEGLI AFFARI ESTERI - ACCADEMIA DELLA CRUSCA
MINISTERO PER GLI ITALIANI NEL MONDO

ALTO PATRONATO DEL PRESIDENTE DELLA REPUBBLICA ITALIANA

What surprises you about this Article?

CON OCCHI DI STRANIERO

TERRY T.

He is an American living in Seattle, WA., who visits Italy often. He is the Travel editor and the recruiter for the Seattle Times, the city's major newspaper.

The day the chickens went hunting

My friends begged me to go in the first.

We had stopped outside of a beautiful, stone building in the mountains near Florence, a fantasy lodge if ever there was one. We knew it had to be some kind of accommodation because we recognized the word "benvenuto" on the sign over the main entrance. My friends spoke not a word of Italian. But they considered me fluent I'm convinced only because I smiled and nodded at every word anyone had spoken to me in Italian. Never mind that I knew next to nothing.

They insisted. So in I went. I walked up to the front desk and gave my most confident smile. I asked for three rooms, one for each of us. Certainly, the owner responded. Then she told me, rapidly, that the hotel was actually a hunting lodge and that all the hunters were out for the afternoon. She said it would be a good time for us to take a nap. She also told me that what the hunters brought back we would have for dinner that night. I didn't understand a word - okay maybe a few words, enough to get a hint of what was going on. I only repeat this here to relate the depth of my lack of understanding, which was about to become evident. Then, she smiled and said dinner would be at 8 p.m.

I smiled back. I wasn't sure what to do next. So, I tried repeating a little of what I thought she had said, just to confirm.

La lingua italiana nel mondo

L'italiano è l'unica lingua ufficiale in Italia e San Marino. Nella Città del Vaticano è usata correntemente, ma la lingua ufficiale è il latino. È una lingua ufficiale insieme allo sloveno sulla costa della Slovenia e in Istria (Croazia) accanto al croato. È anche una delle lingue ufficiali in Svizzera.

L'italiano è diffusissimo a Malta e in Albania e nelle ex-colonie italiane: Libia, Eritrea, Etiopia e Somalia.

A causa della forte emigrazione, abbiamo comunità italiane in Sud America, Stati Uniti, Australia, Canada, Francia, Germania e Belgio.

La lingua italiana è la quarta lingua più studiata come lingua straniera, dopo inglese, spagnolo e francese e prima del tedesco.

The only word that rang with any resonance was "cacciatore" - hunter, in Italian. The only thing I could think of when I heard that was "chicken", only because I'd read the phrase "chicken cacciatore" over and over and over again on the menus of some very bad Italian restaurants in the United States. I kept smiling.

What was I to do? Not knowing the definition, let alone the pronunciation, or cacciatore, I responded - using chicken in its place. I stumbled through a repetition of what she had said. She smiled at me - oddly. I went upstairs to my room. I knew something was wrong. I had no idea what. I grabbed my dictionary. I looked up the word cacciatore. Oh no.

I ran back downstairs. "Signora, signora! I am so sorry. I was confused," I blurted. And then I explained. I told her, my arms waving in supplication, that I thought she had said that this was a house of chickens and that all the chickens were out for the afternoon and that it was quiet and a good time to take a nap. And, I thought she had that whatever the chickens found in the forest we'd have for dinner. She just stared at me. Then she ran into the kitchen and brought back her entire family. She lined them up behind the front desk of the hotel and asked me to repeat the story. I don't think I'd ever seen people laugh so hard. I started to laugh, too. That night at dinner, they introduced me to the hunters and repeated the story. All of them howled, and then, after several courses of pasta and what these "chickens had caught in the forest," they asked me to join in on some of the traditional songs they (and I, from my grandfather) had learned as children.

Best "chicken cacciatore" I'd ever had.

What do you think of the reaction of the "signora" and her family when Terry explain his misunderstanding? What in your opinion is the moral of this story?

Helsinki ci ama

Finlandesi pazzi per l'Italia: la televisione di Helsinki *ha appena lanciato*[1] Talo Italiassa (letteralmente "Casa in Italia"), uno show interamente dedicato al nostro Paese, dove dieci concorrenti *cercano*[2] di imparare l'italiano in tre mesi. Durante la trasmissione si parla esclusivamente in italiano, con sottotitoli in finlandese, e italiani sono i membri della giuria. Per *il vincitore*[3], una vacanza in una villa nelle Marche. *La conduttrice*[4], Ella Kanninen, è *un volto noto*[5] anche da noi (su Rete 4, Il Viaggiatore). "Amiamo tutto dell'Italia", spiega, "e col nostro programma la faremo conoscere ancora più da vicino. Partendo proprio dalla lingua". P. N.

[1] *has just launched*
[2] *try*
[3] *the winner*
[4] *The presenter*
[5] *a well-known face*

(www.dweb.repubblica.it)

In your opinion, what are the features that make the Finns love Italy and that prompt the competitors to take part in this game?

■ L'ITALIA IN RETE

Would you like to study Italian in Italy? Go to www.google.it and search for information (type of course, schedules, prices etc.) on language schools in and Italian city you would like to visit.

In albergo

1 **Lessico - Che cosa significa?**
Match the words to the pictures.

camera singola ☐   bagno ☐

camera doppia ☐   frigobar ☐

parcheggio ☐   doccia ☐

televisione in camera ☐   cani ammessi ☐

aria condizionata ☐

a.   b.   c.

d.   e.   f.

g.   h.   i.

2 **Lettura - L'albergo ideale**
Read the descriptions of the hotels and answer the questions on the next page.

Firenze

Residenza Apostoli
Borgo Santi Apostoli, 8
50123 FIRENZE
Tel. 055/288 4 32 Fax 055/268 790

In posizione ottimale per visitare
la città a piedi e fare compere in
centro. 10 camere doppie o matri-
moniali, 1 tripla e 1 singola, tutte
con bagno e aria condizionata.
Bambini sotto i due anni gratis.
Doppia   € 120
Singola   € 114
Tripla   € 145

Villa Carlotta
Via Michele di Lando, 3
50125 FIRENZE
Tel. 055/233 61 34 Fax 055/2336147

Tra il Giardino di Boboli e Palazzo
Pitti. 32 camere con bagno o doccia,
telefono, TV e frigobar. Giardino.
Ristorante. Cucina toscana e interna-
zionale. Parcheggio privato.
Cani ammessi.
Camera Doppia   € 240
Camera Singola   € 170

Istituto suore di Santa Elisabetta
Viale Michelangiolo, 46
50125 FIRENZE
Tel. 055/68 118 84

Elegante villa in un quartiere
residenziale. 35 camere singole,
doppie e triple, alcune con bagno.
Colazione compresa. € 30 a
persona. Orario di rientro: ore 22.00.
Parcheggio, sala TV, sala riunioni,
cappella. Aperto tutto l'anno.

You want to spend three or four days in Florence. Which hotel do you prefer? Why?

Preferisco l'hotel _____ perché:

non è caro. ☐	è possibile portare animali. ☐
è tranquillo. ☐	ha il ristorante. ☐
è in centro. ☐	ha l'aria condizionata. ☐
ha il garage. ☐	.... ☐

Compare your answers with your partner's.

● Io preferisco l'hotel ... E tu?
▪ Io invece preferisco ...

● Io preferisco l'hotel ... E tu?
▪ Anch'io.
● Ah, bene. E perché?
▪ Perché ...

CD 35

3 **Ascolto - Una prenotazione**

a. Close the book, listen to the recording and then discuss with a partner.

b. Listen to the telephone call again and fill in the questionnaire.

La signora Cipriani desidera
una camera singola. ☐
una camera doppia. ☐

Prenota la camera
per una notte. ☐
per due notti. ☐

La camera viene
112 euro. ☐
120 euro. ☐

La signora arriva venerdì
verso le nove. ☐
verso mezzogiorno. ☐

Nel prezzo
è compresa ☐
non è compresa ☐
la colazione.

L'albergo
ha il garage. ☐
non ha il garage. ☐

Per la conferma il receptionist ha bisogno
di un fax. ☐
del numero della carta di credito. ☐

🎧 **4** Riflettiamo - Verbi servili

G 7.7

a. Now listen to the recording and complete with the verbs in the box.

- Albergo Torcolo, buongiorno.
- ■ Buongiorno. Senta, avete una camera doppia per il prossimo fine settimana?
- Un attimo, prego. Dunque... beh, c'è una matrimoniale. Va bene lo stesso?
- ■ Sì.
- _____ prenotarla per una o due notti?
- ■ Per due notti. Da venerdì a domenica.
- D'accordo. E a che nome _____ registrare la prenotazione, scusi?
- ■ Cipriani.
- Ci...pria...ni.
- ■ A che ora _____ avere la stanza venerdì?
- A mezzogiorno, ma se _____ arrivare prima _____ lasciare le valige alla reception.
- ■ Ah bene, perché pensiamo di arrivare verso le 9. E a che ora _____ lasciarla domenica?
- Entro le 10.
- ■ E senta, quanto viene la camera?
- 120 euro, compresa la colazione.
- ■ Benissimo. Un'ultima informazione. Avete il garage?
- No, signora, mi dispiace, ma ci sono due parcheggi qui vicino.
- ■ Ah, va bene. ... La ringrazio. A venerdì allora.
- Sì, ...ma scusi ... ancora una cosa: per la conferma _____ mandare un fax?
- ■ Certo, anche subito, se vuole. _____ avere il numero?
- Sì, è 0553492644.
- ■ Perfetto. Grazie e arrivederLa.
- Prego. ArrivederLa.

dobbiamo
volete　　**posso**
devo
potete　　**può**
possiamo
vuole

b. Complete the conjugation of these three verbs inserting the forms used in the dialogue.

	DOVERE	POTERE	VOLERE
IO			voglio
TU	devi	puoi	vuoi
LEI\LUI	deve		
NOI			vogliamo
VOI	dovete		
LORO	devono	possono	vogliono

c. In the text of the conversation, these verbs are always followed by
....

5 Combinazioni - Forma delle frasi

Form the sentences as in the example.

1. Scusi,	vuole prenotare	quanto viene la stanza?
2. La signora	possono lasciare	la stanza entro le 10.
3. I clienti	deve fare	la prenotazione.
4. (voi)	posso sapere	una camera per due notti.
5. Il signore	dobbiamo mandare	in macchina.
6. (noi)	voglio viaggiare	verso le 9.
7. Per la conferma noi	vogliamo arrivare	le valige alla reception.
8. (io)	dovete lasciare	un fax.

6 Parliamo - Avete una camera…?

Work with a partner and improvise a conversation between a person who wants to book a room and the receptionist of the Hotel Centrale in Naples.

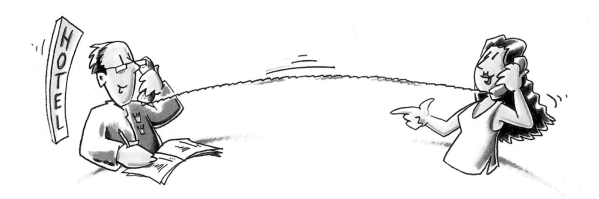

Hotel Centrale

Camera singola: € ………… (senza bagno)
€ ………… (con bagno)

Camera doppia o matrimoniale: € ………… (senza bagno)
€ ………… (con bagno)

Nel prezzo delle stanze è compresa la prima colazione e il parcheggio custodito per le auto.

Si accettano tutte le carte di credito

fax: 081 - 54653254

7 **Combinazioni - Che cos'è?**

From the list below find the names of the objects pictured below and write them next to the relevant picture. Ask the teacher the meaning of any words you don't know.

| l'armadio | la coperta | il letto | la saponetta | la sedia |

| l'asciugamano | il cuscino | il ~~phon~~ | la valigia | il tavolo |

| la carta igienica | la lampada | il portacenere | il ~~termosifone~~ |

il termosifone   *il phon*

8 **Esercizio orale - Che cosa c'è?**

Look at the picture for 30 seconds, then close the book. What is there in the room? Do you remember the names of the objects in Italian?

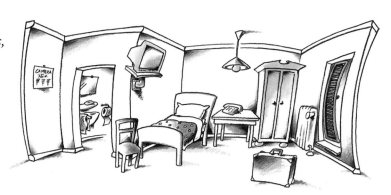

9 **Lettura - Avrei un problema**

*Complete the conversation between the receptionist and a customer (**cliente**) of the hotel. Insert the phrases said by the customer in the correct order.*

Receptionist

1. Reception, buongiorno.
   ....

2. Mi dica signore.
   ....

3. Mi dispiace molto signore, di che si tratta?
   ....

4. Non c'è problema, possiamo sostituirlo immediatamente.
   ....

5. Mando subito il tecnico per aggiustarla.
   ....

6. Certo, signore.
   ....

7. Prego, si figuri.

Cliente

a. Ho qualche problema con la stanza.

b. E un'ultima cosa: posso avere un'altra coperta? Fa un po' freddo la notte.

c. E poi c'è un'altra cosa, la televisione è rotta: si vede bene, ma si sente male.

d. Grazie tante.

e. Prima di tutto il phon non funziona bene, manda solo aria fredda.

f. Buongiorno, chiamo dalla stanza 352.

10 Riflettiamo - Bene e male

*Find in the text the words **bene** and **male**, then work with a partner to answer the two questions.*

1. To which words in the text do **bene** and **male** refer?

....

2. **Bene** and **male** are: adjectives ☐
                               adverbs ☐
                               nouns ☐

11 Combinazioni - Problemi, problemi ...

Look at the pictures: what do you say in these cases? Make sentences combining the words in list A with those in list B.

A
Non c'è
Il televisore
Nel bagno non ci sono
Qui non è possibile
È possibile
Posso avere

B
chiudere bene la finestra.
gli asciugamani.
avere un portacenere?
l'acqua calda.
ancora una coperta?
non funziona.

12 Parliamo - Un cliente scontento

*Work with a partner. Student **A** is the customer. Student **B** is the receptionist. Something is missing or does not work in A's room.*

In albergo

6

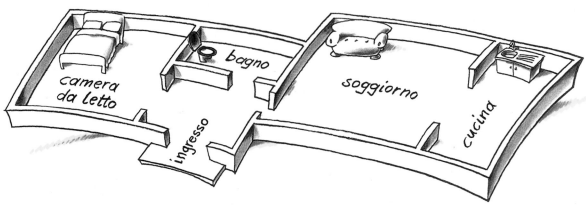

CASE E APPARTAMENTI

ARMA DI TAGGIA (Sanremo) Offro bilocale centrale, 4° piano, ascensore, riscaldamento autonomo, vicino a negozi, fermate bus e lungomare. Posto auto. Tel. 0368-7387646

CORTINA (BL) In febbraio affitto appartamento situato in zona centrale, ben arredato e con ogni comfort, 2/4 posti letto. Prezzo interessante. Tel. 0435/400494 ore pasti

BORDIGHERA (IM) Affitto appartamento 5 posti letto, TV, lavatrice, ascensore, 600s mensili marzo o aprile. Tel. 0172-421279, oppure 0338-8808480

SARDEGNA CALA DI PLATA-MONA (SS) a 50 metri dal mare, appartamento 50mq con ingresso indipendente. Affitto da maggio a ottobre, anche settimane. Tel. 079 - 515102

FORTE DEI MARMI – Da giugno a settembre affitto villino con vista sul mare, grande soggiorno con balcone, 3 camere da letto, doppi servizi, garage e giardino. Tel. 0335- 5934567

a. In the classified advertisements above find the words corresponding to the following definitions.

Appartamento con due locali: .... Strada vicino al mare: ....

Piccola villa: .... Due bagni: ....

b. In the classified advertisements underline the names of the months and complete the list.

GENNAIO _____ _____ _____ _____ _____

LUGLIO AGOSTO _____ _____ NOVEMBRE DICEMBRE

*c. Write the ordinal numbers (**numeri ordinali**) in the correct order.* G 14.2

decimo • nono • ottavo • quarto • quinto • secondo • sesto • settimo • terzo

1° primo   2° _____   3° _____   4° _____   5° _____

6° _____   7° _____   8° _____   9° _____   10° _____

14 Parliamo - In vacanza in Italia

You want to rent an apartment in Italy.
Which of the classified advertisements in activity 13 interests you most? Discuss with a partner.

15 Lettura - Una lettera dalle vacanze

```
Caro Luca,
finalmente sono in vacanza, dopo un anno di duro lavoro e vita frenetica mi posso
rilassare un po'.
Sono all'Isola d'Elba con Claudia e Mara. Abbiamo affittato l'ultimo piano di
una bellissima casa con una meravigliosa vista sul mare. C'è una scala che
dalla casa scende direttamente a una piccola spiaggia dove passiamo quasi tutta
la giornata praticamente da sole, perché questa spiaggia si può raggiungere solo
dalla casa o dal mare. Ogni tanto vengono i figli dei proprietari della casa, ma
raramente perché preferiscono andare alla spiaggia più famosa dell'isola insieme
agli amici. Stiamo proprio bene nella nostra spiaggia "privata", prendiamo il
sole, leggiamo, chiacchieriamo e quando fa troppo caldo ci tuffiamo nell'acqua o
facciamo un pisolino all'ombra.
Nell'appartamento ci sono tre camere da letto, un bagno piccolissimo e una cu-
cina enorme, ma quando siamo a casa passiamo la maggior parte del tempo sulla
terrazza: leggiamo, scriviamo lettere e cartoline, prendiamo l'aperitivo e poi
usciamo a mangiare. Nei ristoranti qui troviamo sempre pesce freschissimo e per
niente caro, almeno rispetto a Milano.
Insomma ci stiamo divertendo un sacco, questa è proprio la vacanza per me: al
mare insieme alle mie amiche più care e senza pensieri. E tu? Come va la vita nel
caos della metropoli? Ci vediamo a settembre.
Baci
Stella
```

Do you like the kind of vacation Stella is having? Discuss with a partner.

16 Riflettiamo - Preposizioni articolate

 8

a. *In the text of Stella's letter, find the prepositions **a**, **da**, **di**, **in** and **su** used in combination with the definite article and insert them in the table below.*

Example: Sono **all'**Isola d'Elba (all' = a + l')

	IL	LO	LA	L'	I	GLI	LE
A				all'			
DA							
DI							
IN							
SU							

b. *Work with a partner. Complete the table with the missing prepositions.*

17 Combinazioni ed Esercizio orale - Le stagioni

Match with each season places to go on vacation and activities that you can do there.
Then interview a partner. Discuss what you like to do at the different times of the year.

Example: ■ Dove vai in vacanza in inverno?
  ▼ Vado in montagna.
  ■ E cosa fai?
  ▼ Scio e faccio snowboard. E tu?
  ■ Io.........

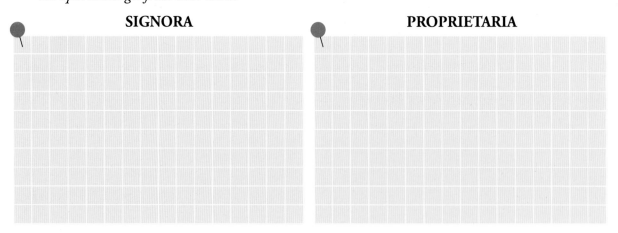

la primavera   L'estate
L'autunno   L'inverno

Dove vai?
Al mare
In campagna
In montagna
In campeggio
A Roma
A New York
In Australia
In Messico

Cosa fai?
Fare fotografie
Fare snowboard
Fare spese
Fare surf
Fare trekking
Mangiare al ristorante
Nuotare
Passeggiare
Prendere il sole
Sciare
Visitare musei

18 Ascolto - In vacanza, ma non in albergo

CD 36

a. *Close the book. Listen to the recording and then discuss with a partner.*

b. *Listen again to the telephone call and take note of the information that the caller and owner of the apartment get from each other.*

SIGNORA	PROPRIETARIA

c. *Which classified advertisement in activity 13 is the woman interested in?*

19 Scriviamo - Saluti da…

Imagine that you are enjoying a perfect vacation and write a short letter to a friend to tell him/her how it's going.

20 Ascolto - A che ora?

Complete the conversations with the times and then match them with the pictures.

1. Scusi, a che ora parte il prossimo autobus per Montecassino?

   All' ....

2. Quando arriva il treno da Perugia?

   Alle ....

3. A che ora comincia l'ultimo spettacolo?

   Alle ....

4. A che ora chiude il museo?

   A ....

In albergo

6

21 Riflettiamo - A che ora?

Insert the times from the conversations above into the tables below.

A	.... mezzanotte
ALL'	....

ALLE	due tre ....

22 Esercizio orale - E da voi?

In small groups compare these opening hours with those in your country. Are there any differences?

Ministero per i beni e le attività culturali

DIREZIONE GENERALE PER I BENI LIBRARI E GLI ISTITUTI CULTURALI

Biblioteca nazionale centrale di Roma

Dal Lunedì al Venerdì
8.30 - 19.00

Sabato
8.30 - 13.30

Posteitaliane

Ufficio Postale
Orario d'apertura
Lun. - Ven. 8:30 - 13:30
Sab. 8:30 - 12:15

SUPERMERCATO
L-S: 9:00 - 20:00
D: 9:00 - 14:00

ORARIO FARMACIA

Mattino
Ore   8.30- 12.15

Pomeriggio
Ore   15.30-19.15

Banca di Roma

Orario di Sportello

dal Lunedì al Venerdì	08.05 - 13.00
	14.30 - 16.00

Sabato Chiuso

Caffè culturale

PER FARCI UN'IDEA

In your opinion, what would be the strong points and what would be the drawbacks of a vacation in these two Italian places?

CON OCCHI DI STRANIERO

MAGDALENE L.

A U.S. citizen, Magdalene is a professor at University of Michigan. Since 2001 she has been spending three months a year in Rome working to a research project and mastering her Italian.

ALTERNATIVE VACATION

After a couple of years of spending winters in Rome and studying Italian, I started to get curious about what Italian life might be like outside the city. I read about "agritourism" and found an intriguing place to spend a short vacation in the Molise, a region where I knew I would find few tourists, a lot of olive trees, good wine, and tasty cheese.

My husband and I rented a car, and after several efforts to make mysterious Roman streets match the labels on the map while dodging macho motos, bulky buses, and flying Fiats, we made our way out of the city. The place we were headed for was classified in the guidebook as a bed and breakfast, but also as a "dimora", which the dictionary translates as "residence, abode, or dwelling." So far so good. I had not heard of anything in Rome being called a dimora or a bed and breakfast. When I made the reservation on email, in my fledgling Italian, I received a message back asking if we also wanted to have dinner, and informing me that dinner (wine included) would be made from products of the owners' farm. How bad could that be? I got an image in my head of a simple rustic country house with a small restaurant in the middle of fields of artichokes, sheep pastures, olive groves, and vineyards.

Following the map I had printed off of the website, we left the hilly main road, winding our way up a mountainside through a tiny town with even tinier streets (actually I couldn't believe that cars were supposed to go on them), until we were at the end of the town and smack up against the walls of a medieval castle. Most of the buildings we were passing at this point were very old, and very abandoned. The map was getting more and more vague, but we seemed to be very close to where we had signed up to have dinner and spend the night, and several hours south of our comfortable city abode in Rome. Arriving at a dead end, right where the map indicated the dimora should be, we saw nothing but boarded up buildings that looked to be anywhere from 200 to 2000 years old.

I left my husband with the car and the luggage and walked along the road past where we could drive.

I found a shiny brass doorbell and rang. The man who answered was gracious and elegant, a descendant of a count in the royal court of Naples.

I entered the courtyard of his family home to see a well-ordered and lush garden. Once we were settled, he and his wife cooked dinner, which was indeed made from the products of the farm that had been in their family for centuries. And they sat down and ate with us in the dining room, frescoed in the reds and oranges of nearby Pompei. Not a simple rustic farm house, but a neoclassical palace in the course of renovation.

Are there any holiday centers like those described by Magdalene in your country?
What in your opinion is an "alternative" vacation?

NOTIZIE DALL'ITALIA

L'agriturismo nasce in Italia circa *un secolo fa*[1], come forma di *accoglienza*[2] semplice e gratuita da parte dei contadini, che generosamente ricevono persone della città.

Mio nonno, che è *di origini contadine*[3], mi racconta che ha ospitato spesso amici di Firenze. Gli ospiti non pagavano in denaro ma portavano *doni*[4] e "cose strane". La prima banana mangiata da mio nonno è stata portata proprio da questi amici.

Oggi le strutture agrituristiche moderne sono molto attrezzate, hanno molti comfort, ma non per questo *trascurano*[5] l'aspetto più importante: offrire ai visitatori un servizio basato su prodotti e su un ambiente naturale e conoscere i vari metodi di produzione agricola.

Soggiornare in un agriturismo significa per prima cosa apprezzare il silenzio che solo un posto circondato

dalla natura può dare. Significa alzarsi al mattino e respirare l'aria pura e incontaminata, fare colazione con del latte appena *munto*[6], andare in giro in bicicletta o con un cavallo per apprezzare da vicino la bellezza del nostro paese.

Per tutti questi motivi la maggior parte degli agriturismi non accetta prenotazioni per un solo giorno: è solo *trascorrendo*[7] qualche giorno in un agriturismo che potete realmente vivere una vacanza diversa dal solito. *(www.agriturismo.it)*

[1] *a century ago*
[2] *welcome*
[3] *from a farming family*
[4] *gifts*
[5] *neglect*
[6] *taken from the cow*
[7] *spending*

*Do you think you would enjoy a vacation in an **agriturismo**? Discuss it with a partner.*

L'ITALIA IN RETE

*You would like to spend a week in an **agriturismo** in Italy. Search on www.google.it the site of an **agriturismo** and find information about prices and conditions for this type of vacation.*

Un fine settimana

1 Lettura - Tante idee per partire

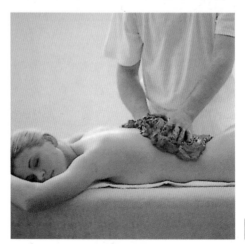

Read these vacation outlines and write next to the photograph on the previous page the letter which corresponds.

a. **LAGO DI GARDA E ARENA DI VERONA** – viaggio in autobus – sei pernottamenti in hotel ★★★ con piscina a Bardolino – 2 spettacoli – a Verona visita guidata – partenze ogni martedì e giovedì

b. **MONTEGROTTO TERME** – settimana in centro benessere – reparto cure – idroterapia termale – yoga – massaggi – sauna e ginnastica – piscine – diete

c. **ASSISI** – settimana di meditazione in convento – pensione completa – passeggiate in montagna e nei dintorni – a scelta corsi di restauro libri

d. **CLUB VALTUR SARDEGNA** – voli giornalieri da Roma e da Milano – alloggio in bungalow a pochi metri dal mare – pensione completa – animazione – tennis – diving – servizio baby sitting

e. **LOMBARDIA IN BICI** – da Milano a Milano con soste e visite guidate a Pavia, Vigevano, Cremona e Parma – tappe giornaliere di circa 40 km – serate gastronomiche

f. **CORVARA (BZ)** – mezza pensione in albergo a gestione familiare – cucina tipica – escursioni sulle Dolomiti con guida alpina – minigolf

What is the ideal vacation for someone who...

non sta bene e desidera fare qualcosa per il proprio corpo? ☐

va volentieri in montagna e ama la cucina tradizionale? ☐

è stressata, odia i posti dove c'è molta gente e ama il silenzio e la natura? ☐

è dinamica, sportiva e ha un bambino? ☐

ama l'arte e l'opera, ma desidera anche passare alcuni giorni in assoluto relax? ☐

è molto sportiva e ama la buona cucina? ☐

 Parliamo - Una settimana a ....

Work with a partner. Which of these offers would you prefer for a one-week vacation? Why?

Claudia and Davide are on vacation in one of the places described in the previous activity. Read their postcards, compare them with the outlines in activity 1 and write in the blank space the name of the city where they are on vacation.

Finalmente un po' di vacanza! Il tempo è bello anche se la sera tira un po' di vento. Oggi ho passato una giornata molto intensa e non ho avuto un momento libero: la mattina sono andata in montagna, poi sono tornata in albergo a riposarmi. Il pomeriggio ho visitato un tipico paese alpino. Ieri sono andata a _____, è una città molto carina. Stasera resto in albergo, la cucina è ottima e io....sono stanca morta!
Baci, Claudia

Sig. Lucio Carli
Via Cimitero, 5

95019 Zafferana (CT)

Sono a _____ per il fine settimana. Ieri ho dormito tantissimo, fino a mezzogiorno e poi sono stato tutto il pomeriggio in piscina, fortunatamente il tempo è bello e fa caldo. Questa mattina sono andato in palestra e poi ho partecipato ad una lezione di yoga. Ho passato due giorni molto rilassanti; la prossima volta vieni anche tu!
A presto, Davide

Gentile Sig.ra
Ada Bertani
Via Zanardi, 1

40131 Bologna

Un fine settimana

7

4 Riflettiamo - Il passato prossimo

Ⓖ 7.9

a. From the text find the following verbs and write the form that you find next to the infinitive.

VERBI IN -ARE	CLAUDIA	DAVIDE
Passare	....	....
Visitare	....	ho visit**ato**
Tornare	....	sono torn**ato**
Andare	....	....
Partecipare	ho partecip**ato**	....
Stare	sono st**ata**	....
VERBI IN -ERE		
Avere	....	ho av**uto**
VERBI IN -IRE		
Dormire	ho dorm**ito**	....

*b. The **passato prossimo** (past tense) is a compound tense, formed by two words. The second word is the past participle of the verb (**participio passato**). Look at the above table; how do you form the regular past participle of verbs which end in -ARE, -ERE and -IRE?*

Pass**are** ⇒ Pass_____

Av**ere** ⇒ Av_____

Dorm**ire** ⇒ Dorm_____

*c. Look at the verbs in the table. The first word which forms the **passato prossimo** is an auxiliary verb in the **presente indicativo**. It is possible to use two different verbs as auxiliary. Which ones?*

Presente di _____ + Participio Passato

Presente di _____ + Participio Passato

d. In some verbs the past participle changes in the masculine form and in the feminine form. What is their auxiliary?

_____

Un fine settimana

7

5 Esercizio scritto - Passato prossimo

*Complete these sentences conjugating the verbs in the **passato prossimo**. In the first column you have verbs which take the auxiliary **avere**, in the second column you have verbs which take the auxiliary **essere**. Use the first and second persons singular.*

Iᵃ PERSONA SINGOLARE - IO		Iᵃ PERSONA SINGOLARE - IO	
Cenare con un amico	**Ho cenato** con un amico	Andare al cinema	....
Dormire molto	....	Stare in montagna	....
Incontrare il professore	....	Tornare a casa	....
Cercare un albergo	....	Partire in treno	....
IIᵃ PERSONA SINGOLARE - TU		**IIᵃ PERSONA SINGOLARE - TU**	
Preparare un dolce	....	Stare a casa	**Sei stato/a** a casa
Visitare Parigi	....	Partire per Venezia	....
Mangiare la pasta	....	Tornare al lavoro	....
Passare la vacanza	....	Andare a Napoli	....

6 Esercizio orale - Che cosa hanno fatto?

Work with a partner: one student plays the role of Giacomo, and the other Serena. Take turns to say what you did on your short holiday.

Giacomo
partire per il lago di Garda - stare in campeggio - andare in spiaggia - mangiare una pizza - visitare il paese - tornare al campeggio - preparare qualcosa da mangiare - andare in discoteca

Es: Sono partito per il lago di Garda.......

Serena
passare tre giorni a Venezia - cercare un albergo - andare in vaporetto a Piazza S. Marco - visitare la basilica - mangiare qualcosa in un bar - dormire un poco - andare a vedere una mostra - incontrare un'amica - cenare insieme a lei

Es: Ho passato tre giorni a Venezia......

7 Esercizio scritto - Serena e Giacomo

Now work with a partner and write what Serena and Giacomo did in their vacation. Use the third person singular. Use the following time expressions:
prima - poi - la mattina - a mezzogiorno - a pranzo - il pomeriggio - la sera

Serena ha passato tre giorni a Venezia.

Giacomo è partito per il lago di Garda.

....

8 Lessico - Che freddo!

a. What are they saying? Match the picture to the phrases.

1. Fa caldo!   2. Tira vento!   3. Fa freddo!   4. Piove!

 9 Ascolto - E domenica?
CD 39

a. Close the book. Listen to the recording and then discuss with a partner.

b. Now listen again to the recording and number the pictures which follow. The pictures are not in order.

Lui dice:

Lei dice:

a. Listen to the recording and choose the correct auxiliary.

● E allora, ***siete/avete*** tornati al lago anche domenica?

■ Beh, chiaro! Che domanda!

● E ***siete/avete*** partiti presto come al solito, eh?

■ Sì, però ***siamo/abbiamo*** arrivati lì verso le nove. Così ***siamo/abbiamo*** fatto subito il bagno e abbiamo preso il sole tutto il giorno. Più tardi ***siamo/abbiamo*** fatto anche un giro in gommone. È stata una giornata molto bella! E tu che cosa ***sei/hai*** fatto?

● Mah, niente di particolare perché sono rimasta a casa quasi tutto il giorno.

■ Ah.

● La mattina ***sono/ho*** fatto colazione tardi e poi ***sono/ho*** messo in ordine la casa.

■ Eh beh...

● Mm… il pomeriggio ho letto un po' e poi ***sono/ho*** visto un film alla TV. Dopo per fortuna è venuto Luca, con lui ***sono/ho*** fatto una passeggiata in centro.

■ Ah ecco.

● Sì ma… brevissima eh!

*b. Read the list of verbs below and find the relative forms of the **passato prossimo** in the previous dialogue.*

INFINITO	PASSATO PROSSIMO	INFINITO	PASSATO PROSSIMO
Fare	_____ _____	Essere	_____ _____
	_____ _____	Rimanere	_____ _____
	_____ _____	Venire	_____ _____
	_____ _____		
Prendere	_____ _____		
Mettere	_____ _____		
Leggere	_____ _____		
Vedere	_____ _____		

c. Work with a partner. Look at the past participles of the verbs that you have written in the table: do you see any differences compared to the past participles that you have already studied? If you wish you can look at point b. of activity 4.

d. *The passato prossimo of the verb **essere** is the same as another verb. Which one?*
   If you can't remember look at the table in activity 4.

e. *It is possible to use the auxiliary **essere** with verbs which express a physical state.*

Stare	⇒	Sono stato/a	Rimanere	⇒	Sono rimasto/a
Restare	⇒	Sono restato/a	Essere	⇒	Sono stato/a

*The auxiliary **essere** can be used also with verbs which express movement from one place to another or movement in general. Find in the text at point a. the verbs of movement and write them into the following table.*

....	....	....	....
....	....	....	....

*Note that the past participle of verbs which have the auxilliary **essere** agrees with the number and gender of the subject to which it refers.*

11 Esercizio orale - Quando ...?
Read these expressions. Ask your teacher any words you don't understand.

due settimane fa

il mese scorso

prima della lezione   l'altro ieri   giovedì scorso

stamattina

ieri   ieri sera   la settimana scorsa

Now interview a partner, taking turns asking and answering using the expressions in the boxes.

Es: Mangiare una pizza ■ Quando hai mangiato una pizza?
                       ▼ Ieri sera.

fare una passeggiata
vedere un film
andare a sciare
parlare al telefono
prendere un gelato
leggere un libro
fare una festa
rimanere a casa tutto il giorno

Esercizio orale e scritto - Che cosa hanno fatto?

*Student **A** fills in the blue boxes and Student **B** the white boxes. Write in phrases with verbs from the list (in the **passato prossimo**). Student A asks questions, example: Cosa hanno fatto Giorgia e Sara la mattina? Student B answers with his/her phrase, example: Hanno letto il giornale. Student A writes the answer in his/her box. Then it is Student B's turn to ask, etc. At the end A and B check together what they have written and make any corrections.*

giocare	fare	rimanere	visitare	cucinare
leggere	mangiare	vedere	andare	essere

	Mauro e Claudia	Giorgia e Sara	Piero e Carlo	Lucia e Marco
la mattina				
il pomeriggio				
la sera				

13 **Esercizio orale - Bingo**

Which of you did these activities last summer? You can only ask one question per person. When you find someone, write their name in the box corresponding to the activity. The winner is the player who fills in 4 boxes, either diagonally, horizontally or vertically.

Es: Dormire a lungo
■ La scorsa estate hai dormito a lungo?
▼ Sì./ No.

Andare al cinema
■ La scorsa estate sei andato/a al cinema?
▼ Sì./ No.

fare delle fotografie _____	pranzare in un ristorante tipico _____	stare in un campeggio _____	visitare dei musei _____
lavorare _____	andare in montagna _____	fare un viaggio in bicicletta _____	essere al mare _____
visitare un altro paese _____	affittare un appartamento _____	andare a vedere una mostra _____	fare sport _____
fare un corso d'italiano _____	partire con un gruppo di amici _____	restare a casa _____	giocare a tennis _____

Un fine settimana

7

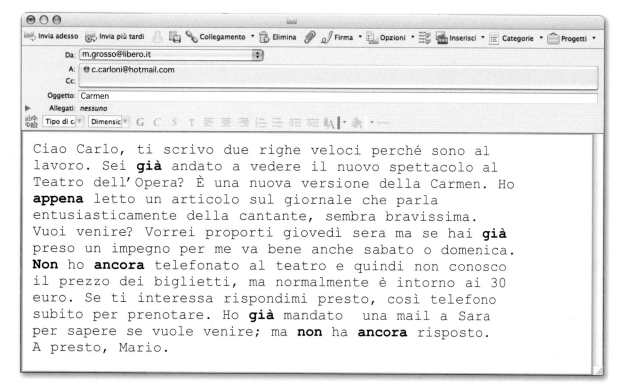

Ciao Carlo, ti scrivo due righe veloci perché sono al lavoro. Sei **già** andato a vedere il nuovo spettacolo al Teatro dell'Opera? È una nuova versione della Carmen. Ho **appena** letto un articolo sul giornale che parla entusiasticamente della cantante, sembra bravissima. Vuoi venire? Vorrei proporti giovedì sera ma se hai **già** preso un impegno per me va bene anche sabato o domenica. **Non** ho **ancora** telefonato al teatro e quindi non conosco il prezzo dei biglietti, ma normalmente è intorno ai 30 euro. Se ti interessa rispondimi presto, così telefono subito per prenotare. Ho **già** mandato una mail a Sara per sapere se vuole venire; ma **non** ha **ancora** risposto.
A presto, Mario.

*a. Underline the verbs in the **passato prossimo** in the text.*

*b. Between the auxiliary and the past participle you find the words **già**, **appena** and **ancora**. Work with a partner and answer the following questions.*

- *Which word expresses an action which has just happened?*

  _____

- *Which word expresses an action which has already happened?*

  _____

- *Which word expresses an action which has not yet happened but will happen?*

  _____

15   Esercizio orale - Già, appena, non ancora

Work with a partner. Improvise short conversations as in the example.

Es:	Guardare la TV	Arrivare a scuola
	■ Avete già guardato la TV?	■ Siete già arrivati a scuola?
	▼ Sì, abbiamo appena guardato la TV.	▼ Sì, siamo appena arrivati.
	▼ No, non abbiamo ancora guardato la TV.	▼ No, non siamo ancora arrivati.

Finire i compiti	Tornare a casa	Prendere l'autobus
Andare a teatro	Visitare il Messico	Comprare il biglietto
Preparare la cena	Partire per le vacanze	Leggere il libro
Telefonare a Carla	Fare colazione	Stare in palestra
Vedere il film	Mettere in ordine la stanza	

16 Ascolto - Vorrei qualche informazione

CD 40

a. Close the book and listen to the recording. Discuss what you have understood with a partner.

b. Now listen to the recording again and select the correct answers.

1. La ragazza vuole
un biglietto per Napoli ☐
un biglietto per Sperlonga ☐
delle informazioni per Sperlonga ☐

3. La ragazza prende il treno da Roma delle ore
6:30 ☐
7:15 ☐
8:30 ☐

2. La ragazza vuole partire
la mattina ☐
il pomeriggio ☐

4. Il biglietto del treno da Roma a Fondi costa
euro 8 ☐
euro 8,90 ☐
euro 90 ☐

17 Riflettiamo - Ci vuole, ci vogliono

CD 40

a. Now listen again to the conversation and cross out the wrong answers.

> 1. Scusi quanto tempo ***ci vuole/ci vogliono*** con il treno?
> 2. Mah, ***ci vuole/ci vogliono*** un'ora e mezzo.
> 3. Va bene, e senta... quanto tempo ***ci vuole/ci vogliono*** da Fondi a Sperlonga con il bus?
> 4. Mah, ***ci vuole/ci vogliono*** trenta minuti.

b. The expressions ***ci vuole*** *or* ***ci vogliono*** *are used to express the time necessary to complete an action. Look at phrases 2 and 4. Which words do they refer to in the sentence?*

18 Parliamo - In un'agenzia di viaggi

*Student **A** works in a travel agency. Student **B** is a customer. Prepare a conversation.*

Student A *- Use the table below to give information to the customer.*

Destinazioni	Itinerario	Orari	Prezzi	
Milano - Elba	Milano - Elba	9.30 - 10.30 12.15 - 13.15	190,00 euro	aereo
Milano - Elba	Milano - Piombino	12.15 - 16.49 13.10 - 17. 49	33,07 euro	treno
	Piombino - Elba	11.30 - 12.30 16.30 - 17.30	5,00 euro passeggero 19,00 euro posto auto	traghetto
Milano - Cagliari	Milano - Cagliari	10.15 - 11.40 15.15 - 16.40	263,00 euro	aereo
Milano - Cagliari	Milano - Genova	11.10 - 12.43 13.10 - 14.43	12,86 euro	treno
	Genova - Cagliari	17.00 - 13.00 21.00 - 17.00	68,17 euro	traghetto
Milano - Capri	Milano - Napoli	8.55 - 10.20 10.20 - 11.45	191,00 euro	aereo
	Napoli - Capri	10.00 - 10.40 12.00 - 12.40	5,00 euro	traghetto
Milano - Capri	Milano - Napoli	10.00 - 16.30 11.20 - 19.39	48,50 euro	treno
	Napoli - Capri	10.00 - 10.40	8,40 euro	traghetto

Student B - You are in Milan, but you want to go to the beach. Go into a travel agent and ask for information on how to reach the island of Elba, Cagliari or Capri. Ask how long it takes, the price and times for departure and arrival. Use the map below.

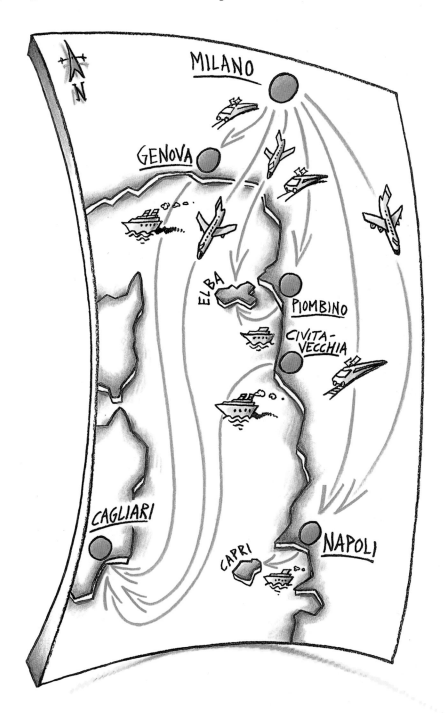

19 Scriviamo - Saluti da ...

You are out of town for the weekend. On the second day you write a postcard to a friend. Say what you have done and what you want to do tomorrow.

Caffè culturale

PER FARCI UN'IDEA

a. Liguria is one of the 20 Italian regions.
   By looking at the photographs, what do you think are the characteristics featuers of this region?
b. Look for Liguria in the map of Italy on the inside front cover of this book.

CON OCCHI DI STRANIERO

MARY LOU W.
Mary Lou came to Italy on short vacations several times. Then her husband was offered a job in Rome. Now they have years to explore this fascinating place, and the chance to learn more than "survival Italian". They still can't believe their good fortune.

Travelling in Italy

Growing up in America's Midwest, I became accustomed to a landscape where distances loomed large. Drive an hour or two from home and you would likely find yourself in a place that looked very much like the place you started from, with precious little along the way to tempt you to pause and investigate.

Italy couldn't be more different.

Travel an hour in one direction and you can hike in the mountains. Head off in a different direction and find yourself along the sea. And whichever direction you take, you come across historical monuments and artistic treasures at every turn. It's enough to make your head spin. But beyond the well-known destinations, Italy offers a wealth of lesser known gems, and whatever your interests, you're sure to find something to please.

One mild fall weekend, looking for an excuse to get out of the city, we left Rome and made the short drive north and east of the city to Castelnuovo di Farfa, a small town outside of Rome in the Sabine Hills, to visit its Museo dell'Olio della Sabina. The area has long been known for its olives, and we expected to see a collection of assorted tools and equipment and perhaps an ancient olive press or two. And so we did. But the museum also features an extensive artistic installation celebrating the olive and man's use of it through history. A young woman served as our guide, explaining exhibit after exhibit in careful detail, waiting for me to translate from Italian into English for the rest of our group, making certain I didn't leave anything out. The fascinating and sometimes surreal display culminated with the "Oleofona", an elaborate sculpture/musical instrument. One part features olive oil dripping from glass receptacles; another consists of the gnarled trunk of an olive tree with several metal arms with electronic sensors attached. The olive oil drips, the tree trunk rotates, the sensors sense, and somehow it all works together to translate the flow of olive oil into the otherworldly strains of electronic music.

What a contrast between the ancient setting of the museum (a restored 14th century palazzo) and this distinctly New Age treatment of the olive! But it's this element of contrast and surprise that seems so characteristically Italian. It shows up in many different settings, and is one of the reasons so many people find travelling in Italy so fascinating.

Compare the description of Italy given by Mary Lou with the geography of your country: what would seem to you to be the main differences?

Michele Fontolan

SUI FIUMI VIAGGIA L'ARTE E LA STORIA

Chi è alla ricerca di un turismo dai ritmi meno frenetici ed è stanco di strade piene di traffico e di rumori, può visitare alcune città *navigando*[1] sui fiumi, in barca. Viaggiare lungo i fiumi è un modo per *immergersi*[2] nella natura e per avvicinarsi meglio alla storia dei luoghi che si vogliono conoscere, perché le prime strade dell'antichità sono state proprio i fiumi. Questa nuova tendenza del turismo fluviale sta avendo un successo davvero sorprendente anche in Italia. Ecco una mappa per scoprire le strade d'acqua.

A Firenze l'associazione "I Renaioli" organizza gite sull'Arno dal Ponte alle Grazie al Ponte alla Carraia, passando sotto il Ponte Vecchio, su vecchie imbarcazioni *spinte*[3] da lunghi *remi*[4], simili a quelli delle gondole.

Il primo servizio di turismo fluviale inaugurato in Italia è stato quello sul fiume Brenta. Dal marzo del 2000 la motonave Tiepolo naviga da Padova a Venezia, costeggiando splendide ville neoclassiche.

Invece le barche sul Tevere, a Roma, sono state inaugurate solo da un anno. La crociera parte dal Ponte Sant'Angelo e dura un'ora e tre quarti. Oltre che di giorno, si può navigare anche di notte e cenare a bordo. Viaggiando sul Tevere, non solo si vedono sulle *rive*[5] i monumenti storici della città eterna, ma si scopre anche la vita sul fiume, cosa impensabile se si seguono gli itinerari classici sulle vie asfaltate. È un'esperienza che *vale la pena*[6] fare: quella che vive sugli *argini*[7] del Tevere sembra davvero un'altra Roma.

(Italia&Italia)

[1] sailing
[2] immerse yourself
[3] propelled
[4] oars
[5] banks
[6] is worth
[7] banks

Which of the itineraries described in the article interests you most?
What do you think of this kind of journey? Discuss it with a partner.

■ L'ITALIA IN RETE

ENIT Ente Nazionale Italiano per il Turismo
più ITALIA che mai!
ARTE   NATURA   STORIA   SAPORI   TEMPO LIBERO   TERME

*Would you like to know more about the Italian regions? Search on **www.google.it** the **Enit** website (Ente Nazionale Italiano per il Turismo) and look for information on a region in Northern Italy, one in the Centre and one in the South of the country. Which do you prefer, which is most to your taste?*

Vita quotidiana

1 **Esercizio scritto - Lavori e orari**

Work with a partner and reconstruct sentences 1, 2 and 4 below, putting the words into the correct order. Then match the 5 sentences to the photographs.

1. .... a / di / Finisce / mezzanotte. / lavorare

2. .... venerdì. / dal / Lavora / al / lunedì

3. A volte lavora anche la domenica.

4. .... 13. / al / alle / sabato, / lunedì / Lavora / dalle / dal / 9

5. Comincia a lavorare alle tre e mezzo del mattino.

☐   ☐   ☐

☐   ☐

2 **Esercizio orale - Quando lavori?**

Go round the classroom and find classmates who have a job: ask them what days they work and what their working hours are.

3 Ascolto - Ti alzi presto la mattina?

🔊 41

a. Close the book, listen to the recording and then discuss it with a partner.

b. Listen to the recording again and take note of the information that you have about Giovanni and Gabriella.

GIOVANNI	GABRIELLA

4 Lettura - Saluti da Londra

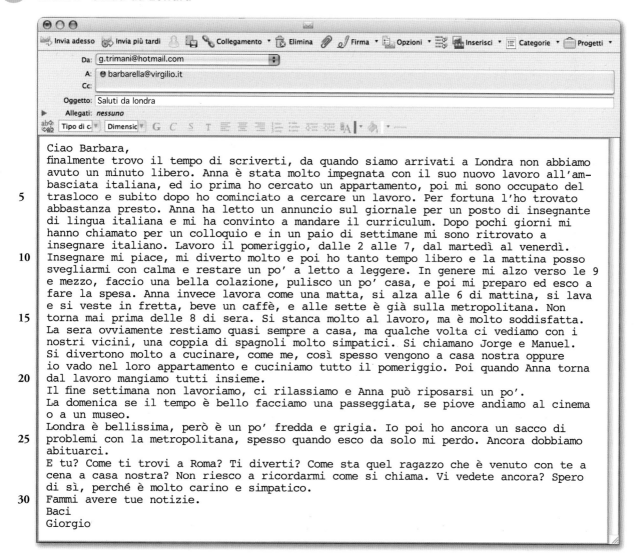

Da: g.trimani@hotmail.com
A: barbarella@virgilio.it
Cc:
Oggetto: Saluti da londra
Allegati: *nessuno*

Tipo di c ▾ Dimensic ▾ G C S T ...

Ciao Barbara,
finalmente trovo il tempo di scriverti, da quando siamo arrivati a Londra non abbiamo
avuto un minuto libero. Anna è stata molto impegnata con il suo nuovo lavoro all'ambasciata italiana, ed io prima ho cercato un appartamento, poi mi sono occupato del
5 trasloco e subito dopo ho cominciato a cercare un lavoro. Per fortuna l'ho trovato
abbastanza presto. Anna ha letto un annuncio sul giornale per un posto di insegnante
di lingua italiana e mi ha convinto a mandare il curriculum. Dopo pochi giorni mi
hanno chiamato per un colloquio e in un paio di settimane mi sono ritrovato a
insegnare italiano. Lavoro il pomeriggio, dalle 2 alle 7, dal martedì al venerdì.
10 Insegnare mi piace, mi diverto molto e poi ho tanto tempo libero e la mattina posso
svegliarmi con calma e restare un po' a letto a leggere. In genere mi alzo verso le 9
e mezzo, faccio una bella colazione, pulisco un po' casa, e poi mi preparo ed esco a
fare la spesa. Anna invece lavora come una matta, si alza alle 6 di mattina, si lava
e si veste in fretta, beve un caffè, e alle sette è già sulla metropolitana. Non
15 torna mai prima delle 8 di sera. Si stanca molto al lavoro, ma è molto soddisfatta.
La sera ovviamente restiamo quasi sempre a casa, ma qualche volta ci vediamo con i
nostri vicini, una coppia di spagnoli molto simpatici. Si chiamano Jorge e Manuel.
Si divertono molto a cucinare, come me, così spesso vengono a casa nostra oppure
io vado nel loro appartamento e cuciniamo tutto il pomeriggio. Poi quando Anna torna
20 dal lavoro mangiamo tutti insieme.
Il fine settimana non lavoriamo, ci rilassiamo e Anna può riposarsi un po'.
La domenica se il tempo è bello facciamo una passeggiata, se piove andiamo al cinema
o a un museo.
Londra è bellissima, però è un po' fredda e grigia. Io poi ho ancora un sacco di
25 problemi con la metropolitana, spesso quando esco da solo mi perdo. Ancora dobbiamo
abituarci.
E tu? Come ti trovi a Roma? Ti diverti? Come sta quel ragazzo che è venuto con te a
cena a casa nostra? Non riesco a ricordarmi come si chiama. Vi vedete ancora? Spero
di sì, perché è molto carino e simpatico.
30 Fammi avere tue notizie.
Baci
Giorgio

Do you prefer Anna's lifestyle or Giorgio's? Discuss with a partner.

5 Riflettiamo - Verbi riflessivi

[G] 7.8

a. *Find the following verbs in the text and fill in the table as in the example.*

INFINITO	RIGA	PRESENTE INDICATIVO	SOGGETTO
DIVERTIRSI	10	**mi** diverto	IO
ALZARSI	11		
PREPARARSI	12		
PERDERSI	25		
TROVARSI	27		TU
DIVERTIRSI	27		
ALZARSI	13		LEI/LUI
LAVARSI	13		
VESTIRSI	14		
STANCARSI	15		
VEDERSI	16		NOI
RILASSARSI	21		
VEDERSI	28		VOI
CHIAMARSI	17		LORO
DIVERTIRSI	18		

b. *Complete the regular conjugations of the reflexive verbs (**verbi riflessivi**).*

	ALZARSI	PERDERSI	DIVERTIRSI
IO	**mi** alzo	**mi** perdo	**mi** diverto
TU			**ti** diverti
LEI\LUI	**si** alza	**si** perde	
NOI	**ci** alziamo		
VOI		**vi** perdete	
LORO			**si** divertono

6 Trascrizione

CD 41

Now listen several times to the beginning of the dialogue of activity 3. Try to write down what you hear.

Gabriella: E tu ....

Giovanni: ....

Gabriella: ....

Giovanni: ....

.... alle quattro.

Vita quotidiana

8

7 Esercizio scritto - Una giornata normale

Work with a partner. Match the actions on the list with the pictures and write down what Massimo does during the day.

addormentarsi   **finire di lavorare**   **pranzare**   **svegliarsi (a.)**

fare colazione   **guardare la TV**   **riposarsi**   **vestirsi**

a.   b.   c.   d.

e.   f.   g.   h.

```
Massimo si sveglia alle...
```

8 Parliamo - La mia giornata

Work with a partner. Take turns choosing one of these people without telling your partner which one and describe his typical day: your partner has to guess which person you are talking about.

Luisa – mamma   Giustina – pensionata   Alberto – tassista   Domenico – pizzaiolo

9 Ascolto - Il sabato di Davide

CD 42

a. Close the book, listen to the recording and then discuss it with a partner.

b. Listen to the conversation and put the pictures in the correct order according to what Davide says.

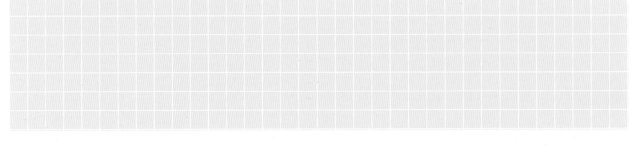

c. What else does Davide do on Saturdays?

d. And how does Angela usually spend her weekend?

Vita quotidiana

8

10 Riflettiamo - Posizione del pronome riflessivo 7.8

a. Listen to the conversation again and complete the following phrases with the missing reflexive verbs.

A: (…) Ma scusa quando _____ ?

D: Beh, mai prima delle undici, di sabato. È chiaro, no?

A: Dici sul serio?

D: È chiaro, io voglio _____ il fine settimana.

A: Ma allora la mattina non fai niente?

D: Beh, proprio niente no. Di solito bevo un caffè, _____ una tuta, vado a correre, insomma…

A: Ah, allora fai un po' di sport…

D: Eh, certo, poi torno a casa, _____ una bella doccia calda. E intanto poi è quasi ora di… di pranzo.

*b. When does the reflexive pronoun (**pronome riflessivo**) follow the verb?*

....

11 Esercizio scritto - Verbi riflessivi

Complete the extract from Giorgio's e-mail with the missing reflexive verbs.

(…) Lavoro il pomeriggio, dalle 2 alle 7, dal martedì al venerdì. Insegnare mi piace,
(divertirsi) _____ molto e poi ho tanto tempo libero e la mattina posso
(svegliarsi) _____ con calma e restare un po' a letto a leggere. In genere
(alzarsi) _____ verso le 9 e mezzo, faccio una bella colazione, pulisco un po' casa,
e poi *(prepararsi)* _____ ed esco a fare la spesa. Anna invece lavora come una
matta, *(alzarsi)* _____ alle 6 di mattina, *(lavarsi)* _____ e *(vestirsi)*
_____ in fretta, beve un caffè, e alle sette è già sulla metropolitana. Non torna
mai prima delle 8 di sera. *(stancarsi)* _____ molto al lavoro, ma è molto soddisfatta.
La sera ovviamente restiamo quasi sempre a casa, ma qualche volta *(vedersi)* _____ con
i nostri vicini, una coppia di spagnoli molto simpatici. *(chiamarsi)* _____ Jorge e Manuel.
(divertirsi) _____ molto a cucinare, come me, così spesso vengono a casa nostra oppure
io vado nel loro appartamento e cuciniamo tutto il pomeriggio. Poi quando Anna torna dal lavoro
mangiamo tutti insieme. Il fine settimana non lavoriamo, *(rilassarsi)* _____ e Anna può
(riposarsi) _____ un po'. La domenica se il tempo è bello facciamo una passeggiata,
se piove andiamo al cinema o a un museo.
Londra è bellissima, però è un po' fredda e grigia. Io poi ho ancora un sacco di problemi con la
metropolitana, spesso quando esco da solo *(perdersi)* _____. Ancora dobbiamo
(abituarsi) _____.
E tu? Come *(trovarsi)* _____ a Roma? *(divertirsi)* _____?
Come sta quel ragazzo che è venuto con te a cena a casa nostra? Non riesco a
(ricordarsi) _____ come si chiama. *(vedersi)* _____ ancora? Spero di sì,
perché è molto carino e simpatico.
Fammi avere tue notizie.
Baci
Giorgio.

Vita quotidiana

8

12 Esercizio orale - Schiavi delle abitudini?

Get into groups of maximum 4 people. Ask each other the questions written below and enter the answers into the table. At the end one student from each group tells the rest of the class the results of the statistics. Are you creatures of habit?

	1	2	3	4	Totale
Come vai al lavoro/a scuola?					
In macchina	☐	☐	☐	☐	☐
Con i mezzi pubblici (tram, autobus, metropolitana)	☐	☐	☐	☐	☐
A piedi	☐	☐	☐	☐	☐
Dipende	☐	☐	☐	☐	☐
Come fai colazione?					
Sempre nello stesso modo	☐	☐	☐	☐	☐
A volte in un modo, a volte in un altro	☐	☐	☐	☐	☐
Pranzi sempre nello stesso posto?					
Sì.	☐	☐	☐	☐	☐
No.	☐	☐	☐	☐	☐
Durante la cena guardi la TV?					
Sì, sempre	☐	☐	☐	☐	☐
Sì, a volte	☐	☐	☐	☐	☐
No, mai	☐	☐	☐	☐	☐
Quante volte alla settimana esci la sera?					
Mai	☐	☐	☐	☐	☐
1 - 2 volte	☐	☐	☐	☐	☐
3 volte o più	☐	☐	☐	☐	☐
Giochi con la playstation?					
Sì, spesso	☐	☐	☐	☐	☐
Sì, a volte	☐	☐	☐	☐	☐
No, mai	☐	☐	☐	☐	☐
Navighi su Internet?					
Sì, spesso	☐	☐	☐	☐	☐
Sì, a volte	☐	☐	☐	☐	☐
No, mai	☐	☐	☐	☐	☐

13 Lettura - Auguri!

To which cards do the texts refer?

a.

b.

c.

FELICE MATRIMONIO

E NON DIMENTICATE CHE, ADESSO,
LA VITA VA GIOCATA IN DUE

AUGURI

d.

e.

Felicitazioni vivissime per
il **tuo** matrimonio.
Nicola Freddi
①

Tanti affettuosi auguri per
il **tuo** compleanno
Silvio e Miriam
③

Tanti auguri di Buone Feste
a te e ai **tuoi** genitori
Lucia
④

Complimenti. Sei stato
bravissimo! Le **tue** vecchie zie
sono molto orgogliose di te.
Ed ora in bocca al lupo per
la **tua** carriera!
Zia Pia e zia Lucia
②

Alla donna dei **miei** sogni.
Il **mio** cuore è **tuo** per sempre.
Riccardo
⑤

14 Combinazioni - Feste e ricorrenze

Here are some important public holidays. Match them with the correct dates.

Natale	Il primo gennaio
Ferragosto	Il 14 febbraio
La festa dei lavoratori	Il 6 gennaio
Capodanno	Il 25 dicembre
Epifania	Il primo maggio
San Valentino	Il 15 agosto

15 Parliamo - E nel tuo paese?

Which of these public holidays do you also have in your country? Do you celebrate other important national events?

16 Riflettiamo - Aggettivi possessivi   🄶 11.1

a. *Work with a partner. Find in the greeting cards for activity 13 the following possessive adjectives* (**aggettivi possessivi**) *and write them next to the noun to which they refer.*

tuo	_matrimonio_	**tua**	_____
tuo	_____	**miei**	_____
tuoi	_____	**mio**	_____
tue	_____	**tuo**	_____

b. *In Italian, possessive adjectives agree with* ....
....

c. *Now insert the possessive adjectives in the following table and then try to complete it by working out the two missing pronouns.*

	FEMMINILE		MASCHILE	
	SINGOLARE	**PLURALE**	**SINGOLARE**	**PLURALE**
IO				miei
TU				

17 Esercizio orale - Aggettivi possessivi

Work with a partner. Take turns asking and answering the questions, as in the example.

> Example: ■ Quando **è il tuo** compleanno?
> ▼ **Il mio** compleanno è il 3 marzo.

1. quando/essere/compleanno
2. dove/comprare/vestiti
3. come/essere/insegnante
4. qual/essere/colore preferito
5. come/chiamarsi/migliore amica/o
6. dove/passare/vacanze
7. quando/vedere/famiglia

18 Combinazioni - Cosa dici in queste occasioni?

È il primo gennaio.	Buon viaggio!
Siete a tavola.	Tanti auguri!
È il compleanno di un'amica.	Alla salute!/Cin cin!
È il 25 dicembre.	Congratulazioni!
Accompagnate un amico alla stazione.	Buon anno!
Degli amici partono per il mare.	Buon Natale!
Bevete un bicchiere di prosecco con un amico.	Buone vacanze!
Un'amica ha finalmente trovato lavoro.	Buon appetito!

19 Scriviamo - Auguri!

Write a greeting card to a friend on your favorite national holiday.

Caffè culturale

■ PER FARCI UN'IDEA

Pellegrini in fila per rendere omaggio alla salma di Giovanni Paolo II

Nelle parrocchie di Roma non c'è la folla accorsa per Karol Wojtyla
Piazze piene di fedeli, ma le chiese restano deserte

(www.lastampa.it)

Una chiesa con pochi fedeli

In your country, what image do you have of the Italians as regards their attitude to religion? Do the two photographs and the title of the article confirm or contradict this idea?

■ CON OCCHI DI STRANIERO

SAMANTHA M.
Samantha is American. She moved to Rome two years ago when her husband was posted to the American Embassy to the Holy See.

RELIGION IN ITALY

In early January, I stopped at a gas station along a highway in Tuscany and noticed two calendars hung inside the station's office: Nudes 2004. Padre Pio 2005.

While this says little about the role of religion in Italian society, it does somewhat illustrate that Italy is a place where "everyone" is Catholic and religion pervades the culture. And yet a seemingly low percentage of the population is what an American Catholic might term "observant".

In Rome, one sees priests and nuns constantly - there appear to be masses of religious in the city, walking the streets, on public transportation, in restaurants. And yet a man who walks into one of the many Catholic churches in Rome to worship might feel as though he has entered in error. Older women comprise the majority of people attending mass on a daily or weekly basis. Of course, the numbers and gender of the parishioners vary from church to church, but it is definitely rare to see hordes of 20 - and 30 - somethings at the typical Sunday service.

Catholic church services themselves follow the traditions and rituals of the faith. However, not only do priests often leave out the homily/sermon, but music is also lacking or nonexistent at many weekly services. And if you're looking for a friendly community gathering in the church hall after mass, you might have to look far and wide for a church that will accommodate your interest. This doesn't mean that Italians don't care about community, but they seem to get their sense of community outside of the parish itself.

With that said, there's a clear Catholic consciousness or cultural Catholicism among all Italians, including the young. Many of the country's most cherished holidays, like All Saints Day (Nov. 1) and the Feast of the Assumption (Aug. 15), are church "Holy Days of Obligation" (non Sundays throughout the year when the Catholic Church celebrates a particularly important teaching and "obliges" its faithful to attend mass). But Italians are big on the "holiday" aspect and not so keen on the "obligation" part.

Perhaps the Italian approach to practicing religion is right in line with the population's treatment of rules: they are merely suggestions, not always meant to be followed. Catholicism is clearly in the national consciousness, but following church teachings and going to church are not necessarily a part of the practice of religion in Italy.

In your opinion, would the images in the previous activity be appropriate to illustrate Samantha's article? Why, or if not, why not?

Con l'*appello*[1] del cardinal Ruini il mondo cattolico si è mobilitato: è campagna per l'astensione dal referendum sulla *procreazione assistita*[2].

La Chiesa in campo
"Cattolici, non votate"

di DARIO OLIVERO

ROMA

Il cardinal Ruini

[1] *appeal*
[2] *assisted reproduction*
[3] *password*
[4] *reach*
[5] *referendum questions*
[6] *consensus*

Mobilitazione. La Chiesa cattolica ha dato *la parola d'ordine*[3] e le sue legioni si sono mosse. La parola d'ordine è: astensione di massa, il referendum per modificare la legge 40* sulla procreazione assistita non deve *raggiungere*[4] il quorum. Deve fallire. È stato il cardinale Camillo Ruini, presidente della Conferenza episcopale italiana a dettare la linea dopo che la Corte Costituzionale ha approvato i *quesiti referendari*[5]. E immediatamente ha raccolto una grandissima *adesione*[6] in questo periodo di grandi emozioni collettive come la morte di Giovanni Paolo II e l'elezione di Benedetto XVI.

(adattato da www.repubblica.it)

Reading this article, what type of relationship do you think exists in Italy between religious ethics and civil life? Is it a kind of relationship which exists in your country too?

■ L'ITALIA IN RETE

www.vatican.va

Visit the official site of the Vatican and try to understand how it is structured, to whom it is prevalently aimed and with what objectives. Then in class compare your impressions with those of one or more of your classmates.

Approved in 2003, "Law 40" regulates the field of reproductive technology by banning a range of activities on ethical grounds. (...) Law 40 banned any embryo testing for research or experimental purposes, freezing embryos, or embryo suppression. It forbids the use of stem cells from about 30,000 embryos that were created and frozen before the new rules came into force, as well as preimplantation diagnosis for preventing genetically transmitted diseases. It also prohibits donor insemination, denies access to artificial reproductive techniques for single women, and states that no more than three cells may be fertilized in vitro, and that they must be transferred into the womb simultaneously. (The referendum) failed because of low voter turnout, only 25.9% of eligible citizens actually took part in the referendum-roughly half the number required for it to be legally valid. (It) would have deleted the law's provisions relating to embryo research, the attribution of rights to the embryo, the three embryo limit, and the ban on egg or sperm donation. (www.the-scientist.com)

La famiglia

1 Lettura - La famiglia fa notizia

Match the photograph to the corresponding article.

a.

b.

c.

d.

e.

f.

○ **Nonni a scuola dai nipoti oggi lezione di Internet**

Nove scuole, 900 anziani, 900 ragazzi Obiettivo: creare in un anno un giornale online

○ **Donne in carriera l'ora del dietrofront**

Una su 4 torna a casa per i figli e il marito

○ **Auto nei parcheggi il centro è dei papà**

Domenica senza traffico per la festa del papà

○ **«Attenti alle baby-sitter la mamma è una sola»**

Studio di «help me»: i piccoli passano gran parte della giornata con le «nanny» o davanti alla tv

○ **Fratello e sorella si ritrovano dopo 57 anni**

Dopo quasi mezzo secolo l'incontro

○ **Bambini a letto tardi per guardare la tv**

I genitori dicono: «Così ho più tempo da passare con lui.»

2 Esercizio scritto - La famiglia

Work with a partner. With the help of the illustration, complete the sentences with the words in the boxes that define the family relationship.

il cugino   la nipote   la nonna   il padre

i genitori   il nipote

la figlia   i nonni   la sorella

il marito   lo zio

1. Mario è **il nonno** di Simona.
2. Sonia è _____ di Simona.
3. Mario e Sonia sono _____ di Simona.
4. Anna è **la madre** di Paolo.
5. Stefano è _____ di Paolo.
6. Anna e Stefano sono _____ di Paolo.
7. Giovanni è **il figlio** di Sonia.
8. Rita è _____ di Sonia.
9. Matteo è **il fratello** di Lorenzo.
10. Giulia è _____ di Lorenzo.

11. Isabella è **la zia** di Giulia.
12. Stefano è _____ di Giulia.
13. Amina è **la moglie** di Giovanni.
14. Stefano è _____ di Anna.
15. Matteo è **il nipote** di Rita.
16. Giulia è _____ di Rita.
17. Giulia e **la nipote** di Mario.
18. Matteo è _____ di Mario.
19. Simona è **la cugina** di Lorenzo.
20. Paolo è _____ di Lorenzo.

3 Scriviamo - Trovate un titolo

Work with a partner. Choose a photograph and think up a title for it.

4 Ascolto - Vive ancora con i genitori

CD 45

a. Close the book, listen to the recording and then discuss what you heard with your partner.

b. Take notes on the information you have about Valentina's family and then compare your information with that of your partner.

5 Lettura - Carissimo Dario…

a. Read Andrea's letter and then complete activity b. at page 109 with your partner.

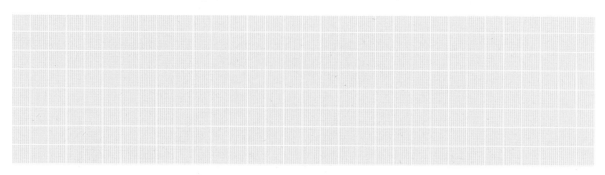

Camerino, 19/03/2002

Carissimo Dario,

ma che fine hai fatto? È da un secolo che non ti fai sentire! Per fortuna, ogni tanto, in palestra, incontro tuo cognato Franco che mi tiene al corrente di quello che combini (è lui che mi ha raccontato che ti sei trasferito e mi ha dato il tuo nuovo indirizzo). Mi ha anche detto che due settimane fa ti sei laureato, beh, complimenti! Io invece ho lasciato gli studi e mi sono dedicato ad altre cose. La più importante la vedi dalla foto.
Ebbene sì, mi sono sposato. Io che ho sempre detto "mai e poi mai!".
Ma che vuoi fare, quando l'amore arriva ... Comunque sono contentissimo, Mara è veramente una persona in gamba, e poi è bellissima!
Quelli accanto a me sono i miei suoceri (a proposito, Mario, mio suocero, è un vecchio amico di tuo padre!). La bambina davanti a mia sorella Silvia è sua figlia, Flavia. Incredibile no? Anche mia sorella si è sposata! Suo marito non lo vedi perché è lui che ha fatto la foto.
Con un po' di fantasia forse riesci anche a trovare mio fratello Gianni. Trovato? È quello con la barba dietro alla ragazza bionda (la sua compagna). Il bambino che lei ha in braccio è il loro figlio, che tra l'altro si chiama come te. Il loro figlio maggiore, Andrea, è quello davanti ad Anna.
Come vedi, qui ci sono tantissime novità e siccome non ti posso raccontare tutto per lettera, tu e Giulia ci dovete venire a trovare.
La nostra casa è grande e c'è un sacco di spazio per gli amici.
Il nostro indirizzo ora ce l'hai, insomma vi aspetto, anzi vi aspettiamo!

Andrea
P.S. Avete ancora la vostra vecchia 500, o vi siete decisi a cambiare macchina?

b. Work with a partner. Using the text, identify the people in the drawing that Andrea talks about in his letter.

c. What expressions does Andrea use in the letter to say ...

a. dove sei, che cosa fai? ....

b. è da tanto tempo ....

c. mi informa ....

d. quello che fai ....

e. hai cambiato casa ....

f. sono molto felice ....

g. una persona capace,
brava ....

6 **Riflettiamo - Aggettivi possessivi e nomi di parentela** 🅖 11.2

*a. Read the letter again and underline all the possessive adjectives (**aggettivi possessivi**). Then work with a partner and insert them in the table below.*

	FEMMINILE		MASCHILE	
	SINGOLARE	**PLURALE**	**SINGOLARE**	**PLURALE**
IO		mie		
TU	tua			
LEI/LUI				suoi
NOI		nostre		
VOI				vostri
LORO	loro			loro

b. Try to complete the table. See if you can work out the forms that are missing.

c. Now complete the table below, checking the box with the correct answer.

Usually in Italian, before possessive adjectives

	c'è l'articolo	non c'è l'articolo
with words denoting family relationships in the singular	☐	☐
with words denoting family relationships in the plural	☐	☐
with all other nouns	☐	☐
In Italian, before the possessive adjective "loro"	☐	☐

7 Riflettiamo - Aggettivi possessivi

a. Work with a partner. Complete the following sentences from the conversation in activity 4 with the possessive adjectives and, where necessary, with the articles.

(...)
- Io sono qui da quasi otto anni.
- Ah, da solo o con _____ famiglia?
- Da solo, e tu?
- Anch'io. _____ famiglia vive a Roma.
  (...)
- E che fanno?
- Ma ... la più grande è impiegata, l'altra fa la sociologa e _____ fratello studia ancora.
- E vive con _____ genitori, immagino.
  (...)
- E _____ sorelle sono sposate?
- La più grande sì e ha anche due bambini, l'altra invece vive con _____ ragazzo.

b. Listen to the recording again and check your answers.

CD 45

8 Parliamo - Quanti siete in famiglia?

Work with a partner. Take turns asking each other questions to enable you to draw your partner's family tree.

9 Esercizio orale - Chi di voi...?

Work in small groups and find out which of you...

- ha minimo 4 fratelli e sorelle
- ha un/una nipote
- è figlio unico
- ha i genitori che vivono nella città dove studia
- ha un nonno o una nonna che sono nati in un paese straniero
- vede i suoi cugini spesso

- somiglia molto a sua madre
- somiglia molto a suo padre
- somiglia sia alla madre che al padre
- non somiglia né alla madre né al padre
- va molto d'accordo con suo fratello o sua sorella
- ha animali in casa

10 Esercizio orale - Mio, tuo, …

This exercise is performed in small groups using dice. The players take turns to throw the dice and move forward by as many steps as the number shown on the dice. Each number corresponds to a possessive adjective: 1 mio, 2 tuo, etc. The players' aim is to make a sentence matching the possessive form with the object or objects named. If the sentence is correct, the player wins a point. The player with the highest number of points wins.

11 Riflettiamo - Passato prossimo dei verbi riflessivi

G 7.9.3

a. In his letter Andrea uses some reflexive verbs in the past tense. Find the forms and write them next to the infinitive below.

trasferirsi: _____   dedicarsi: _____   decidersi: _____

laurearsi: _____   sposarsi: _____

*b. In the box below write what you think the rule is for forming the **passato prossimo** of reflexive verbs.*

c. Now compare your answer with the partner's. Do you both agree?

12 Esercizio orale - Cerca una persona che…

Go round the classroom and interview your classmates. Note: you can't ask more than three questions per person. When the teacher says "stop" the winner is the person with the most complete list. Find a person who …

> Example: ■ Ti sei divertito/a lo scorso fine settimana?
> ▼ Sì, mi sono divertito/a tantissimo.
> ▼ No, non mi sono divertito/a.

a. lo scorso fine settimana si è divertita tantissimo   _____

b. sabato scorso si è alzata prima delle 7.00   _____

c. si è fidanzata da poco tempo   _____

d. si è trasferita in questa città da meno di un anno   _____

e. si è diplomata con il massimo dei voti   _____

f. si è dedicata per anni a studiare il pianoforte   _____

g. oggi si è svegliata tardi   _____

h. lo scorso fine settimana non si è riposata per niente   _____

i. oggi si è arrabbiata molto   _____

j. si è tagliata i capelli la settimana scorsa   _____

13 Esercizio scritto - Passato prossimo

*Work with a partner. Complete the text conjugating the following verbs into the **passato prossimo**. The verbs are in order.*

1. arrivare   **2. essere**   **3. cercare**   **4. occuparsi**

5. cominciare   **6. leggere**   **7. convincere**   **8. chiamare**   **9. ritrovarsi**

Ciao Barbara,

finalmente trovo il tempo di scriverti, da quando [1]_____ a Londra non abbiamo avuto un minuto libero. Anna [2]_____ molto impegnata con il suo nuovo lavoro all'ambasciata italiana, ed io prima [3]_____ un appartamento, poi [4]_____ del trasloco e subito dopo [5]_____ a cercare un lavoro. Per fortuna l'ho trovato abbastanza presto. Anna [6]_____ un annuncio sul giornale per un posto di insegnante di lingua italiana e mi [7]_____ a mandare il curriculum. Dopo pochi giorni mi [8]_____ per un colloquio e in un paio di settimane [9]_____ a insegnare italiano.

14 Scriviamo - Una lettera

Imagine that you are sending a photograph of you and your family to a friend you haven't seen for a long time. Describe the photograph and say what has changed in the last few years for you and your family.

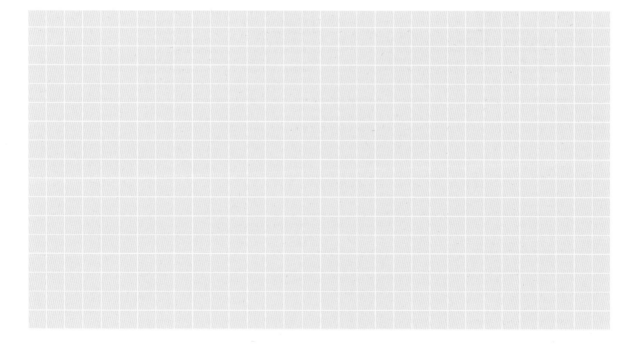

15 Ascolto - Genitori vicini e lontani

a. Fill in the spaces on the illustration with the percentages that you consider to be correct from those listed below.

l'11,3%

il 77,3%

il 58%

il 42,9%

il 3,9%

il 70,2%

il 65%

GENITORI VICINI E LONTANI

Tra i figli che non vivono più con la madre, la vedono tutti i giorni

incontra la madre almeno una volta a settimana

dei coniugati al di sotto dei 65 anni vive entro 1 km dalla casa della madre

vive nello stesso caseggiato

vive nella stessa abitazione

la sente per telefono una o più volte a settimana

dei maschi   delle femmine

b. Listen to the interview and compare your answers with the figures given.

CD 46

c. Mark which of the following words and expressions appear in the recording.

convivenza ☐   fenomeno del mammismo ☐

famiglia allargata ☐   coppia ☐

famiglia di fatto ☐   famiglia di origine ☐

d. Work with a partner and try to explain the meaning of the words listed above.

La famiglia

9

e. Listen again and mark the correct answer.

Secondo il professor Frisinghelli:

Gli italiani sono legati alla famiglia di origine	per tradizione ☐
	per motivi economici ☐
Di solito in Italia i figli vanno a vivere da soli	a 21/22 anni ☐
	dai 27 anni in poi ☐
Negli ultimi anni ci sono stati dei cambiamenti	nel rapporto con la famiglia di origine ☐
	all'interno della coppia ☐

f. Discuss with a partner: given what Professor Frisinghelli says, are family relationships in Italy very different from family relationships in your country?

16 Parliamo - Che famiglia!
Work with a partner. Take turns imagining that you are a person in the photo and describe "your" family to your partner.

Caffè culturale

PER FARCI UN'IDEA

OGGI

1941

From the photographs, how does it seem to you that the family in Italy has changed over the last 50 years?

CON OCCHI DI STRANIERO

CAROL D.
She divides her life between Minneapolis, Minnesota, and Rome, Italy. She has published two books of fiction and has taught writing to all ages. Her most recent book, "The Queen's Soprano", concerns a young female singer in Rome during the Baroque period.

ITALIAN FAMILIES: TRADITIONAL OR MODERN?

At a recent dinner with Italian and American friends, we began discussing the differences between American and Italian culture. At one point, one of my Italian friends asked, "If you had the choice between a more fulfilling job with better pay or a job with more vacation time, which would you choose?!" Our Italian friends said they would surely choose more time off to spend with their families, and the Americans said they would choose a more fulfilling job with better pay. Listening to the conversation, I was reminded of what I consider to be one of the great strengths of Italian culture: Italians create time to spend with family. Despite the stress of modern life and the typically long work day in Italy, there is one ritual in Italy that has not changed: Italian families still sit down and eat together. From my perspective, this simple ritual is at the very heart of Italian culture. I admit my idea of the typical Italian family came from watching pasta sauce commercials on television in America: a long table, surrounded by family members -- children, parents, grandparents - laughing together as they passed big platters of food. And at the head of the table was the Italian mother - always happy, always serving food, al-

ways in charge. In some ways this image of the Italian family as the center of Italian society (and the mother as matriarch) has held true from my experience in Italy, but I have also discovered that Italian families have evolved much differently than I had expected. First, and foremost, I was surprised to find that many Italian families have only one child or no children at all. Another surprising aspect of the Italian family is the freedom Italian parents give their teenagers. When we moved to Rome, my daughter was fourteen and just beginning high school, and we were used to setting a midnight curfew and driving her to and from events in the United States. But after moving to Rome, I was shocked to learn that her friends were allowed to go to bars and sit in the piazzas until very late at night because the city was considered safe. Aided by cell phones, motorinis, and public transportation, adolescents are far less protected in Italy than in the United States, and Italian families are far more relaxed because there is not the same kind of tension between teenagers and their parents over safety. But this notion of adolescent independence is also contradictory, and perhaps the biggest surprise I encountered was how many young adults in Italy choose to live at home well into their twenties and sometimes into their thirties. Whether for financial reasons or because grown children prefer to maintain the family bonds, (or because they prefer to let their mothers do their cooking and laundry), Italian young adults do not appear to break from their families in the same way American teenagers do. From my experience, the Italian "family" still remains the center of most Italians' lives and continues to be the heart and soul of Italian culture.

In your opinion, is the model of family in Carol's description traditional or modern?

A Milano una giornata dedicata ai maschi che vogliono sentirsi "adeguati" nelle *faccende*[1] come le loro compagne

Padri e casalinghi, uomini a scuola di cucina e *bucato*[2]

di VERA SCHIAVAZZI

ROMA

C'era una volta[3] un'ingiustizia: le donne *spazzavano*[4], lavavano, *stiravano*[5] e gli uomini stavano in poltrona a leggere il giornale e fumare la pipa. Tempi passati. Ora anche gli uomini spazzano e cucinano, e si divertono moltissimo a farlo. *Al punto da*[6] pagare 120 euro per frequentare un master che, in una sola giornata dovrebbe *renderli*[7] casalinghi perfetti.

32 allievi entrano nel Cantiere Bovisa, un grande loft milanese che contiene al suo interno anche un vero appartamento per le esercitazioni pratiche. Un esperto di finanza gli parla di "economia applicata alla *gestione*[8] della casa", uno psichiatra di "psicologia domestica", mentre Federcasalinghe si occupa direttamente della lezione di "stirologia" e di quella di bucato.

Il master milanese, del resto, è l'aspetto pubblicitario e commerciale di un fenomeno in rapida esplosione: alla Fiat, ad esempio, uno su cinque dei *congedi*[9] chiesti dai dipendenti per restare a casa con i bambini nei primi anni di vita è per il padre, mentre nell'ultimo anno la percentuale di congedi *concessi*[10] ai padri negli *enti pubblici*[11] è andata dal 6 al 17,5 per cento.

[1] household chores
[2] laundry
[3] Once upon a time
[4] swept
[5] ironed
[6] To the extent that [they]
[7] make them
[8] management
[9] leave of absence applications
[10] granted
[11] in the public sector

(adattato da www.larepubblica.it)

Do you think that a master's course like this one exists in your country? If it doesn't, do you think it would be popular?

*Go to the section **immagini** on **www.google.it**, insert the word* famiglia *and choose the images which seem to you most representative of the Italian family of the past and of today.*

Sapori d'Italia

1 Parliamo - Alimentari

Work with a partner: discuss which of these products you like to eat. Which don't you like?
Which ones do you eat regularly?

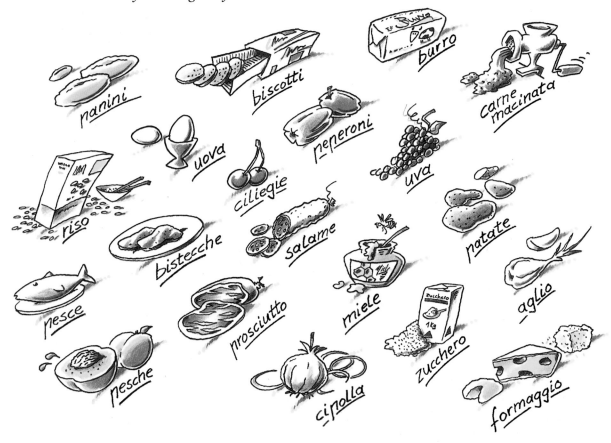

panini · biscotti · burro · carne macinata · uova · peperoni · uva · riso · ciliegie · salame · patate · bistecche · miele · aglio · pesce · prosciutto · zucchero · formaggio · pesche · cipolla

2 Ascolto - Fare la spesa

CD 47

a. Listen to the three conversations and match each conversation to the photograph of the store where Paolo is doing his shopping.

b. Listen to the recording again and complete.

Paolo compra ....

cinque _____

un pacco di _____

quattro _____

due etti e mezzo di _____

due chili di _____

un chilo di _____

Attenzione!

un etto = 100 grammi

due etti e mezzo = 250 grammi

un chilo = 10 etti

un etto = 3,5 oz.

un chilo = 2,2 lbs.

3 **Esercizio orale - Cosa hai comprato?**

Complete the shopping list below. Then work with a partner: you each have two minutes to guess what the other has bought. The winner is the person who has guessed most items from their partner's list at the end of two minutes.

cinque _____

un pacco di _____

quattro _____

due etti e mezzo di _____

due chili di _____

un chilo di _____

Es: ■ Hai comprato 5 uova?
   ▼ Sì / No

4 **Parliamo - Mozzarella, aceto balsamico e...**

Do you know these typical Italian products? Do you ever buy them? Do you use any Italian products when you're cooking? Which ones?

5 **Lettura - Caro Antonio**

a. Read Serena's letter and then answer the questions with you partner.

Caro Antonio,
finalmente eccomi in America, ancora mi sembra impossibile.
All'inizio è stato un po' difficile, soprattutto per la lingua, però in poche settimane ho fatto progressi incredibili, anche perché qui nessuno parla italiano. Veramente due miei amici lo
5 studiano qui all'università, ma non lo parlano bene. A volte mi chiedono di aiutarli con i compiti.
Mi sono ambientata molto bene al college, ho conosciuto tanta gente e i corsi mi piacciono. Per ora ne frequento tre, ma tra una settimana ne comincio altri due. Purtroppo le lezioni cominciano alle 8 di mattina, e io odio svegliarmi così presto.
10 Un altro problema è il cibo. In teoria posso mangiare a mensa tutti i giorni a pranzo e a cena, e quello che si mangia a mensa mi piace molto. Non voglio assolutamente incoraggiare lo stereotipo che negli Stati Uniti si mangiano solo hamburger e patatine. Al contrario c'è una grande varietà di cibi differenti e differenti tradizioni. Però la sera io preferisco cucinare e mangiare a casa, magari invitare a cena i miei nuovi amici, per avere un ritmo di vita più
15 naturale e sentirmi meno straniera.
Beh, forse a New York o Los Angeles puoi comprare facilmente al supermercato tutti gli ingredienti per cucinare italiano, ma qui in provincia spesso non riesco a trovarli. Oggi per esempio volevo cucinare le melanzane alla parmigiana, perché i miei amici le adorano, ma ho dovuto rinunciare. Prima di tutto c'è il problema della mozzarella: non la trovo fresca, la ven-
20 dono in grandi buste di plastica, e il sapore è completamente differente. Anche le melanzane non sono quelle giuste, ci vogliono quelle lunghe nere, ma qui non le conoscono proprio, trovo solo quelle tonde violette.
Il parmigiano per fortuna non è un problema, ma il vero pecorino romano non esiste: lo chiamano "romano", ma lo fanno con il latte di mucca! Insomma niente "spaghetti alla
25 carbonara" per me.
Non è un enorme problema, lo so, però è così strano: i supermercati qui sono enormi, bellissimi, quando entri ti sembra che puoi trovare tutto. Se vuoi i cereali per la colazione ne trovi cento tipi differenti, ma se cerchi la mozzarella, niente da fare. Beh, immagino che gli americani quando entrano nei nostri piccoli supermercati sono molto più scioccati di me.
30 E tu come stai? Come va la vita a Roma?
Scrivimi presto, ho un po' di nostalgia.
Baci

Serena

b. What are the positive and negative aspects of living in the United States in Serena's opinion? Discuss this with your partner.

6 **Parliamo - Il mio negozio preferito**
Do you know a food store that is rather special? Where is it? What's it like? What can you buy there?

7 Riflettiamo - Pronomi oggetto diretto

*a. Work with a partner. Fill in the table by finding in the text the direct object pronouns (**pronomi oggetto diretto**) listed and write down the nouns to which these pronouns refer.*

Es: … qui nessuno parla <u>italiano</u>. Veramente due miei amici(lo)studiano qui all'università…

PRONOME DIRETTO	RIGA	SOSTITUISCE...
lo	4	italiano
lo	5	....
li	5	....
li	17	....
le	18	....
la	19	....
la	19	....
le	21	....
lo	23	....
lo	24	....

b. In your opinion, can the direct object pronoun replace:

☐ a thing
☐ a person
☐ a thing or a person

c. Insert the pronouns which you have analyzed in this table.

	SINGOLARE		PLURALE	
prima persona	MI		CI	
seconda persona	TI		VI	
terza persona	**femminile**	**maschile**	**femminile**	**maschile**
	....	....	....	....

d. The direct object pronouns usually precede the verb. Look at the pronouns in Serena's letter: when do they follow the verb?

....

8 Esercizio orale - Mangi spesso…

Work with a partner. Take turns asking whether your partner often eats one of the dishes in the boxes. Then the other answers using a direct pronoun.

i tortellini	le lasagne	il pollo fritto	l'insalata greca

i burrito

il riso alla cantonese   gli spaghetti   le fragole

il chili

il pesce   i calamari

il minestrone   le salcicce

la zuppa di cipolla   il gelato   la torta di mele

Es: ■ Mangi spesso **il pesce**?
    ▼ Si **lo** mangio abbastanza spesso. / No, non **lo** mangio mai.

9 Esercizio scritto - Pronomi oggetto diretto

Complete the text with the appropriate direct object pronouns.

Spaghetti alla carbonara

Per preparare gli spaghetti alla carbonara hai bisogno di:

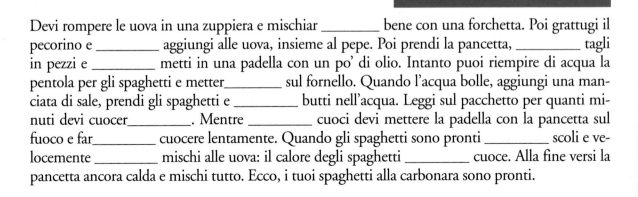

- 🏺 mezzo chilo di spaghetti
- 🏺 due etti di pancetta (è meglio il guanciale, però non _____ trovi facilmente fuori dell'Italia)
- 🏺 due etti di pecorino romano
- 🏺 3 uova
- 🏺 olio, sale, pepe.

Devi rompere le uova in una zuppiera e mischiar _____ bene con una forchetta. Poi grattugi il pecorino e _____ aggiungi alle uova, insieme al pepe. Poi prendi la pancetta, _____ tagli in pezzi e _____ metti in una padella con un po' di olio. Intanto puoi riempire di acqua la pentola per gli spaghetti e metter_____ sul fornello. Quando l'acqua bolle, aggiungi una manciata di sale, prendi gli spaghetti e _____ butti nell'acqua. Leggi sul pacchetto per quanti minuti devi cuocer_____. Mentre _____ cuoci devi mettere la padella con la pancetta sul fuoco e far_____ cuocere lentamente. Quando gli spaghetti sono pronti _____ scoli e velocemente _____ mischi alle uova: il calore degli spaghetti _____ cuoce. Alla fine versi la pancetta ancora calda e mischi tutto. Ecco, i tuoi spaghetti alla carbonara sono pronti.

a. Close the book, listen to the recording and then discuss it with a partner.

b. Choose which shopping list is Mrs Ferri's.

2 hg di mortadella
1 kg di parmigiano
1 l di latte
1 tubetto di maionese
2 hg di olive verdi
2 yogurt interi   **1**

1 hg di mortadella
½ kg di pecorino
1 l di latte
1 vasetto di maionese
2 hg di olive nere
1 yogurt magro   **2**

2 hg di mortadella
½ kg di parmigiano
1 l di latte
1 vasetto di maionese
2 hg di olive verdi
2 yogurt magri   **3**

c. Now listen again to the conversation and complete the phrases with the expressions in the boxes.

altro	un pezzo di	mezzo chilo	un litro di	per cortesia
nient'altro	delle	dello	quanto ne vuole	ecco
ancora qualcosa	due etti di	cosa desidera	circa

● Buongiorno, Angelo!

■ Oh, buongiorno signora Ferri, allora

_____ oggi?

● _____ mortadella.

Ma la vorrei affettata sottile sottile,

_____.

■ Ma certo, signora. Guardi un po': va bene

così?

● Perfetto!

■ Ecco fatto. _____?

● Sì. _____ parmigiano.

Ma non lo vorrei troppo stagionato ...

■ Piuttosto fresco allora.

● Sì, appunto.

■ E _____?

● Circa _____.

■ Benissimo. ... Mezzo chilo. Qualcos'altro?

● Sì, _____ latte fresco,

un vasetto di maionese, _____

olive e poi ... _____

yogurt magro. Due confezioni.

■ Benissimo. Allora ... latte, maionese,

yogurt ... Le olive le vuole verdi o nere?

● Verdi e grosse, _____

due etti.

■ _____?

● No, _____, grazie.

■ Grazie a Lei. Allora _____,

si accomodi alla cassa.

Sapori d'Italia 10

11 Riflettiamo - Uso partitivo della preposizione articolata DI

*Among the expressions that you wrote into the dialogue there appears twice the preposition **DI** combined with the article (**preposizione articolata**).*
*In your opinion, what does the compound preposition **DI** mean in these phrases?*

☐ **un po' di**
☐ **quelle/quello**

12 Combinazioni - Vorrei del…

Match the compound form of the preposition with the appropriate noun.

VORREI	DEL	SALSICCE
	DEGLI	RICOTTA
	DELLO	AGNOLOTTI
	DELLE	PANINI
	DELLA	ACETO BALSAMICO
	DEGLI	STRACCHINO
	DELL'	SPAGHETTI
	DEI	ACQUA MINERALE
	DELL'	PROSCIUTTO

13 Esercizio orale - Cosa desidera?

*Do you remember the names of these products? Work with a partner. Take turns to play shopkeeper and ask: "**Cosa desidera?**" The other student plays the customer and asks for an indefinite quantity of one of the products in the drawing, using the preposition with article **di**. Each time a product is asked for, you both write its name under the drawing. The loser is the first one who can't answer, because he/she does not remember the name of any product.*

Es: ■ Cosa desidera?
 ▼ Vorrei **del** salame.

Sapori d'Italia

10

14 Riflettiamo - NE partitivo

Read these phrases again in Serena's letter in activity 5. Serena uses the particle NE three times instead of repeating a noun she has used before. Which are the three nouns that she chooses not to repeat?

Mi sono ambientata molto bene al college, ho conosciuto tanta gente e i corsi mi piacciono. Per ora **ne** frequento **tre**, ma tra una settimana **ne** comincio **altri due**.

ne = ...

ne = ...

Non è un enorme problema, lo so, però è così strano: i supermercati qui sono enormi, bellissimi, quando entri ti sembra che puoi trovare tutto. Se vuoi i cereali per la colazione **ne** trovi **cento tipi differenti**.

ne = ...

*The particle **NE** is used in place of the direct object pronouns (**la, lo, le, li**) when you ask or give information about the quantity of something.*

> Es: ▪ Vorrei del **parmigiano**.
> ▽ **Lo** preferisce fresco o stagionato?
> ▪ Mah ... fresco.
> ▽ Quanto **ne** vuole?
> ▪ **Ne** vorrei tre etti.

15 Esercizio scritto e orale - Quanto ne vuole?

a. Work with a partner. Complete the shopping list below with the quantities, as in the example.

Fettuccine	1 chilo .
Panini	....
Pizza	....
Prosciutto	....
Mozzarelle	....
Vino	....
Cereali	....
Provolone	....
Riso	....

*b. Now change partner. Take turns playing the clerk in the food store who asks for information about the quantity of the product that the other wants. The other partner answers according to the quantity written on his/her list and using the particle **ne**.*

> Es: ▪ Quant**e** fettuccine vuole?
> ▽ **Ne** vorrei **un chilo**.

16 Esercizio scritto - Pronomi oggetto diretto e *ne*
*Complete the text with the direct object pronouns (**la**, **lo**, **le**, **li**) or the particle **ne**.*

Nel negozio di alimentari la signora Ferri prende due etti di mortadella, ma _____ vuole affettata molto sottile. Desidera anche del parmigiano, ma _____ vuole fresco. La signora _____ prende mezzo chilo. Poi compra anche delle olive. _____ prende circa due etti e _____ vuole verdi e grosse.

17 Esercizio orale - In un negozio
Work with a partner. Repeat the dialogue in the example in activity 14 substituting the words **parmigiano**, **fresco/stagionato** *and* **tre etti** *with the words listed below.*

Es:

- ■ Vorrei **del parmigiano**.
- ▼ **Lo** preferisce **fresco** o **stagionato**?
- ■ Mah ... **fresco**.
- ▼ **Quanto ne** vuole?
- ■ **Ne** vorrei **tre etti**.

- ■ Vorrei **dei pomodori**.
- ▼ **Li** preferisce **verdi** o **rossi**?
- ■ Mah ... **rossi**.
- ▼ **Quanti ne** vuole?
- ■ **Ne** vorrei ¹/₂ **chilo**.

Important! *When ordering something which is countable use the plural:* "Vorrei **dei** pomodor**i**", *and the clerk's question is* "Quant**i** ne vuole?"

- ● i pomodori - verdi/rossi - ¹/₂ chilo
- ● il prosciutto - cotto/crudo - 2 etti
- ● i peperoni - gialli/verdi - mezzo chilo
- ● il vino - bianco/rosso - due bottiglie
- ● le olive - verdi/nere - 3 etti e mezzo
- ● l'uva - nera/bianca - due chili
- ● il latte - intero/scremato - 1 litro
- ● gli yogurt - bianchi/alla frutta - 4 vasetti
- ● il riso - bianco/integrale - 1 pacco

18 Parliamo - La lista della spesa

a. Work with a partner and make a list of the things to buy for a picnic with some friends.

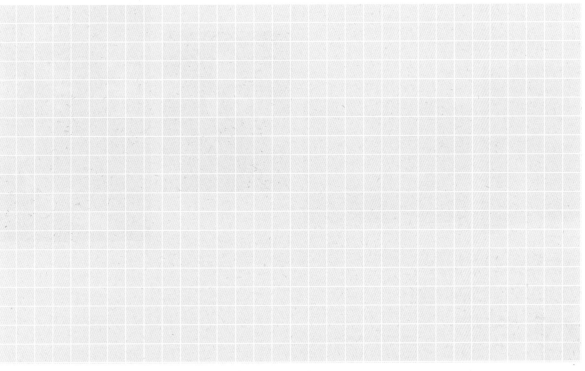

b. Change partners. Take turns playing the customer, who uses the shopping list, and the storekeeper.

19 Scriviamo - Cara Serena

Imagine that you are Antonio and answer Serena's letter from activity 5.

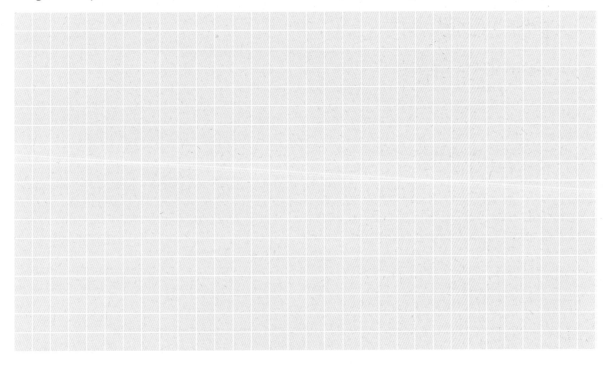

Caffè culturale

PER FARCI UN'IDEA

From looking at these photographs, what role do you think drinking has in Italian society?

CON OCCHI DI STRANIERO

ELIZABETH S.
is from Boston, MA and has been living in Italy for 4 years. She works for an American University program in Rome.

WINE CULTURE IN ITALY

I will never forget the story of an English-Italian couple I know of the first time they left their son with a babysitter in Umbria. The baby had just started on solid foods and the babysitter was the Italian uncle. When the couple came home after a late night out, the baby was wide-awake, sitting happily on his uncle's lap, and the two of them were eating spaghetti and drinking red wine. His Italian father exclaimed, "La sua prima spaghettata!" delighted to see his baby engaging in a great Italian tradition, while his English mother immediately began to fret over the watered-down wine in front of her son.

I use this particular story to illustrate the way in which different cultures react to wine: we tend to be preoccupied with the alcoholic element of wine, while Italians are not. Italy has a "wine culture" defined by the way Italians think about wine and how they drink it. Wine for an Italian is principally an accompaniment to a meal, and secondarily, an alcoholic beverage. Almost all formal meals include wine, as do more casual get-togethers with friends and family. As a foreigner, one learns quickly that when invited to someone's home for a meal, the most appropriate gift to bring is a bottle of wine. In the average Italian home, wine is as present as water or Coca-Cola on the table, in the refrigerator and stocked in cabinets for later consumption.

If there is one thing all foreigners will agree on about Italians, it's that they know their food and love to eat well. Food culture in Italy cannot be disconnected from wine culture, as they are bound to one another like tomato sauce to pasta. Generally, Americans think of wine as a pre or post dinner drink, while Italians consider wine a part of the meal. Certainly when one drinks with meals, it is easier to be moderate; the focus moves away from wine as an alcoholic agent to its role in the meal as a whole.

Italian children are raised to appreciate and respect wine and its omnipresence removes the mystery of the unknown or the desire for the forbidden that alcohol tends to produce in American youth. Closeness to wine culture cultivates a different attitude towards the juice itself.

Enotecas are becoming popular in Italy and the idea of wine tasting and the pairing of wine with food in special ways is quite fashionable these days. Many Italians I know scoff at this idea: they feel it takes wine to a level of elitism that is unnecessary and foolish. They wonder what the big fuss is all about. But they would agree that knowing how to drink wine is an important part of who they are and what it means to be Italian. They would also agree that as a whole, American does not have the same understanding when it comes to wine. Like the ancient Greeks who found barbaric those who drank their wine undiluted, so today's Italians wonder at the young Americans wandering the streets of Italy guzzling wine directly from the bottle, or, far worse, the box.

What feature of the relationship between the Italians and wine surprised you most?
What do you think of the differences expressed by Elizabeth between Italy and the United States?

I PIÙ GIOVANI PREFERISCONO LA BIRRA

di Alessandro Coppini

È maschio, vive nel Nord Italia, non ha problemi di denaro, è un grande lettore di libri, usa il computer e naviga frequentemente in Internet. Questo è il ritratto tipo del giovane alcolista italiano (sotto i 30 anni) secondo un recente rapporto dall'Osservatorio permanente sui giovani e l'alcol. Negli ultimi dieci anni, sempre secondo il rapporto, il numero di consumatori è aumentato mentre è diminuita la quantità di alcol consumata *a testa*[1]. Fra i ventenni ci sono sempre più bevitori occasionali, che non *disdegnano*[2] un *goccetto*[3] a cena con gli amici, mentre resta stabile la percentuale di chi ne abusa (circa il 3%). Insomma, l'Osservatorio ci descrive una società di giovani fondamentalmente sani, *consapevoli*[4] che esagerare fa male e capaci di controllarsi. I più imprudenti sono i ragazzi fra i 15 e i 24 anni che il sabato sera, in discoteca, *alzano un po' il gomito*[5] e poi tornano a casa in auto con troppo alcol in corpo, mettendo a rischio la propria vita e quella degli altri (il drammatiche morti "del sabato sera" è purtroppo diventato un fenomeno abituale). L'abuso di alcol è maggiore nel Nord Italia, mentre nelle regioni meridionali la tendenza è verso un consumo moderato. Per i giovani italiani bere alcol è un evento *legato*[6] alla socialità, un rito da celebrare in compagnia e non in privato (solo un italiano su 10 dichiara di bere in solitudine). La bevanda preferita nelle riunioni tra amici, al bar o in pizzeria, è la birra, mentre il vino accompagna i momenti più intimi tra fidanzati o marito e moglie. Per 7 ragazzi su 10 gli alcolici in piccola quantità non fanno male alla salute, ma per 8 su dieci "bere molto è come drogarsi". Può sembrare strano ma in un Paese come l'Italia, celebre in tutto il mondo per i suoi vini, il cuore dei ventenni batte soprattutto per la birra. Chiara, scura o rossa è la bevanda preferita di 7 ragazzi su 10, seguita a distanza dal vino (preferito però dai giovani tra i 24 e i 30 anni), dagli aperitivi e dai superalcolici.

(Italia&Italia)

[1] *per capita*
[2] *say no to*
[3] *drop*
[4] *aware*
[5] *knock it back*
    (lit. *lift their elbows*)
[6] *connected*

Image that a similar article is published in a newspaper in your country. How much of the information and the figures would remain the same and what would be changed?

■ L'ITALIA IN RETE

Once you have reached the age of 21 you can make wine tasting your real profession. Search on **www.google.it** *information about sommelier courses that you could attend in Italy.*

Fare acquisti

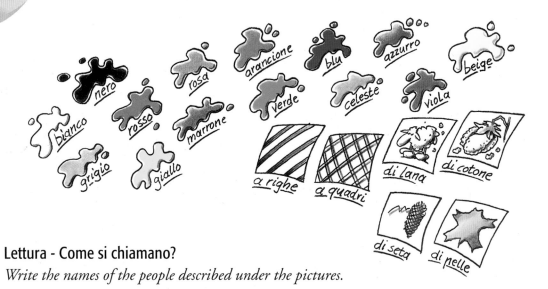

1 Lettura - Come si chiamano?

Write the names of the people described under the pictures.

G 4.3

Fabrizio è sempre elegante. Oggi ha un vestito grigio, una camicia bianca, una cravatta a righe e un impermeabile beige.

Vittoria si veste in modo sportivo. Porta spesso jeans aderenti, gli stivali, una giacca a vento blu e una maglia rossa a righe bianche.

A Sandro piacciono i pantaloni di pelle con una giacca di lana. Oggi indossa una giacca verde.

Per una festa oggi *Eleonora* ha indossato un vestito celeste sotto un cappotto blu. Ha scelto una borsetta nera e le scarpe pure nere con i tacchi alti.

Eugenio preferisce i jeans e li mette sempre con un pullover verde o giallo e con un giubbotto marrone.

Adriana ama l'abbigliamento classico. Oggi è andata in ufficio con una gonna nera, una camicetta gialla e le scarpe basse.

_____ _____ _____ _____ _____ _____

2 Combinazioni - Capi d'abbigliamento

Work with a partner. Write on the illustration the names of the items of clothing described in the texts on the previous page, as in the example.

3 Ascolto - Cerco un pullover

D 50

a. Listen to the recording and mark which of the five pullovers in the window the woman eventually buys.

b. Now work with a partner and complete the dialogue, putting into the correct order the phrases from the box on the right.

● Buonasera.

▨ ....
....

● Cerco un pullover da uomo.

▨ ....
....

● La 50 o la 52.

▨ ....

● Mah ... è un regalo per mio marito. Sa, **mi** sembra un po' troppo giovanile.

▨ ....

● Eh ... sì, ma non so se a lui piacciono.

▨ ....

● Sì, questo è proprio bello. E quanto costa?

▨ ....

● Mm, veramente è un po' caro.

▨ ....

● Eh, si vede... Senta, eventualmente lo posso cambiare se a mio marito non piace o se non **gli** sta bene?

▨ ....
....

a. Beh, ma è di ottima qualità.
b. E quest'altro modello come **Le** sembra? È un capo classico che va bene con tutto.
c. Che taglia?
d. Ma no, signora. Questi sono i colori di moda per la prossima stagione.
e. Dunque ... 104 euro.
f. Certo, ma deve conservare lo scontrino.
g. Buonasera. Desidera?
h. Un momento ... **Le** piace questo modello?

4 Riflettiamo - Pronomi oggetto indiretto 🄖 9.4

*a. Working again with the text of activity 3, with your partner write down the subjects to whom the pronouns written in **bold** refer, as in the example below.*

Es:
la cliente ◄———————— **mi** sembra un po' troppo giovanile

*b. These are indirect object pronouns (**pronomi oggetto indiretto**): insert the 3 pronouns from the dialogue into the following table.*

.... = a me	**ci** = a noi
ti = a te	**vi** = a voi
.... = a lei / .... = a lui	**gli** = a loro

5 Esercizio orale - Ti piacciono questi capi?

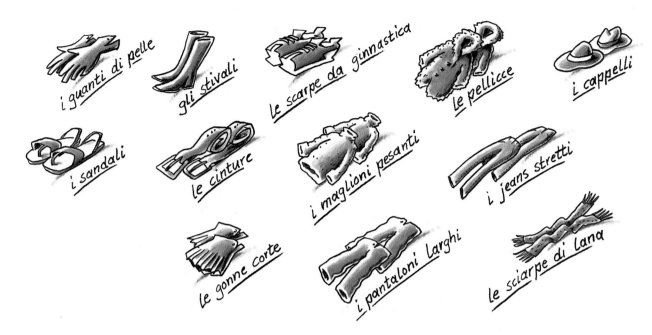

i guanti di pelle
gli stivali
le scarpe da ginnastica
le pellicce
i cappelli
i sandali
le cinture
i maglioni pesanti
i jeans stretti
le gonne corte
i pantaloni larghi
le sciarpe di lana

a. Work with a partner and take turns asking questions to discover each other's likes and dislikes.

b. Now work with another pair of students and tell them your likes and dislikes.

Ti piace / **ti** piacciono ...?
Sì, **mi** piace / **mi** piacciono
No, non **mi** piace / **mi** piacciono

Ci piace ... ma non **ci** piacciono ...
A David piacciono ... ma non **gli** piace ...
A Jenny piace ... ma non **le** piacciono ...

6 Scriviamo - Che taglia porta?

Work with a partner. Write a conversation between a store clerk and a customer in a clothing store.

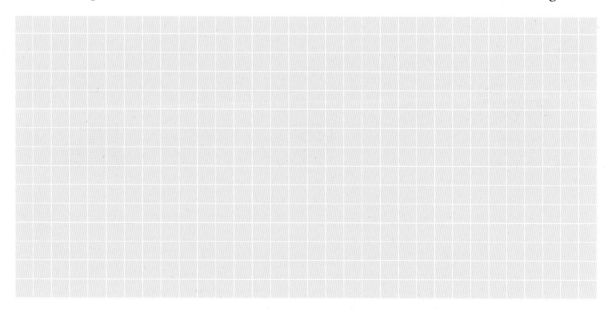

Fare acquisti

11

7 Lettura - I Fantastici 5

Read the article and with a partner write the names of each of the three contestants next to the outlines which in your opinion represent them.

Cinque Fantastici Gay

specializzati per uomini trasandati, il nuovo divertente e originale reality show de LA7, prodotto da FBC Media. Ogni mercoledì una nuova missione per **Alfonso**, **Guido**, **Marco**, **Massimo** e **Mattia "I Fantastici Cinque"** gay che, in un solo giorno, hanno il difficile compito di trasformare il look di un ragazzo eterosessuale trasandato che ha chiesto il loro aiuto per affrontare con classe ed eleganza un evento importante.

1 **Adriano** è un investigatore privato che non si cura del suo aspetto e non ha mai detto alla sua donna "ti amo" e ancora
5 non si decide a chiederle di andare a vivere con lui.
I Fantastici 5 devono scavare sotto la superficie di uomo rude e insegnargli a coccolare
10 di più se stesso e soprattutto la sua compagna. Un regalo inatteso è un ottimo punto di partenza.

15 **Carlo** ha 36 anni e lo stesso taglio di capelli di quando era bambino. Dopo anni trascorsi dietro ad una scrivania ha detto addio alla cravatta, alla carriera e alla moglie.
20 Oggi gestisce una elegante enoteca in un quartiere alla moda. Non dedica altrettanta cura alla casa, che usa solo per dormire e nella quale si sente quasi un estraneo. Da un anno frequenta senza impegno
25 Giorgia, appassionata di balli latini. Carlo non la porta a ballare e non sa fare nean-

che un passo di base. Lei lo ha definito: rigido, impettito e legnoso. Ma riconosce che è un tipo
30 interessante.
Missione: lì sotto sicuramente ci sarà un fuoco che arde. Bisogna assolutamente liberarlo e scatenare il Carlo nascosto.

35 **Luca** ha 30 anni ed è un ingegnere elettronico, ma ha appeso la sua laurea al muro e si è messo a lavorare in un

pub. La sua più grande passione è la Roma e le pareti del suo appartamento sono
40 invase da gadget giallorossi. Conserva e colleziona di tutto. Un po' troppo per la sua casa di appena 40 mq. Ha praticato nuoto fino ai 20
45 anni e continua ad andare in piscina ogni giorno. Ha sempre dovuto portare i capelli corti ed oggi finalmente li può portare lunghi, però li
50 ha secchi e li perde.
Il suo look è decisamente troppo casual e le magliette stampate sono da ragazzino.
Missione: prima di tutto la casa non
55 deve essere un museo dove conservare di tutto ma uno spazio per poter progettare il futuro. Luca inviterà a casa Eleonora per farle apprezzare il suo cambiamento, le offrirà un aperitivo chic
60 e poi andranno insieme al ristorante dove finalmente Luca la presenterà alla nonna.

Nome: ....

Altezza: 1,90 m
Peso: 80 kg
Città: Roma

Evento: I fab 5 gli organizzano una festa scatenata in casa e lui finalmente dimostra alla fidanzata di saper ballare la salsa.

Nome: ....

Altezza: 1,78 m
Peso: 78 kg
Città: Roma

Evento: Invita a cena sua nonna in un ristorante di lusso e le presenta la sua ragazza.

Nome: ....

Altezza: 1,85 m
Peso: 90 kg
Città: Roma

Evento: Organizza una cena romantica per la fidanzata e finalmente le dichiara il suo amore e le chiede di venire a vivere con lui.

(www.la7.it)

In your opinion, which of the three has most need of help from the Fantastic 5?

8 Riflettiamo - Pronomi oggetto diretto e indiretto

The indirect object pronoun replaces an indirect object preceded by the preposition A.

Es: Ho telefonato a Marco e **gli** ho detto di venire subito. (**gli** ho detto = ho detto **a Marco**)

a. Find the following pronouns in the text of activity 7 and complete the table.

RIGA	PRONOME	SIGNIFICA	TIPO DI PRONOME
5	le	<u>alla</u> sua donna	oggetto indiretto
9	gli	....	....
26	la	....	....
28	lo	....	....
33	lo	<u>il</u> fuoco	oggetto diretto
49	li	....	....
50	li	....	....
51	li	....	....
59	le	....	....
62	la	....	....

b. In your opinion, can an indirect object pronoun replace:

☐ a thing
☐ a person
☐ a thing or a person

9 Esercizio orale - Pronomi oggetto diretto e indiretto. STUDENTE A

*Work with a partner. Take turns. First ask a question from your list on the left. Student **B** chooses the answer from his/her list on the right and answers using the appropriate pronoun. Then **B** asks the question. Choose the answer from your list and answer using the appropriate pronoun.*

A   **B**

Es: I fantastici 5 organizzano una cosa a Carlo? Che cosa? → Una festa

         ↓ Gli organizzano una festa

A	B
~~I fantastici 5 organizzano una cosa **a Carlo**? Che cosa?~~	In un ristorante di lusso
Adriano invita a cena **la sua ragazza**. Dove?	Rigido, ma interessante
Giorgia vuole portare **Carlo** a fare una cosa? Che cosa?	~~Alla nonna~~
Che cosa chiede Adriano **alla sua ragazza**?	Di essere più romantico
Che cosa piace moltissimo **a Luca**?	Un aperitivo chic

9 Esercizio orale - Pronomi oggetto diretto e indiretto. STUDENTE B

*Work with a partner. Take turns. First listen to Student **A**'s question, choose the answer from your list on the right and answer using the appropriate pronoun. Then ask a question from your list on the left. **A** chooses an answer from his/her list and answers using the appropriate pronoun.*

A   **B**

Es: | Luca presenta Eleonora a una persona? A chi? | → alla nonna

La presenta alla nonna

~~Luca presenta **Eleonora** a una persona? A chi?~~
Luca porta **Eleonora** in un posto. Dove?
Luca offre qualcosa **a Eleonora**. Che cosa?
I fantastici 5 consigliano qualcosa **ad Adriano**. Che cosa?
Giorgia come definisce **Carlo**?

A ballare
~~Una festa~~
Il calcio
A casa sua
Di andare a vivere con lui

10 Ascolto - In un negozio di calzature

CD 51

a. Close the book, listen to the dialogue, then discuss with your partner.

b. Listen to the dialogue again and write into the boxes the expressions that the woman and store clerk use to describe the shoes the woman tries on.

1° PAIO DI MOCASSINI	
SIGNORA	COMMESSO

2° PAIO DI MOCASSINI	
SIGNORA	COMMESSO

STIVALI	
SIGNORA	COMMESSO

a. Listen again to the dialogue and choose the verb form used in these sentences.

- ● Buongiorno, **voglio/vorrei** provare quei mocassini neri in vetrina.
- ▦ Certamente signora, che numero?
- ● 37.
- ▦ Ecco, ha fatto un'ottima scelta, signora, **è/sarebbe** una scarpa molto comoda e di ottima qualità.
- ● Mm, non so... sono troppo stretti, e poi mi sembrano anche troppo sportivi. **Ha/Avrebbe** un paio di mocassini più eleganti?
- ▦ Beh, ci sono quelli lì, accanto al paio che mi ha chiesto.
- ● Mi **dice/direbbe** quanto vengono?
- ▦ Questi sono meno costosi, 79 euro.
- ● Ah bene, allora li provo.
- ▦ Ecco le stanno benissimo, sono classici, molto eleganti.
- ● No, no sono troppo seri, sembro una suora. Forse è meglio un paio di scarpe meno convenzionali. **Posso/Potrei** provare quegli stivali rossi?
- ▦ Questi? Sono in saldo, un vero affare. Certo fa un po' troppo caldo ora per gli stivali.
- ● Li posso mettere l'anno prossimo.
- ▦ Allora eccoli. Sono molto belli, forse un po' vistosi...
- ● No, no sono bellissimi. Però sono un po' stretti. **Ha/Avrebbe il** 37 e ¹/₂?
- ▦ No, mi dispiace. Le **porto/porterei** il 38?
- ● No, **prendo/prenderei** questi, il 38 è sicuramente troppo grande. Sono sicura che tra un paio di giorni saranno più larghi. E mi scusi quanto viene quell'ombrello giallo?
- ▦ 15 euro.

*b. The first verb form is the **indicativo presente** and the second is the **condizionale presente** (present conditional). Work with a partner. Insert into the table the forms of the **condizionale presente** which you find in the text of the dialogue.*

	-ARE	-ERE	-IRE
IO			direi
TU	porteresti		
LEI/ LUI		prenderebbe	

	ESSERE	AVERE	VOLERE	POTERE
		avrei		
	saresti	avresti		
				potrebbe

c. Now try to complete the table by working out the forms that are still missing.

*d. In the sentences in which the woman and the store clerk use the **condizionale presente**, it would be grammatically correct also to use the **indicativo presente**. In the context of the conversation however in these sentences it is better to use the **condizionale presente**. Why do you think that is? Compare your answer with that of a classmate.*

....

12 Esercizio scritto - Riscrittura

Imagine that the conversation in activity 11 is between a girl of about 20 and a store clerk of more or less the same age and rewrite the conversation using the informal register.

13 Esercizio orale - Vorrei…

Work with a partner. Take turns choosing a question by the customer and conjugate the verb in brackets using the polite conditional form. The other student answers using one of the store clerk's replies appropriate for that question.

Es: **Cliente:** 1. **Vorrei** una maglietta rossa.   **Commesso:** c. A maniche lunghe o corte?

CLIENTE	COMMESSO
1. *(volere)* una maglietta rossa.	a. Viene 99 euro.
2. *(potere)* provare il vestito in vetrina?	b. Certo, ha lo scontrino?
3. *(avere)* questo maglione in verde? *(informale)*	c. A maniche lunghe o corte?
4. mi *(potere)* dire il prezzo? *(formale)*	d. Questo andrebbe bene?
5. *(essere)* possibile cambiare questi pantaloni?	e. Quale, quello grigio?
6. *(esserci)* la taglia 42?	f. No, mi dispiace, è esaurita.
7. *(volere)* vedere un modello più sportivo.	g. Purtroppo lo abbiamo solo in nero e rosso.

14 Riflettiamo - *Più, meno, troppo*; l'aggettivo *quello*

CD 51

a. Listen again to the conversation and complete the sentences with one of the three adverbs in the boxes.

meno   **più**   **troppo**

G 13.4

▼ Buongiorno, vorrei provare quei mocassini neri in vetrina.
◆ Certamente signora, che numero?
▼ 37.
◆ Ecco, ha fatto un'ottima scelta, signora, è una scarpa molto comoda e di ottima qualità.
▼ Mm, non so… sono _____ stretti, e poi mi sembrano anche _____ sportivi. Avrebbe un paio di mocassini _____ eleganti?

(…)
▼ Mi direbbe quanto vengono?
◆ Questi sono _____ costosi, 79 euro.

(…)
▼ No, no sono _____ seri, sembro una suora. Forse è meglio un paio di scarpe _____ convenzionali. Potrei provare quegli stivali rossi?
◆ Questi? Sono in saldo, un vero affare. Certo fa un po' _____ caldo ora per gli stivali.

▼ (…) Avrebbe il 37 e ½?
◆ No, mi dispiace. Le porto il 38?
▼ No, prendo questi, il 38 è sicuramente _____ grande. Sono sicura che tra un paio di giorni saranno _____ larghi. E mi scusi quanto viene quell' ombrello giallo?
◆ 15 euro.

*b. In your opinion, what does **troppo** mean?*

☐ A lot
☐ Too or too much
☐ Enough

Fare acquisti

11

*c. In these sentences the adjective **quello** is used three times in three different forms. Find them and write them next to the nouns to which they refer.*

🏷 6.2

1. ___quei___ ___mocassini___   2. _____ _____   3. _____ _____

*d. The adjective **quello** always comes before the noun and follows the same rules at the definite article. Insert into the table below the three forms that you found in the dialogue.*

	SINGOLARE	PLURALE		
MASCHILE			+	sostantivo che comincia con **consonante**
			+	sostantivo che comincia con **s + consonante** o **z**
			+	sostantivo che comincia con **vocale**
FEMMINILE			+	sostantivo che comincia con **consonante**
			+	sostantivo che comincia con **vocale**

*e. Now complete the table above with the other forms of the adjective **quello** from the boxes below.*

quelle   quel   quegli   quelle   quella   quello   quell'

15 Esercizio orale - Che ne dice?

Work with a partner. Look at the pictures and perform the conversations according to the example, taking turn and turn about.

Es:

■ Che ne dice di **quegli** stivali?
▼ No, no sono **troppo** eleganti.
Li vorrei **più** sportivi.
O:
■ No, no sono **troppo** eleganti.
Li vorrei **meno** eleganti.

lungo / corto   sportive / classiche   eleganti / sportivi

larghi / stretti   pesante / leggera   giovanile / classica

16 Parliamo - Che abbigliamento preferisci?

Interview a classmate and find out whether you have similar tastes.

economico   pratico   moderno   allegro   giovanile   caro

sportivo   elegante   classico   comodo   vivace   bello

Fare acquisti **11**

Caffè culturale

■ PER FARCI UN'IDEA

From looking at the photographs, do young Italians look the same or different from you and your friends of a similar age?

■ CON OCCHI DI STRANIERO

Jane O'F. *came to Rome almost 20 years ago, fell madly in love with the eternal city and has been here ever since. Jane lives with her Italian husband, four year old daughter, two dogs and a cat in a dilapidated house on the Appian Way. She rides her scooter to the Circus Maximus every day where she works for a UN agency.*

Italian Style

When I first came to Italy I remember how I would just throw on a mismatched, old and holey sweatshirt, ill-fitting track pants, sneakers (without socks) and a scrunched woolly scarf to go and grab some milk from the local bar.
No wonder that after so many years in Italy, I have become increasingly more conscious of what I put on before I leave the comfort of my anonymous abode. Yes, even to get the milk, Italians DRESS. Not that casual is not ok to collect milk, however "casual" Italian-style means coordinated, clean and hip clothing. Even the mismatched items look purposely so. Not to say that I feel intimidated by all those people who look as if they are ready to step into a photo shoot with two cartons of *latte* under their arms, nor could I say that I don't wear what I feel like on the quick jaunt round the corner. However, I must admit, I am, after twenty years in Italy, more likely to look in the mirror before locking the front door behind me. It has always captured my fascination the apparent knack in Italy for "appearing" no matter how mundane or trivial the outing may be. Indeed this seemingly effortless look extends beyond latte and trips to the local fruit and veg shop to activities that by definition alone would warrant a more haphazard approach to appearance. I have Italian friends that have been known to engage in an activity only ONCE yet possess enough of the right gear you would think they were pros- joggers, cyclists, skaters, climbers, equestrians, dancers, picnickers. Even friends who have been to ONE gym class (after signing up for the full year plus spa) look better working out than I do behind my desk at work.
To demonstrate my point, I will share something secret with you: I have a lift habit. That is to say, every time I get into a lift (or an elevator, or whatever you wish to call it), I avoid looking at peoples' faces and instead concentrate on their feet for the duration of my ride. Why? I flesh out the nationalities according to footwear (yes, I work in a multiethnic environment). A little strange, I admit, but it's amazing how you can pick out the differences on the basis of shoes. Italians always and invariably have impeccably clean or fashionably worn, hip and cool footwear. It is not enough for them just to put on any old sole - appearance matters - whilst the majority of us *Unfashionables* think shoes are worn as a means to an end (i.e. walking comfortably), Italians wear shoes as an accessory, an integral part of their look, walking is something to be done while looking good.
What really knocks me out on this whole knack for appearing thing (and convinces me that genetics do make a difference) is my daughter. I have a four year old who is so oh so fastidious about colour and look that even though I KNOW it is part of being a little girl and even though I KNOW that I was just the same according to my mother's reports, I cannot help feeling that the Italian in her is fighting its way through those mismatched, uncoordinated, unstylish and sloppy Anglosaxon gene spirals to flourish and fascinate as all Italians can and do. Why? Because while I went around with a red and white checked teatowel with purple headband on my head, blue velvet lace dress and green tights - she goes around with matching head sparkle-dashing bandana, sunglasses à la chanel, pink cardigan, fuchsia turtleneck with matching brown (hip) corduroys and fake-but-mini-Prada pink shoes, all perfectly coordinated by herself, looking ready to step on to a red carpet at some film festival... for preschool! Sigh.

What do you think of Jane's opinion about how Italians concentrate so much attention on appearance? Do you agree with her?

Professione adolescente

Nel film *Caterina va in città* si dividono in "pariolini" e "zecche". Nella realtà i ragazzi sono molto più complicati. *Si danno arie*[1] da adulti, ma vedono ancora i cartoni in tv. Indossano vestiti provocanti, ma dicono no al sesso troppo presto. E così *spiazzano*[2] i genitori

di Sabrina Barbieri

«**Sei** una pariola o una zecca?» chiede il ragazzino alla nuova arrivata, che nel cortile della scuola media *sgrana gli occhioni*[3] e non capisce. «Allora sei una normale!» dice lui. E se ne va, deluso. È una scena di *Caterina va in città*, di Paolo Virzì, il film italiano più visto in questi giorni. Racconta gli adolescenti e le loro tribù. La prima è quella dei «se non è costoso e *firmato*[4] non me lo metto».

A Roma si chiamano "pariolini", a Milano "sancarlini", e *fanno incetta*[5] di scarpe Nike, pantaloni Carhartt e borsine Prada. La seconda è quella dei «*chi se ne frega*[6] delle *marche*[7]». Ovvero gli alternativi, le "zecche" appunto, molto no global nelle loro sciarpe fatte a mano e gonne comprate al mercatino. In mezzo c'è Caterina, normale e derisa dentro i maglioncini blu e le tute da brava bambina non ancora cresciuta. «Diciamo pure che è una *sfigata*[8]» suggerisce Alice Teghil, la 14enne di Tivoli che la interpreta sullo schermo. «Con quei vestiti, poveretta! Io non li porterei mai». Già, perché la realtà non è poi molto diversa dalla finzione cinematografica. Anzi sì. Nella realtà le tribù si moltiplicano. Tanto che per orientarsi serve la *bussola*[9]. C'è chi si dichiara *zarro* (pantaloni stretti e *piumino*[10]), chi *dark* (piercing e jeans *stracciati*[11]), chi *coatto* (*vita ultrabassa*[12] e *zazzere*[13] con tonnellate di gel). E chi prende spunti di qua e di là. Ma cosa si nasconde dietro le apparenze? (*www.donnamoderna.it*)

[1] *They act*
[2] *confuse*
[3] *gapeswide-eyed*
[4] *designer label*
[5] *buy up*
[6] *who cares*
[7] *brand labels*
[8] *loser*
[9] *compass*
[10] *quilted jacket*
[11] *ripped*
[12] *very low waist*
[13] *hair*

In your country do the young people see themselves as belonging to tribes like they do in Italy? If so, what are these tribes? Are they the same or different to those in Italy?

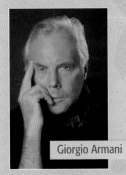

Giorgio Armani

Miuccia Prada

Dolce & Gabbana

Roberto Cavalli

You have decided to change your image inspired by the collection of an Italian designer. Find on the web the official sites of Armani, Moschino, Prada, Dolce & Gabbana, Cavalli and Versace and choose the style which fits your new image.

Da piccola

1 Lettura - I bambini e gli animali

a. Read the article below.

E i bambini ci chiedono di proteggere gli animali.

Secondo l'Eurispes è cresciuta la coscienza "animalista". Il più amato il cane, il più temuto il serpente

... Secondo l'Eurispes quasi tutti i bambini vorrebbero avere un animale e, anche se l'animale preferito resta sempre il cane (a chiederlo è un bambino su cinque), molti si indirizzano su altre specie. Le femmine, più dei maschi, amano i gatti, al secondo posto nella classifica dell'Eurispes (14,2 %). Seguono poi il cavallo, le tigri, gli uccelli, i leoni e i delfini.

A essere accontentati sono in molti: quasi tutti hanno o hanno avuto un animale in casa (81,7%). Cani e gatti in maggioranza, ma tra le quattro mura domestiche trovano ormai spazio anche tartarughe (14,5%), criceti (10,6%), conigli (4,8%). Solo un bambino su cinque non ha mai avuto un animale.

Ma non c'è solo l'avere. C'è anche l'essere. E potendo trasformarsi in un animale, un bambino su cinque vorrebbe essere un uccello e quasi uno su dieci un cane. L'8,8% vorrebbe essere un leone e l'8,2% un gatto. Seguono il delfino (6,8%), il ghepardo (4,4%) e il cavallo (4,1%).
I maschi si identificano molto più delle femmine con animali "forti" come il leone o il ghepardo, mentre le bambine vorrebbero essere un animale elegante come la farfalla.
Il serpente rimane l'animale più odiato dalla maggioranza dei bambini.

(adattato da larepubblica.it)

b. Which animal would you like to turn into? Talk to a partner and explain why.

c. The text contains the names of various animals. Find them and write them next to the appropriate illustration.

↑ criceto

2 Parliamo - Il vostro sondaggio

Form small groups, carry out a survey and take notes. Then report your findings to the rest of the class.

1. Quali sono, secondo voi, gli animali più diffusi nel vostro Stato?
2. Avete un animale? Se sì, quale?
3. Qual è il vostro animale preferito?
4. Quale animale non vi piace per niente e perché?

3 Ascolto - Da piccola avevo un cane

CD 53

a. Close the book, listen to the recording and then discuss with a partner.

b. After you have listened to the recording, discuss with a partner:

- *What kind of experience did the two girls have from life with an animal?*

- *What's their opinion of having an animal in the house?*

4 Lettura - Caro diario...

a. Read this page from Laura's diary.

> *Caro diario,*
>
> *oggi ho incontrato Sandra. Siamo state bene insieme; abbiamo parlato di tante cose, siamo andate in giro per il centro per vedere qualche negozio e... per comprare da mangiare per il suo gatto Felix. Sandra ama moltissimo gli animali ma questo Felix secondo me lo vizia troppo. Comunque, mentre parlavo con lei ho ripensato a Romeo, un cane che avevo da bambina.*
>
> *Romeo era un cane intelligentissimo. Per me Romeo era una parte della famiglia, eravamo come fratello e sorella. I miei genitori non riuscivano a capire il mio amore per quest'animale, ma erano contenti di vedermi felice con lui.*
>
> *La mattina Romeo mi svegliava e mi accompagnava a scuola. Aveva un'energia inesauribile e anche quando ero triste, per esempio quando non volevo andare a scuola, lui riusciva a distrarmi, voleva sempre giocare.*
>
> *Quando tornavo a casa mi aspettava dietro la porta: riusciva a riconoscere il rumore dell'autobus della scuola.*
>
> *Subito dopo il pranzo facevamo una passeggiata. Noi non avevamo un giardino e così era necessario portare fuori il cane tre volte al giorno: la mattina mia madre, la sera mio padre e a pranzo era il mio turno. Qualche volta tornavamo dal nostro giro troppo tardi e allora i miei si arrabbiavano perché dovevo studiare. La notte poi, se non riuscivo a dormire, lui si sedeva vicino a me, mi faceva compagnia. Era una creatura eccezionale!*
>
> *Laura*

b. This text refers to the conversation you listened to in activity 3. Underline in the text the information that you heard in the recording and then compare your answers with your partner's.

> Es:
>
> *Caro diario,*
>
> *oggi ho incontrato Sandra. Siamo state bene insieme; abbiamo parlato di tante cose, siamo andate in giro per il centro per vedere qualche negozio e... per <u>comprare da mangiare per il suo gatto Felix</u>.........*

5 Riflettiamo - L'imperfetto

a. *In the text you have just read the verbs are mainly conjugated with another past tense, called the **imperfetto** (imperfect). Circle the **imperfetto** forms of the regular verbs **tornare**, **avere** and **riuscire** and the irregular verbs **fare** and **essere** and then insert them into the table below.*

	TORNARE	AVERE	RIUSCIRE	FARE	ESSERE
IO I sing.				facevo	
TU II sing.	tornavi		riuscivi		eri
LUI/LEI III sing.					
NOI I plur.			riuscivamo		
VOI II plur.		avevate		facevate	eravate
LORO III plur.	tornavano			facevano	

b. *Now work with a partner and try to complete the table with the missing forms.*

c. *Find other verbs in the **imperfetto** tense in the text and write their infinitives. How many are there? Which are they? Compare your answers with your partner's.*

6 Esercizio scritto - Da piccolo...

a. *Michele and Clara talk about their childhood. What do they say? Write down what they did when they were small.*

○ **Michele**
vivere in campagna in una grande fattoria • essere bellissima • avere tanti animali • giocare tutto il tempo all'aperto • divertirsi tantissimo • avere anche un cavallo • chiamarsi Furia

○ **Clara**
abitare in città • giocare quasi sempre a casa • non avere animali perché non avere spazio in casa • in estate però andare dai nonni che vivere in campagna • lì esserci tanti animali

Da piccolo **vivevo...**

Da piccola io e i miei fratelli **abitavamo........**

b. *Now talk about Michele and Clara's childhoods.*

Da piccolo Michele **viveva ...**
Da piccola Clara e i fratelli **abitavano ...**

7 Esercizio scritto e orale - E tu?

Answer the questions. Then ask your partner the same questions.

Quando eri piccolo/-a ...

	tu	il tuo compagno
dove vivevi?	_____	_____
avevi un animale?	_____	_____
se sì, quale?	_____	_____
come si chiamava?	_____	_____
com'era?	_____	_____
avevi amici che avevano animali in casa?	_____	_____
ai tuoi piacevano gli animali?	_____	_____

8 Parliamo - Animali pro & contro

What about you? Are you in favour of having animals in the house or not? What about your family? Discuss this in small groups.

Io sono favorevole/contrario perché secondo me ...

9 Ascolto - Tu dove andavi in vacanza?
CD 54
a. Close the book, listen to the recording and then discuss with a partner.
b. After listening to the recording try to answer these questions.

1. Che cosa faceva normalmente d'estate Giovanni?

2. Che cosa ha fatto a 13 anni?

3. Secondo Marina, prima il concetto di vacanza era diverso. Perché?

10 Riflettiamo - Imperfetto o passato prossimo?   G 7.10.4
CD 54
a. Now listen to the recording again and complete what Giovanni says with the missing verbs.
(...)
1. Sì, **normalmente** l'estate _____ a casa, i miei _____ una cabina in un lido e così tutte le mattine si _____ la macchina, si _____ in spiaggia, e si _____ lì tutto il giorno. Per noi ragazzini comunque _____ un po' come una vacanza perché _____ i nostri amichetti, _____.
(...)
2. Solo **una volta**, quando _____ 13 anni, _____ una settimana in montagna, in Val d'Aosta, a trovare degli amici di mio padre. Sì, è vero, quella _____ **la prima volta** che _____ veramente per le vacanze.

*b. In your opinion, why is the **imperfetto** used in **1**. and in **2**. mainly the **passato prossimo** is used?*

11 Parliamo - E tu?

Where did you usually spend your vacations when you were small? Did you ever spend a vacation that was different from the others? Discuss with a partner.

> normalmente - di solito - da piccolo/a - da bambino/a: andavo
> una volta - a 13 anni - nel 1998 - 6 anni fa: sono andato

12 Lettura - Un'intervista sull'infanzia

a. In the course of her career, the writer Dacia Maraini interviewed many famous people. Her interviews have been collected in the book "E tu chi eri? 26 interviste sull'infanzia". The following is part of an interview with the writer Natalia Ginzburg. Read it.

D. Ripensi con piacere alla tua infanzia?

R. Ci penso poco. Ma quando ci penso, lo faccio con piacere.

D. Hai avuto un'infanzia felice?

R. In un certo senso sì. La cosa che più mi tormentava era la sensazione di essere poco amata in famiglia. Mi ricordo che inventavo le malattie per attirare l'attenzione su di me. Volevo stare male e invece stavo sempre bene.

D. In che rapporti eri con i tuoi?

R. Avevo un padre severo che faceva delle tremende sfuriate. Poi c'erano le liti fra me e i miei fratelli. Le liti fra mio padre e mia madre. (...)

D. Com'eri da bambina? Che carattere avevi?

R. Ero abbastanza allegra, ma non molto vivace, non molto loquace.

D. Eri una bambina chiusa?

R. Sì. (...)

D. Hai sempre vissuto a Torino durante l'infanzia?

R. No. Sono nata a Palermo. Ma di Palermo non ricordo niente. Sono andata via che avevo tre anni. I miei ricordi risalgono ai sette anni. (...)

D. Ti piaceva andare a scuola?

R. No. Proprio l'anno che sono andata a scuola sono cominciate le mie malinconie. Sentivo che le altre ragazze erano amiche fra loro. Mi sentivo esclusa.

D. Ti piaceva studiare?

R. No. Studiavo male. L'aritmetica per esempio non la capivo per niente. Ero brava in italiano. Facevo dei temi lunghi e molto accurati.

D. Cos'è che ti faceva soffrire di più nella scuola?

R. La noia. Mi ricordo una noia mortale. (...)

D. Quando non studiavi, cosa facevi? Dello sport?

R. No, odiavo lo sport. Mio padre mi costringeva a fare le scalate in montagna. Io ci andavo, ma a denti stretti. Ho finito con l'odiare ogni tipo di sport.

D. E allora cosa facevi?

R. Scrivevo. Fino a diciassette anni ho scritto poesie, poi racconti.

D. Non andavi mai al cinema, a ballare?

R. Sì andavo alle festicciole da ballo in casa di amici. Ballavo male, ma mi divertivo. In fondo preferivo stare a casa a leggere, però.

D. Cosa leggevi?

R. Romanzi.

D. Quali sono i primi romanzi che hai letto?

R. I romanzi russi: Dostoevskij, Tolstoj, Gogol.

D. Cosa pensavi di fare da grande?

R. La scrittrice. Oppure il medico. Volevo fare tutte e due le cose. (...)

(da E tu chi eri? 26 interviste sull'infanzia di Dacia Maraini,)

b. After reading the interview try to respond orally to the following questions.

- *Which aspects of her childhood were similar to yours?*
- *What does Natalia Ginzburg think about the family, school and sport?*
- *What did she like to do in her leisure time?*

13 Esercizio orale - La tua intervista

Interview a partner and ask:

- dove è nato/-a,
- se ha sempre vissuto nella stessa città,
- se gli/le piaceva andare a scuola,
- se gli/le piaceva studiare,
- qual era la sua materia preferita,
- che cosa non gli/le piaceva della scuola,
- quando non studiava, che cosa faceva,
- cosa pensava di fare da grande.

14 Esercizio scritto - Passato prossimo e imperfetto

*Insert the verbs into the interview, conjugating them in the **imperfetto** or **passato prossimo**.*
The verbs are in the correct order.

1. vivere	2. nascere	3. andare	4. avere	5. piacere	6. andare	7. cominciare

8. sentire	9. sentirsi	10. piacere	11. studiare	12. capire	13. essere	14. fare

D. ¹_____ sempre _____ a Torino durante l'infanzia?
R. No. ²_____ a Palermo. Ma di Palermo non ricordo niente.
³_____ via che ⁴_____ tre anni. I miei ricordi risalgono ai sette anni.
(...)
D. Ti ⁵_____ andare a scuola?
R. No. Proprio l'anno che ⁶_____ a scuola ⁷_____ le mie malinconie.
⁸_____ che le altre ragazze erano amiche fra loro. ⁹_____ esclusa.
D. Ti ¹⁰_____ studiare?
R. No. ¹¹_____ male. L'aritmetica per esempio non la ¹²_____ per
niente. ¹³_____ brava in italiano. ¹⁴_____ dei temi lunghi e molto accurati.

15 Scriviamo - Un concorso letterario

Pretend that you are taking part in a literary competition entitled "Childhood memories".

16 Esercizio orale - La gatta

Look at the following illustrations and try to describe them. Ask your teacher any words you don't know. What are the main differences between the first and the second illustration?

17 Ascolto - La gatta di Gino Paoli

a. Now listen to the song: in your opinion, to which of the two illustrations in activity 16 does it refer? Discuss with your partner.

b. Listen to the song and fill in the missing verbs.

C'_____ una volta una gatta
che _____ una macchia nera sul muso
e una vecchia soffitta vicino al mare
con una finestra
a un passo dal cielo blu.

Se la chitarra _____
la gatta _____ le fusa
ed una stellina _____ vicina vicina
poi mi _____
e se ne _____ su.

Ora non _____ più là
tutto _____ non _____ più là.
_____ una casa bellissima,
bellissima come _____ tu.

Ma io _____ a una gatta
che _____ una macchia nera sul muso
a una vecchia soffitta vicino al mare
con una stellina,
che ora non _____ più.

(musica e testo di Gino Paoli, P 1960 BMG Ricordi S.P.A.)

Da piccola

12

Caffè culturale

In Rome it is normal to see cats freely roaming around the ruins and sleeping on the monuments. If you lived in Rome what would you think of that?

CON OCCHI DI STRANIERO

BARBARA P.
A U.S. citizen, Barbara has been living in Rome since 1999, when her husband started working for the Food and Agriculture Organization of the United Nations.

Feline Inspirations

Leaning over the railing, entranced by the sight of colorful furry shapes frolicking amid the Largo Argentina temples, I noticed a woman in a little garden area beckoning to me. She pointed to corner stairs and met me at the bottom. She told me the area was a cat sanctuary and she was a volunteer. Would I like to come in and look around?

Under the adjacent street was a large room with cages against the wall. Little faces with big eyes looked me over. Cats were underfoot, posing on the tables or peering down from above or from inside the cages. She explained that the sanctuary was founded in 1994 when two retired Italian ladies, Silvia Viviani and Lia Dequel, took over the care and feeding of a growing population of cats and kittens which irresponsible people had discarded in the ruins. Receiving no government funding, they approached tourists for donations. Word of their efforts spread and attracted international interest and funds. Shelter conditions improved. Donations, electricity and an on site water source enabled them to provide medical care, sterilization and ad-

option opportunity for the cats. On donated computers volunteers set up databases and built a web site. Artists, craftsmen, writers, educators, photographers, fundraisers and technicians made their talents available for free. Soon outreach programs into the community became a reality.

I was overcome for a moment with a neocolonialist urge to help the shelter achieve the standards of animal rescue I was used to in my country of origin. Fortunately I soon understood that in this culture the structure within which things could be accomplished was very different from what I was used to. I smothered the urge to give advice and instead offered my help and asked how best they could use my talents.

It was impressive private grass roots entrepreneurship and international cooperation on a scale that major institutions have failed to achieve. Determined people with few resources and many obstacles before them created an organization that achieved international renown and respect, and continues to help bring about significant change in societal attitudes toward animal welfare. Despite having no structural hierarchy or designated tasks, the organization worked, grew and changed. People with different personalities and from a variety of cultures worked together. I made good friends from many countries, worked on fundraising projects and newsletters. It was thrilling to watch my small contributions help the sanctuary grow and flourish.

In your opinion, what has Barbara learned about Italy and the Italians through her experience as voluntary worker in the Largo Argentina center?

Do you know of any similar organisations to that described by Barbara operating in your country? Have you ever taken part in one or would you like to take part in the future?

Cos'è una colonia felina?
Da chi è curata?

Una colonia felina è costituita da **un gruppo più o meno numeroso di gatti** (ne bastano anche due) che vivono in un determinato territorio. **La colonia felina è stata riconosciuta/ufficializzata dalla legge nazionale** 14 agosto 1991 n. 281.

Qui vive una colonia felina protetta

Si fa presente a tutti *i cittadini*[1] che ai sensi dell'articolo 11 della legge regionale n. 34/97, dell'articolo 2 della legge nazionale n.281/91 dei nuovi articoli 544-bis e 544-ter del *Codice penale*[2] recentemente cambiati dal Parlamento, **i gatti sono protetti**.

Il loro *maltrattamento*[3] **è perseguito penalmente** anche con la *reclusione*[4] da tre mesi a un anno o *la multa*[5] da 3.000 euro a 15.000 euro mentre l'uccisione è punita con la reclusione da tre a diciotto mesi.

È vietato allontanarli dai luoghi nei quali trovano abitualmente rifugio, cibo e protezione.

Ai cittadini è *consentito*[6] nutrire e curare i gatti nel rispetto delle regole igieniche. È consentito lasciare stabilmente solo un piccolo contenitore dell'acqua mentre dopo i pasti dovranno essere rimossi i contenitori del cibo.

Provincia di Roma

(www.provincia.roma.it)

What do you think of this Italian law?
Do you know whether the animals in your country are protected by specific laws?

[1] *citizens*
[2] *Criminal Code*
[3] *maltreatment*
[4] *imprisonment*
[5] *fine*
[6] *permitted*

■ L'ITALIA IN RETE

*Go to **www.google.it**, insert the key words* cat sanctuary Rome *and find further information about the center described by Barbara.*

Non è bello ciò che è bello...

1 Lessico - Com'è?

2 Lettura - Chi è l'intruso?

In Marina's group there should only be six people, but there are seven. Read the descriptions of the participants of the sightseeing tour and find out who's the gatecrasher.

a.   b.   c.   d.   e.   f.   g.

☐ È alta, magra e molto bella. Ha i capelli neri, lunghi e ricci e gli occhi azzurri.

☐ È alto, un po' grasso, ha i capelli e gli occhi castani e porta gli occhiali. Non è molto giovane ed è sempre elegante.

☐ È giovane, abbastanza alta, né magra né grassa, ha i capelli corti biondi e gli occhi verdi. Porta quasi sempre i jeans.

☐ È una persona anziana, bassa, magra, un po' calva. Ha la barba e gli occhiali.

☐ Non è né alta né bassa, abbastanza magra, ha i capelli e gli occhi neri, non è più giovane, ma ancora molto sportiva.

☐ È alto, magro, sportivo e attraente. Ha i capelli neri non molto corti e gli occhi azzurri.

3 Esercizio orale - Il personaggio misterioso

In a small group choose a famous person and give a physical description of him or her.
The other groups have to guess, by asking questions, what person you are talking about.

4 Ascolto - Un tipo interessante

D 56

a. Close the book, listen to the recording and then discuss with a partner.

b. Listen to the recording and decide which of the two boys in the photograph is Giorgio and which is Luis.

c. Mark which of the following adjectives refer to one and which to the other.

	Giorgio	**Luis**
intelligente	☐	☐
simpatico	☐	☐
aperto	☐	☐
brutto	☐	☐
carino	☐	☐
divertente	☐	☐
vanitoso	☐	☐
sensibile	☐	☐
timido	☐	☐
interessante	☐	☐
grasso	☐	☐
noioso	☐	☐

5 Riflettiamo - Essere o avere?

*a. Listen again to the recording in activity 4 and complete the following sentences with the appropriate auxiliary (**essere** or **avere**) of the **passato prossimo**.*

■ Catia, perché non _____ più venuta alla festa sabato?

● Non ce l'ho fatta. Il concerto _____ cominciato tardi ed _____ finito a mezzanotte e mezza.

■ Peccato! _____ stata una bella festa. _____ pure conosciuto il nuovo ragazzo di Sandra, uno spagnolo.
(…)

● Però! E che tipo è?

■ Beh, mi _____ sembrato un tipo interessante, aperto, divertente, forse un po' vanitoso.
(…)

● E senti, che cosa fa questo … come si chiama?

■ Luis. Mah, _____ venuto qui in Italia per fare un master, però adesso _____ finito.

● E che fa? Torna in Spagna?

■ Penso di no. Mi ha detto che _____ cominciato a lavorare da poco in uno studio pubblicitario.

*b. Look at the verb forms of the **passato prossimo** of **cominciare** and **finire**. What is different about them?*

....

c. Complete the definitions:

*1. **Cominciare** and **finire** use the auxiliary _____ in the **passato prossimo** when we say that **someone** began or finished **something**.*

Es: **Luis** _____ finito **il master**.   **Luis** _____ cominciato **a lavorare**.

*2. **Cominciare** and **finire** use the auxiliary _____ in the **passato prossimo** when we say that **something** began or finished.*

Es: **Il concerto** _____ cominciato tardi.   **Il concerto** _____ finito a mezzanotte.

6 Esercizio scritto - Ho cominciato a…

Write 4 things that you have started or finished and 4 things that are started or finished. Then work with a partner, read the sentences and say whether they are correct or not.

Es: Il corso di italiano **è cominciato** due mesi fa.   Ieri **ho finito** di lavorare alle 20.00.

Important!   Ho cominciato **a** lavorare.   *but*   Ho finito **di** lavorare.

7 Parliamo - Che tipo sei?

Choose the adjectives which describe your personality and justify your choice to a partner with examples that show these qualities and defects.

vanitoso

intraprendente   perfezionista   ottimista   allegro   geloso

possessivo   indipendente   tranquillo

curioso   pratico   emotivo   testardo

ambizioso   gentile   realista   laborioso

snob   dinamico   generoso

8 Lettura - L'oroscopo

a. Match the illustrations to the corresponding sign of the zodiac.

1. Ariete
2. Toro
3. Gemelli
4. Cancro
5. Leone
6. Vergine
7. Bilancia
8. Scorpione
9. Sagittario
10. Capricorno
11. Acquario
12. Pesci

b. Working with the same partner, read together the description of your signs of the zodiac: does it correspond to the description of your personality that you gave previously?

Ariete
Sempre allegro, ottimista, generoso, impulsivo, pratico, ha molto bisogno di affetto. Anche se vanitoso e piuttosto superficiale è un buon amico e un saggio consigliere. S'innamora facilmente, ma presto si stanca. Adora il cambiamento, la novità.

Toro
Testardo e chiuso, è un tesoro di affetto e di dolcezza. Pratico, laborioso e parsimonioso, ha sempre solide basi economiche ed è un ottimo padrone di casa, anche se un po' troppo perfezionista.

Gemelli
Intelligenti, indipendenti e curiosi, ma allo stesso tempo irritabili e nervosi, hanno un po' la natura del gatto e rendono molto difficile la vita a chi sta loro vicino. Hanno molti interessi intellettuali.

Cancro
Gentile e buono, delicato e fragile, ma gelosissimo, sa anche essere possessivo e prepotente. Tranquillo e laborioso vive sempre chiuso nel suo guscio, estraneo ai problemi di questo mondo.

Leone
Ha una grande vitalità. È passionale e galante. Altezzoso e vanitoso, è anche aperto e socievole. Bello e gentile, piace a molti. Ama proteggere i deboli, ma ... non fidatevi di lui.

Vergine
Seria, lenta, sospettosa, pensa cento volte prima di prendere una decisione. Costante e parsimoniosa, amante della famiglia. Buona e ragionevole.

Bilancia
Molto socievole, allegra, spiritosa, chiacchierona, sempre curata ed elegante, è una gran vanitosa. Cordiale e fiduciosa è anche molto ambiziosa e superstiziosa.

Scorpione
Vivacissimo, passionale ed emotivo, è anche terribilmente geloso e possessivo. Litigioso e sicuro di sé. Aperto, allegro, spiritoso, ha molti amici, ma anche molti nemici e non è facile vivere con lui.

Sagittario
Serio, saggio, tranquillo, deve sentirsi sempre libero e indipendente. Realista e previdente, è molto legato alle tradizioni. Gli piace la vita regolare, le sue decisioni sono sempre ragionevoli, ma non teme l'imprevisto.

Capricorno
Intelligente, intraprendente, laborioso, ha un'ottima memoria. Esigente, spesso avaro, a volte persino pessimista. Sicuro di sé, testardo, ambizioso.

Acquario
Buono, gentile, ama fantasticare. Va sempre d'accordo con tutti, ma fa quello, e soltanto quello, che vuole lui. È giusto e generoso, vive di idee e di progetti, ma manca assolutamente di senso pratico.

Pesci
Dinamici, intraprendenti e ambiziosi, sono molto tenaci nei loro progetti. Amanti della casa e della famiglia, amano, allo stesso tempo, la vita dei locali notturni: adorano ballare e divertirsi.

9 Lettura - Ti descrivo la mia casa

a. Read Alessandra's e-mail.

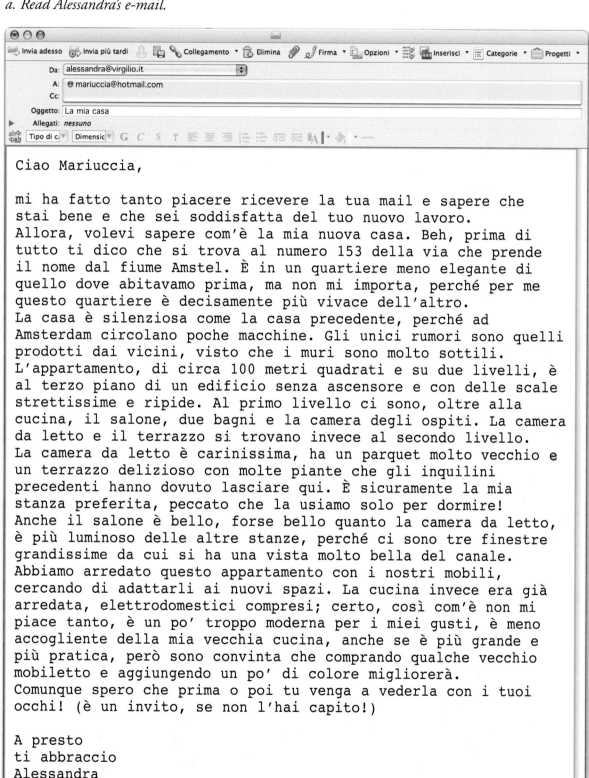

Da: alessandra@virgilio.it
A: mariuccia@hotmail.com
Cc:
Oggetto: La mia casa
Allegati: nessuno

Ciao Mariuccia,

mi ha fatto tanto piacere ricevere la tua mail e sapere che stai bene e che sei soddisfatta del tuo nuovo lavoro. Allora, volevi sapere com'è la mia nuova casa. Beh, prima di tutto ti dico che si trova al numero 153 della via che prende il nome dal fiume Amstel. È in un quartiere meno elegante di quello dove abitavamo prima, ma non mi importa, perché per me questo quartiere è decisamente più vivace dell'altro. La casa è silenziosa come la casa precedente, perché ad Amsterdam circolano poche macchine. Gli unici rumori sono quelli prodotti dai vicini, visto che i muri sono molto sottili. L'appartamento, di circa 100 metri quadrati e su due livelli, è al terzo piano di un edificio senza ascensore e con delle scale strettissime e ripide. Al primo livello ci sono, oltre alla cucina, il salone, due bagni e la camera degli ospiti. La camera da letto e il terrazzo si trovano invece al secondo livello. La camera da letto è carinissima, ha un parquet molto vecchio e un terrazzo delizioso con molte piante che gli inquilini precedenti hanno dovuto lasciare qui. È sicuramente la mia stanza preferita, peccato che la usiamo solo per dormire! Anche il salone è bello, forse bello quanto la camera da letto, è più luminoso delle altre stanze, perché ci sono tre finestre grandissime da cui si ha una vista molto bella del canale. Abbiamo arredato questo appartamento con i nostri mobili, cercando di adattarli ai nuovi spazi. La cucina invece era già arredata, elettrodomestici compresi; certo, così com'è non mi piace tanto, è un po' troppo moderna per i miei gusti, è meno accogliente della mia vecchia cucina, anche se è più grande e più pratica, però sono convinta che comprando qualche vecchio mobiletto e aggiungendo un po' di colore migliorerà. Comunque spero che prima o poi tu venga a vederla con i tuoi occhi! (è un invito, se non l'hai capito!)

A presto
ti abbraccio
Alessandra

b. What are the positive and negative features of Alessandra's new apartment?

10 Riflettiamo - Comparativi

 5.1

Find in the text of the e-mail the phrases in which Alessandra makes comparisons, and then write them into the following table. Underline the words which express the comparison as in the example.

+	1. questo quartiere è decisamente **più** vivace **dell'**altro 2. 3/4.
-	1. 2.
=	1. 2.

11 Esercizio scritto - Comparativi

Work with a partner. Look at the photographs and write as many more comparisons as possible between the three apartments.

12 Esercizio orale - Dove abitano?

Still working with a partner, look at the photographs of these people and try to imagine what kind of people they are and which apartments in the photographs from the previous exercise they live in, giving reasons for your choice.

13 Riflettiamo - Il superlativo assoluto

a. *Underline in the text of the e-mail in activity 9 the word* **molto**. *How many times does Alessandra use it?* ....

b. *The word* **molto** *can be used both as an adverb and as an adjective. In the phrases you underlined it is generally an* **adverb** *and it is used to make the superlative form (***superlativo***) of the adjectives.*
Which is the one phrase in which **molto** *is used as an* **adjective***?*

....

c. *When* **molto** *is an adverb it performs differently from* **molto** *as an adjective. Try to work out what is the difference, looking at the examples which you underlined in the text and write your answer below.*

....

....

d. *There are two ways to form the absolute superlative (***superlativo assoluto***) of an adjective in Italian. Find in the text the absolute superlatives which correspond to those listed below.*

molto lunga ➡ _____   molto strette ➡ _____

molto carina ➡ _____   molto grandi ➡ _____

14 Esercizio scritto - Superlativi assoluti

Transform the adjectives written in **bold** *into absolute superlatives.*

altissima
È ~~alta~~, **magra** e molto bella. Ha i capelli neri, **lunghi** e ricci e gli occhi azzurri.

È **giovane**, alta, né magra né grassa, ha i capelli **corti** biondi e gli occhi verdi.

È una persona anziana, **bassa**, **magra**, un po' calva. Ha la barba e gli occhiali.

È **alto**, **magro**, sportivo e attraente. Ha i capelli **neri** non molto corti e gli occhi azzurri.

15 Parliamo - Bella, accogliente…

Describe your home to a partner. Which room do you like best, the one you spend most or least time in? Why?

CD 57

16 Ascolto - Città o campagna?

   a. Close the book, listen to the recording and then discuss what you have heard with a partner.

   b. Now listen again to the recording and answer the questions with a partner.

   1. *What kind of person is Giulia's husband?*
   2. *Giulia and Sergio talk about life in the country: make a list of things which for them are the pros and cons of this choice.*

   c. Read these phrases taken from the recording that you have just listened to. Then work with a partner and decide who you think says these things, Giulia or Sergio.

Grazie, erano anni che volevamo trasferirci in campagna, e finalmente abbiamo trovato la casa perfetta: un bel giardino, tanto spazio…. e con la metropolitana in 40 minuti sei in centro.

Eh, piacerebbe tanto anche a me abitare in campagna, ma mio marito con la sua aracnofobia diventerebbe pazzo. Mi sembra di vederlo, ogni sera controllerebbe tutte le stanze, guarderebbe dietro a tutte le porte, sotto al divano e alle poltrone, sopra, sotto e dentro il letto… sarebbe un incubo.

(…) E pensare che io adoro la campagna. Dormirei benissimo, con questo silenzio. Potrei finalmente rilassarmi un po', mi occuperei del giardino. Ho sempre sognato di avere un giardino grande come questo, ci metterei anche un orto così avremmo sempre le verdure fresche. Potremmo avere un animale, un cane, un gatto… magari anche qualche gallina, e mangeremmo sempre uova di giornata.

Beh, intanto non uscireste tutte le sere come fate ora, non andreste al cinema, a teatro, ai concerti così spesso, dovreste passare molto più tempo a casa.

Mm… forse hai ragione. Sì, io magari potrei rinunciarci, ma Giovanni… per lui uscire la sera, vedere gli amici, avere un'intensa vita sociale è proprio una necessità… certo però i bambini vivrebbero meglio qui, senza lo smog e il traffico, giocherebbero fuori, farebbero una vita più sana.

Sì dei vantaggi ci sarebbero certamente per i bambini, ma considera pure che vivrebbero lontani dai loro amici, e passerebbero molto più tempo da soli… guarda che probabilmente si annoierebbero molto a vivere qui.

Magari studierebbero un po' di più. Comunque, tanto è solo un sogno, Giovanni mai e poi mai verrebbe a vivere in campagna, piuttosto divorzierebbe.

Sì, però… non so… ci sarebbero anche degli inconvenienti.

   Listen again to the recording and check your answers.

17 Riflettiamo - Condizionale presente

 7.11

   *a. In the sentences you have read there are a lot of verbs conjugated in the **condizionale presente**. Find them and underline them. How many are there?* ....

   *b. Insert the forms of the **condizionale presente** which you have underlined into the table below.*

I sing. (io)		I plur. (noi)	
II sing. (tu)		II plur. (voi)	
III sing. (lei/lui)		III plur. (loro)	

c. Now complete the following table.

VERBI REGOLARI			
diventare	....	**-ei**	(I sing.)
		-esti	(II sing.)
mettere	....	....	(III sing.)
		....	(I plur.)
dormire	dormir-	....	(II plur.)
		....	(III plur.)

VERBI IRREGOLARI			
andare	**andr-**		
avere	....	....	(I sing.)
dovere	....	**-esti**	(II sing.)
essere	....	....	(III sing.)
fare	....	....	(I plur.)
potere	....	....	(II plur.)
venire	....	....	(III plur.)
vivere	....		

*d. In Lesson 11 you saw how the **condizionale presente** is used to make polite requests. In this conversation Sergio and Giulia use the **condizionale presente** for a different reason. What is that, in your opinion?*

....

....

18 Esercizio scritto - Condizionale presente

*Conjugate the verb in brackets into the **condizionale presente** and then complete the phrases in the left-hand column, choosing the most logical phrase from the right-hand column.*

`dormirebbe`

Mara *(dormire)* nella camera degli ospiti …	… ma gli appartamenti sono troppo cari.
(tu/dovere) piantare dei fiori sul balcone…	… ma non ho la macchina per portarla a casa.
Io *(comprare)* pure questa poltrona…	… ma lì c'è un letto veramente troppo scomodo.
Voi *(sentirsi)* più tranquilli in una piccola città…	… ma io sono allergica.
I nostri figli *(desiderare)* tanto un gatto…	… ma forse non c'è abbastanza sole.
(noi/andare) volentieri a vivere in centro…	… ma i vostri figli si annoierebbero a morte.

19 Esercizio orale - La casa dei miei sogni

*Describe to a partner where you would like to live and what your dream house would be like, using the **condizionale presente**.*

Caffè culturale

■ PER FARCI UN'IDEA

Margherita Hack, astrofisico

Pia (con sua figlia), ricercatrice

Annamaria Artoni, industriale

Stefania Prestigiacomo, ministro

Le Veline, personaggi televisivi

In your opinion what roles do women typically play in Italian culture and society?

■ CON OCCHI DI STRANIERO

Gretchen B.
A U.S. citizen, has lived in Rome since 1998, working as Senior Gender Adviser for the UN World Food Programme. In 2003, she took early retirement from WFP and resides in Rome where she continues to consult internationally.

WOMEN IN ITALY: BURKHA OR BELLA FIGURA?

What does it mean to be a woman in Italy? Italy is not Afghanistan, where women wear the *burkha*! On the contrary! Women are encouraged to be publicly feminine! Ever heard of the *bella figura*? That is the rule. Do NOT go downstairs in your apartment building to empty the garbage in your jogging tights! *Mai*! Put on your pearls... that is the Italian way. And wear those gorgeous ankle-breaking stiletto heels, guaranteed to attract attention but, on the cobblestones, ouch...!

But women do not have a lot of disposable income for clothes shopping. They carefully select one or two nice items which they dress up with different jewelry or scarves, and they always look nice. Nor do they have a lot of freedom. It means, for some, that they do it in Italy the way men want it, just like in Afghanistan! Women are sexual objects in Italy too, as this is still a patriarchal society.

To quote from a recent guidebook, "the divide between the sexes is still very deep in Italy. Men and women are different, and neither seems very disappointed in their role. Men are expected to be virile, confident and aggressive in courting women, and women are expected to parry with coquettish nonchalance, inventing themselves as objects of impossible desire..." *

[Note: Not all women agree with this portrayal, however! I am assured by my female Italian friends in Rome that many women act and dress for themselves, especially if they are professional.]

To be sure, women in Italy have power. They are decision-makers about what happens at home. They take the purse when the family goes shopping. And they are revered, especially by their sons. When asked in a journalistic investigation once, whether a man who returns from a work trip calls his mother or his wife first, well, more than half said, sheepishly, "Mamma, *sicuramente*!"

Increasingly, to keep up with the constantly rising cost of living, women are working for pay outside of the household. Women hold positions in business - (e.g., Ferragamo, Lungarotti, Fendi) - in the government, at the universities.

But women often do not have gender equality. In a recent study by the World Economic Forum, Italy ranked #45 in the Gender Gap Index! Only Greece was lower in Europe, and both Bangladesh and Malaysia scored better in the five indices: equal pay for equal work; access to the labor market; representation of women in politics; access to education; and access to reproductive health care.

Italy is thus definitely not paradise for women, despite improvements. Women now have fewer children - Italy has the lowest birth rate in Europe, with one child per family now the norm. Abortion is legal in Italy.

So what would you prefer, as a woman in Italy, or as a foreigner living in Rome? The *burkha* or the *bella figura*?

* *Living Abroad in Italy* by John Moretti, September 2004. p. 42.

Based on Gretchen's description, which aspects do Italian women share with the women in your country, and what, on the other hand, are the most significant differences?

"Così si ritrova tempo per se stesse"
vademecum[1] per donne che lavorano

di VERA SCHIAVAZZI

ROMA - Meno perfezionismo. Meno ansia. E accettare l'idea che con una buona organizzazione in ufficio e un'altra in casa sia possibile *ricavare*[2] anche un po' di tempo per sé: per la palestra, la manicure, ma anche per l'amore o l'amicizia. *Un'ora sola io vorrei* è il manuale scritto a quattro mani dalla giornalista Cinzia Sasso e dalla manager Susanna Zucchelli che Sperling & Kupfer ha appena mandato in libreria.
Con un paio d'ore di rapida lettura si possono scoprire le 9 "regole d'oro" per vincere la *lotta*[3] con l'orologio, ma anche ridere almeno un paio di volte, riconoscersi e diventare più ottimiste. "Il nostro libro - scherza Zucchelli, unica donna italiana *alla guida di*[4] un aeroporto - è la risposta onesta al bestseller francese *Buongiorno pigrizia*. Purtroppo, o per fortuna, non possiamo permetterci di esse-

re davvero pigre, meglio dunque *venire a patti*[5] con la realtà".
E Cinzia Sasso, giornalista a *Repubblica* e autrice di una rubrica su *Affari & Finanza* che ogni settimana ospita il ritratto di un'italiana in carriera, aggiunge: "Siamo una generazione che non vuole rinunciare a nulla, tanto meno a una decente qualità della vita. Vogliamo lavorare ma anche *allevare*[6] i nostri figli. Così, chiacchierando con Susanna e scoprendo che, incredibilmente, riuscivamo

anche a trovare il tempo di una cena tra amiche, abbiamo pensato ad un piccolo manuale per donne "vere", compresi i piccoli *trucchi*[7] che possono essere utili a *far quadrare il cerchio*[8] delle nostre giornate sovraffollate".
Tra le righe, il vademecum induce all'ottimismo ma anche a un cambiamento culturale e collettivo. Se scrivere un buon progetto in due ore non è possibile, è meglio dirlo che non rispondere di sì e accettare che un risultato mediocre *ricada su di noi*[9]. Il segreto? Far accettare con un sorriso un modo di organizzare il lavoro diverso da quello maschile, e tendenzialmente anche più efficace. E non avere paura di sembrare ridicole se in ufficio *campeggia*[10] *una lavagnetta*[11] con le cinque cose più importanti: finire relazione, aggiornare mailing, riunione di direzione, dentista con Giulia, comprare biscotti.

[1] *guide book*
[2] *gain*
[3] *battle*
[4] *in charge of*
[5] *reach an agreement*
[6] *bring up*
[7] *tricks*
[8] *square the circle*
[9] *would be considered our fault*
[10] *is installed*
[11] *a small blackboard*

Would you buy this book if you were an Italian woman? Why?

■ L'ITALIA IN RETE

Alessandra Mussolini

Rita Levi Montalcini

Asia Argento

Choose one of these three very famous Italian women and search for information about them on the Web.
Report what you find to your classmates.

Appuntamenti

1 Parliamo - E tu cosa faresti?

Look at the photographs and discuss with a partner. Where would you like to go and what would you like to do?

2 Lettura - Che cosa si può fare in città?

a. Read about the things you can do in the city.

abbiamo scelto

a. **La coscienza di Zeno** di Italo Svevo. Regia di Marco Missironi.
Teatro Eliseo, Via Nazionale 183, tel. 06/ 488721. Botteghino: 10-13 e 16-19. Dal martedì al venerdì ore 20.45, sabato ore 17 e 20.45, domenica ore 17, lunedì riposo.

b. **Novecento**. Le vicende dell'arte e della storia del nostro paese in questo secolo, sono riassunte in questa mostra che espone una selezione di duecentocinquanta opere.
Scuderie Papali al Quirinale, Via XXIV Maggio 16; tel. 06/39967500. Orario: 12-19, venerdì e sabato: 10-23, chiuso il lunedì.

c. **Caffè Latino**, Via di Monte Testaccio 63, tel. 06/57288556 - ore 22 musica salsa.

d. **Piccola Lirica** (*teatro Flaiano*), ore 20.30. Puccini, *Manon Lescaut*, regista Rossana P. Siclari, adattamento Gianna Volpi.

e. **Accademia di S. Cecilia** (*Auditorium*), ore 21. Replica Oratorio *Le stagioni* di Haydn, direttore **W. Sawallisch**.

f. **Domani** di Francesca Archibugi, con Ornella Muti, Valerio Mastrandrea. Ai cinema **Filmstudio Uno** (16.30; 18.30; 20.30; 22.30) **Savoy** (16.00; 18.10; 20.20; 22.30).

TROVAROMA 9

(dal TrovaRoma, supplemento del quotidiano la Repubblica)

b. What is the ideal plan for the following people? Compare your answers with those of your partner.

1. Gianluca lavora fino alle 21.00. Ama il teatro e la musica sudamericana. Odia l'opera e la musica classica.

2. Francesca lavora fino alle 20.30. Non ama andare a teatro e si annoia nei musei, però adora l'opera e il cinema, in particolare i film italiani.

3. Maurizio lavora di notte in una discoteca. Non gli piace molto andare al cinema. È un amante del teatro e dell'arte contemporanea.

4. Cristina lavora sempre fino alle 19.30. Ama molto la musica classica, non ama andare al cinema e neanche all'opera.

3 Ascolto - Ti va di venire?

CD 58

a. Close the book, listen to the recording and discuss with a partner.

b. After you have listened to the recording, discuss with a partner:
- *What appointments do the two boys have?*
- *Do the two friends manage to agree to go out together?*

4 Riflettiamo - Ti va di venire...

a. Now write in the missing phrases, putting the words in column B in the correct order.
If you wish, you can ask the teacher to let you listen to the conversation again.

A	B
● Pronto? ■ Fabio, ciao, sono Paolo. ● Ah, Paolo, ciao come va? ■ Bene, bene. Senti,①	①sabato / hai / sera? / che / per/ programmi
● Perché? ■② .... di Jovanotti?	②va / concerto / Ti / di / venire / al
● Hmm, sabato sera veramente③ .... c'è la festa in facoltà, ti ricordi? ■ Senti, io sto facendo la fila per comprare i biglietti, se vuoi venire devi decidere subito.	③impegno / un / avrei
● Ma sì,④ .... Senti, quanto costa il biglietto? ■ Trenta euro. ● Però! E non ci sono riduzioni per gli studenti? ■ Fabio, guarda che ti sto chiamando con il cellulare ... ● Ah, sì, scusa ... no, Paolo, allora⑤	④Sì, / bene. / d'accordo. / va / sì,
.... in questo periodo sono al verde! ⑥ .... La festa è gratis!	⑤vengo, / dispiace, / ma / mi / non
	⑥tu / con / Perché / vieni / non / invece / me?

b. From the conversation, find the forms used by the two friends to...

make an invitation	refuse an invitation	accept an invitation	suggest something else

(margin: Appuntamenti)

(margin: 14)

5 Esercizio scritto - Ti va di...

Some expressions for making, accepting or refusing invitations are given below. Insert them into the table on the previous page at the correct places.

Che ne dici di andare ...?

Sì, volentieri.

Perché invece non andiamo al mare?

Perfetto!

Mi dispiace, ma ho già un appuntamento.

Buona idea!

Mi dispiace, ma non posso, devo lavorare.

No, dai, andiamo a teatro!

Veramente non mi va.

Hai voglia di andare al cinema?

Andiamo a Napoli sabato?

6 Esercizio orale - Inviti

Invite one of your classmates to do one of these things. The other person must accept or refuse based on the illustrations and explain why he/she cannot accept.

7 Riflettiamo - *Stare* più gerundio

a. Find these two phrases in the conversation from activity 3 and complete them with the missing verbs.

o Senti, io _____ _____ la fila per comprare i biglietti...
o Fabio, guarda che ti _____ _____ con il cellulare...

b. In these two phrases the present tense of the verb **stare** *is followed by a verb in the gerund form* (**gerundio**). *In your opinion, when is the present tense of* **stare** *followed by the gerund?*
....

c. Complete the table below inserting the -ing forms / gerunds which you have analyzed and try to fill in the blank spaces.

VERBI REGOLARI				VERBI IRREGOLARI	
Chiam**are**	Scriv**ere**	Part**ire**		**Di**re	**Fa**re
....	....	Partendo		Dicendo	....

8 Esercizio orale - In fila
Studente A

*Work with a partner. Student **A** looks at the illustration below and Student **B** looks at the one on the next page. Describe what the people are doing and find the nine differences between the two illustrations.*

Es: Studente A: Qui il ragazzo con la borsa, all'inizio della fila *sta parlando* al cellulare.
Studente B: Qui invece *sta bevendo* una coca cola.

Appuntamenti

14

Studente B

*Work with a partner. Student **B** looks at the illustration below and Student **A** looks at the illustration on the previous page. Describe what the people are doing and find the nine differences between the two illustrations.*

Es: Studente B: Qui il ragazzo con la borsa, all'inizio della fila *sta bevendo* una coca cola.
Studente A: Qui invece *sta parlando* al cellulare.

9 Ascolto - Come rimaniamo?
CD 59
a. Close the book. Listen to the recording and then discuss it with a partner.
b. Listen to the dialogue and answer the questions.

1. In quale giorno e a che ora si incontrano le due donne?

2. Dove si incontrano?

3. Come raggiungono il teatro?

c. Now number the phrases in the correct order. If you wish, you can ask your teacher to let you listen to the conversation again.

1: Allora, signora, come rimaniamo per domenica sera? Dove ci vediamo?

__: No, la macchina non ce l'ho, l'ho portata dal meccanico.

__: Certo.

__: Benissimo, allora a domenica.

__: Alle otto meno venti? Ma lo spettacolo comincia alle otto! Io direi di vederci un po' prima, dobbiamo ancora comprare i biglietti!

__: No, non c'è problema, prendo l'autobus, magari dopo se mi riaccompagna ...

__: Ah, perfetto allora. E senta, Lei viene in macchina?

__: Mah, davanti al teatro per Lei va bene?

__: Se vuole La vengo a prendere io.

__: Facciamo alle otto meno venti?

__: Sì, sì, va bene. E a che ora?

__: No, no, i biglietti li ho già presi io ieri.

13: Sì, a domenica.

10 Riflettiamo - L'accordo tra il pronome diretto e il participio passato G 9.2.2

Read the two phrases below and try to answer the questions.

> 1. No, no, i biglietti li ho già presi io ieri.
> 2. No, la macchina non ce l'ho, l'ho portata dal meccanico.

*The verbs in the **passato prossimo** are preceded by a pronoun.*

What type of pronoun is it? _____

What does it refer to? 1. _____ 2. _____

*What happens to the **passato prossimo** when it is preceded by this type of pronoun?*

_____

11 Esercizio orale - Hai già ...?

Here is a list of the things that you should have done this week. Choose 4 things that you have done. Your partner has to find out, with only 5 questions, what they are.

Es: comprare i biglietti per il teatro	■ Hai già comprato i biglietti per il teatro?
	▼ Sì, li ho già comprati.
	▼ No, mi dispiace, non li ho ancora comprati.

fissare l'appuntamento dal dottore   fare la spesa

prenotare il tavolo al ristorante   comprare gli spaghetti

chiamare la tua migliore amica   vedere il film

pulire i vetri   pagare le bollette del telefono

incontrare le tue sorelle   riparare la macchina

12 Parliamo - Mettiamoci d'accordo

You and your partner have decided to go out together. Decide where you will go and what you will do. Agree on the place and time you will meet, and how to get there.

13 Lettura - Le buone maniere

a. Read the following text.

Le buone maniere nei luoghi pubblici

Al cinema, a teatro, come in tutti i locali pubblici, il comportamento più corretto è quello che meno fa notare la nostra presenza. Quindi:

Al cinema:
◆ evitiamo commenti e battute. Se qualcuno parla durante il film, potete dirgli gentilmente di non disturbare.
◆ quando vediamo sullo schermo una città o un monumento che conosciamo, commentiamo dopo il film. Se volete proprio parlare con chi è con voi, gli dovete parlare a voce bassa.
◆ se vogliamo mangiare i popcorn, li dobbiamo mangiare senza fare troppo rumore: il rumore nel silenzio della sala è veramente fastidioso!
◆ cerchiamo di non tossire o starnutire; se siamo malati è meglio restare a casa.

A teatro:
◆ è d'obbligo arrivare puntuali, soprattutto per rispetto verso gli attori.
◆ dovete sempre sedervi nel posto scritto sul biglietto.
◆ se arriviamo tardi e le nostre poltrone sono già occupate, possiamo sederci in un posto libero e aspettare la pausa per riprendere i nostri posti.

Nei musei o nelle mostre:
◆ evitiamo di leggere la guida ad alta voce.
◆ non rimaniamo per ore davanti ai quadri più importanti; anche altre persone sono lì perché vogliono ammirarli come noi.

E inoltre:
i telefonini sono sicuramente utili, ma forse, nei luoghi pubblici, li possiamo spegnere per un paio di ore!

(riadattato da: B. Ronchi Della Rocca, "Si fa, Non si fa, Il piccolo galateo", Vallardi)

b. Underline in the text the phrases which correspond to the illustrations.

a.

b.

c.

d.

e.

14 Parliamo - Non sopporto ...

What kind of behaviour annoys you? Discuss in small groups.

15 Riflettiamo - Pronomi diretti, indiretti e riflessivi con i verbi servili ⒢ 9.6

a. *Find all the direct, indirect and reflexive pronouns in the text you have just read. How many are there?* _____

b. *Insert into the table below the phrases with the pronouns which you have found.*

PRONOMI DIRETTI	PRONOMI INDIRETTI	PRONOMI RIFLESSIVI
Li dobbiamo mangiare senza fare rumore		

c. *You already know that with the verbs in the infinitive the pronoun follows the verb. In this text however you can see that when the verb which precedes the infinitive is **potere**, **dovere** or **volere** the pronoun can take another position. Which one?*

....

16 Combinazioni - Posizione del pronome

Match the questions with the correct answers, as in the example.

Dove ci incontriamo?	No, non vogliamo	fare	un libro.
Cosa regali a Franca?	Ci possiamo	sederci	al cinema.
Dovete fare i compiti?	Le voglio	scrivergli	in questi posti.
Quando scrive al professore?	Gli vuole	incontrare	oggi pomeriggio.
Cosa regala Paola a Piero?	Voglio	invitarlo	martedì.
Quando scrivi a Giulia?	Possiamo	regalare	un CD.
Dove ci sediamo?	Sì, li dobbiamo	scrivere	alla nostra festa.
Invitate Pietro alla festa?	Deve	regalarle	più tardi.

17 Ascolto - Che serata!

D 60

a. Close the book. Listen to the recording and then discuss it with a partner.

b. Now listen one or more time to the dialogue and mark whether these statements are true or false.

	SÌ	NO
1. Durante il fine settimana Jo è stata a teatro con i suoi amici.	☐	☐
2. Prima di andare a teatro hanno bevuto un aperitivo a casa.	☐	☐
3. Sono andati a teatro con i mezzi pubblici.	☐	☐
4. Sono arrivati a teatro puntuali.	☐	☐
5. Durante la pausa hanno fumato una sigaretta.	☐	☐
6. Quando sono tornati hanno trovato le poltrone occupate.	☐	☐

18 Scriviamo - Una serata tremenda

Have you ever spent a "terrible evening"? Write a brief account of it.

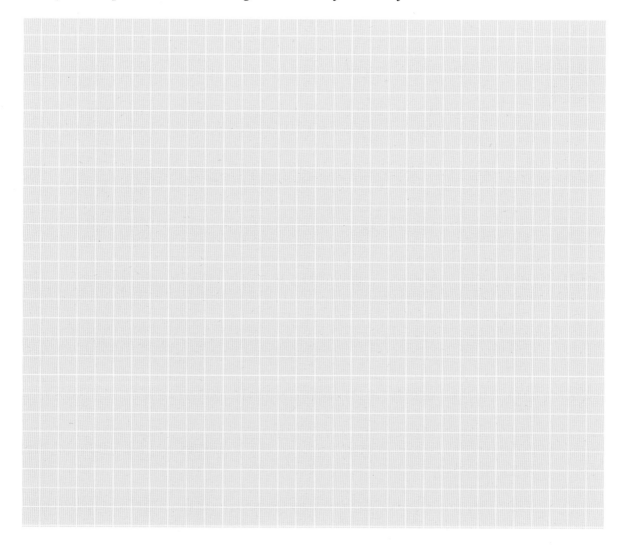

Caffè culturale

PER FARCI UN'IDEA

... INFLAZIONE, PERICOLI DI CONFLITTI ARMATI, TERRORISMO, SANITA', PENSIONI, SCUOLA.... MI SPIACE, MA HO ALTRI PROBLEMI PER LA TESTA A CUI PENSARE...!!

Work with a partner. Judging by these cartoons and what you already know about Italy, what importance do you think soccer has in the life of the average Italian?

CON OCCHI DI STRANIERO

Ralph T. *is English and has lived in Rome for three years. He teaches English at Siena University and is married to an Italian.*

Italian Football: The "beautiful" game.

"Calcio" is without doubt the national game. Calcio is everywhere, as one look at the graffiti plastered on the walls will show. Sunday is match day and during the afternoon I can hear the intermittent explosions of cheering and booing coming from the surrounding apartments. In our palazzo it's possible to accurately guess the score of the Roma game just by counting the number of cheers that burst from the windows. Even in the countryside there is no escape as the buzzing of the insects is constantly accompanied by tinny radio commentaries as fathers amble behind their families with transistor radios glued to their ears.

Then in the evening there are the TV shows. Zapping through the channels on a Sunday night it's hard to find anything but football. There are endless variations on the same theme - panels of special guests discussing the day's play, surrounded by the usual beautiful women who sit around smiling to the cameras (this is Italian TV after all). However, after several minutes of watching, it becomes apparent that the performances of the various teams is not the main issue. The topic of the often heated discussion is almost always the referee and his decisions. Slow motion replay after slow motion replay is studied to ascertain whether Del Piero was really offside or Vieri was fouled in the area.

Throughout the week, in the pink pages of "Gazzetta dello Sport", in the bars and the radio phone-ins, the arguments continue, fuelled by the Italian's love of conspiracy theory. How much did Berlusconi's Milan pay the referee? Are the Juve players on steroids?

And of course, this being Italy, fashion is never far away. No self-respecting Italian footballer appears on the field of play without an immaculately tailored football kit and his hair carefully styled. In the 2002 World Cup the Italians could be seen resplendent in their Kappa kits, so tight it seemed they had been sprayed on with a can of blue aerosol paint. However, being the best dressed team wasn't enough to win. Italy was knocked out by South Korea, which of course prompted the usual conspiracy theories about the referee...

However, having said all this Italian football is of a seriously high quality. It's tactical, skilful and stylish, and the chance to go to a Serie A game is not to be missed. The football, the spectacle and the atmosphere is second to none.

Work with a different partner. Which of Ralph's statements about soccer could also be applied to one or more sports in your country?

Il marito ama il calcio, lei per vendetta gli manomette[1] il decoder

È andato dalla polizia per il decoder televisivo che non funzionava mai, ma alla fine ha scoperto che era stata la moglie a manomettere continuamente l'*apparecchio*[2] perché non poteva più vedere i programmi preferiti e doveva subire le scelte del marito, che vedeva solo partite di calcio o programmi sportivi fino a sera tardi.

Più volte l'uomo, un professionista di Frosinone, si è rivolto ai tecnici della *ditta*[3] ma dopo le *riparazioni*[4] l'apparecchio continuava a non funzionare. Da quattro mesi la *parabola*[5] non *trasmetteva*[6] i segnali, così l'uomo ha deciso di denunciare la ditta alla polizia: si è recato in questura e ha raccontato la sua vicenda di *tifoso*[7] insoddisfatto. Intanto la moglie, che si trovava in una sala d'aspetto della questura, ha raccontato la verità. La donna ha confessato che era lei a manomettere il decoder, che funzionava regolarmente, perché *non riusciva più*[8] a vedere i programmi che le piacevano. Quando il marito l'ha saputo ha promesso alla moglie che avrebbe rispettato le sue scelte. E così tra la coppia quarantenne è tornata la pace televisiva.

[1] sabotages
[2] equipment
[3] company
[4] repairs
[5] satelite dish
[6] transmit
[7] soccer fan
[8] was no longer able

(notizie.tiscali.it)

a. *Work with a partner. Which of the two characters in the story do you sympathize with most? Why?*

b. *The article, published in the daily newspaper* La Repubblica *offers new ideas for understanding the role that soccer plays in interpersonal relationships in Italy. What is this role, in your opinion?*

■ L'ITALIA IN RETE

Would you like to become a fan of Italian soccer? Search on **www.google.it** *for news about these three soccer teams and choose one as your favourite team. Then find all the information necessary to go to the stadium and see the next match that your team is playing (where, times, ticket price etc.)*

Grammar section

The numbers in brackets refer to the Lessons of the Textbook.

1 Sounds and spelling • Suoni e scrittura

1.1 The alphabet • L'alfabeto (L1)

The Italian alphabet has 21 letters, + 5 letters which appear in foreign words or words of foreign origin.

a (a)	h (acca)	q (cu)	*Foreign letters:*
b (bi)	i (i)	r (erre)	j (i lunga)
c (ci)	l (elle)	s (esse)	k (cappa)
d (di)	m (emme)	t (ti)	w (doppia vu/vi)
e (e)	n (enne)	u (u)	x (ics)
f (effe)	o (o)	v (vi/vu)	y (ipsilon/i greca)
g (gi)	p (pi)	z (zeta)	

1.2 Pronunciation • La pronuncia (L1-7)

In Italian the words are basically pronounced as they are written. There are, however, some particular features.

	Pronunciation	Example			Pronunciation	Example
c (+ a,o,u) ch (+ e,i)	[k]	casa, colore, cuoco anche, chilo	*but*	c (+ e,i) ci (+ a,o,u)	[tʃ]	cena, città, ciao, cioccolata, ciuffo
g (+ a,o,u) gh (+ e,i)	[g]	Garda, gonna, gusto lunghe, ghiaccio	*but*	g (+ e,i) gi (+ a,o,u)	[dʒ]	gelato, Gigi, giacca, giusto, giornale
sc (+ a,o,u) sch (+ e,i)	[sk]	scarpa, sconto, scuola, schema, schiavo	*but*	sc (+ e,i) sci (+ a,o,u)	[ʃ]	scelta, sci, sciarpa, lascio, sciupare

	Pronunciation	Example
gl	[ʎ]	gli, biglietto, famiglia
gn	[ɲ]	disegnare, signora
h	silent	hotel, ho, hanno
qu	[kw]	quasi, quattro, questo
r	[r] resonant	riso, rosso, risposta

In the dipthongs (two vowels together) each vowel maintains more or less its own sound, that is, the vowels are pronounced separately, as for example in the words Europa *(e - u),* vieni *(i - e),* pausa *(a - u).*
Double consonants must be pronounced distinctly: vasetto, notte, valle, ufficio, troppo.

1.3 Stress/Accents • L'accento

In most Italian words the stress falls on the second to last syllable; however there are also some words with the stress on the third to last, fourth to last, or last syllable. The graphic accent is used only in words where the stress falls on the last syllable.

strada *(stress on the second to last syllable)*   telefonano *(stress on the fourth to last syllable)*
medico *(stress on the third to last syllable)*   città *(stress on the last syllable)*

In some cases the accent is used in single syllable words in order to distinguish them from identical single syllable words with a different meaning.

è *(verb* essere, *present tense, third person singular)*   e *(conjunction)*
dà *(verb* dare, *present tense, third person singular)*   da *(preposition)*
sì *(affirmative particle)*   si *(pronoun)*

1.4 Declarative and interrogative expressions • Proposizioni enunciative e interrogative

Sentence construction in Italian is the same in both declarative and interrogative expressions. The only difference is in the intonation of the sentence (which rises in the question).

Claudia è di Vienna.

Claudia è di Vienna?

2 Nouns • Il nome

2.1 Gender • Il genere (L2)

Nouns can be masculine or feminine.
Most nouns ending in -o are masculine and most of those ending in -a are feminine. Nouns which end in -e can be either masculine or feminine.

masculine	feminine
il libro	la casa
il signore	la pensione

There are also a few feminine nouns which end in -o: la mano, la radio, la moto, la fotografia, l'auto.
Similarly, sometimes masculine nouns end in -a: il cinema, il problema.
Nouns which end in a consonant are usually masculine: il bar, lo sport.

2.2 Number • Il numero (L2)

2.2.1 Plural nouns • La formazione del plurale (L2)
Masculine nouns ending in -o and in -e form the plural with -i.
Feminine nouns ending in -a form the plural with -e;
feminine nouns which end in -e form the plural with -i.

	singular	plural
masculine	il negozio	i negozi
	il ponte	i ponti
feminine	la casa	le case
	la notte	le notti

Masculine nouns which end in -a form the plural with -i.

	singular	plural
masculine	il problema	i problemi
	il turista	i turisti

*The feminine form **la turista** becomes **le turiste** in the plural.*

2.2.2 Irregular plural nouns • Particolarità nella formazione del plurale (L3)
All nouns which end with an accented syllable or with a consonant do not change in the plural. Also abbreviations such as la foto (fotografia), la bici (bicicletta), il cinema (cinematografo) *remain unchanged.*

	singular	plural
masculine	il caffè	i caffè
	il film	i film
	il cinema	i cinema
feminine	la città	le città
	la bici	le bici

Nouns which end in -ca/-ga form the plural with -che/-ghe.

l'ami**ca**	le ami**che**
la ri**ga**	le ri**ghe**

Nouns which end in -co/-go generally form the plural with -chi/-ghi, if they have the stress on the second last syllable.

exception

il tede̱sco	i tede̱s**chi**
l'albe̱rgo	gli albe̱r**ghi**

l'ami̱co	gli ami̱ci

Nouns which end in -co/-go with the stress on the third last syllable form the plural with -ci/-gi.

il me̱dico	i me̱di**ci**
l'aspa̱rago	gli aspa̱ra**gi**

Nouns which end in -cia/-gia form the plural with -ce/-ge when the consonants c or g are preceded by a consonant. When the consonants c or g are preceded by a vowel or when the letter -i- of the group cia *or* gia *is tonic, the nouns form the plural with -cie/-gie.*

la man**cia**	le man**ce**
la spiag**gia**	le spiag**ge**

la cami**cia**	le cami**cie**
la vali**gia**	le vali**gie**
la farma**cia**	le farma**cie**
l'aller**gia**	le aller**gie**

Nouns which end in -io usually form the plural with -i.

il negoz**io**	i negoz**i**
il viagg**io**	i viagg**i**

If the -i- of the ending -io is stressed, the -i- also remains in the plural.

lo z**io**	gli z**ii**

Irregular plurals

singular	plural
l'uovo	le uova
il paio	le paia

singular	plural
la mano	le mani
il dito	le dita

2.3 Proper nouns • Nomi propri (L3)

masculine	feminine
il commess**o**	la commess**a**
il bambin**o**	la bambin**a**

masculine	feminine
lo student**e**	la student**essa**
il tradutt**ore**	la tradutt**rice**

masculine	feminine
il colleg**a**	la colleg**a**
il turist**a**	la turist**a**

With nouns which refer to human beings the grammatical gender usually corresponds to the natural gender. In most cases the final masculine vowel is -o and the feminine is -a.

Some proper nouns which end in -e in the masculine, end in -essa in the feminine; nouns which end in -tore in the masculine end in -trice in the feminine.

However, in some cases there is only one form for masculine and feminine.

In Italian some professions, including architetto, avvocato, ingegnere, giudice *and* medico *are always masculine, even if actually referring to a woman.*

Paolo è un architett**o** famos**o**.   Maria è un architett**o** famos**o**.

3 Articles • L'articolo

The form of the definite and indefinite article always agrees with the gender and number of the noun to which it refers. It also changes according to the initial letter of the noun which follows.

3.1 Definite article • L'articolo determinativo (L2)

	masculine		feminine	
	singular	*plural*	*singular*	*plural*
before a consonant	**il** gelato	**i** gelati	**la** camera	**le** camere
before a vowel	**l'**amico	**gli** amici	**l'**amica	**le** amiche
before s + consonant	**lo** straniero	**gli** stranieri		
before z	**lo** zucchino	**gli** zucchini		
before ps	**lo** psicologo	**gli** psicologi		
before y	**lo** yogurt	**gli** yogurt		

3.2 Indefinite article • L'articolo indeterminativo (L2)

	masculine	feminine
	masculine	*feminine*
before a consonant	**un** gelato	**una** camera
before a vowel	**un** amico	**un'**amica
before s + consonant	**uno** straniero	
before z	**uno** zucchino	
before ps	**uno** psicologo	
before y	**uno** yogurt	

4 Adjectives • L'aggettivo

Adjectives agree in gender and number with the nouns to which they refer.

4.1 Adjectives ending in *o/a/i/e* • Aggettivi del primo tipo (L5)

	singular	*plural*
masculine	-o	-i
feminine	-a	-e

il museo famos**o**   i musei famos**i**
la chiesa famos**a**   le chiese famos**e**
il ristorante costos**o**   i ristoranti costos**i**
la pensione costos**a**   le pensioni costos**e**

As with nouns, adjectives which end in -ca form the plural with -che. Adjectives ending in -co form the plural with -chi, if the stress falls on the second last syllable and with -ci if the stress falls on the third last syllable.

chiesa anti**ca**	chiese anti**che**
trattoria tip**ica**	trattorie tip**iche**

palazzo anti**co**	palazzi anti**chi**
ristorante tip**ico**	ristoranti tip**ici**

4.2 Adjectives ending in *e/i* • Aggettivi del secondo tipo (L5)

	singular	*plural*
masculine and feminine	-e	-i

il museo interessant**e**   i musei interessant**i**
la chiesa interessant**e**   le chiese interessant**i**
il ristorante elegant**e**   i ristoranti elegant**i**
la pensione elegant**e**   le pensioni elegant**i**

4.3 Colors • I colori (L11)

Most colors behave like normal adjectives.

il cappotto ner**o**	i cappotti ner**i**
la gonna bian**ca**	le gonne bian**che**
il cappello verd**e**	i cappelli verd**i**

Some colors however do not change, for example, blu, rosa, viola *and* beige.

un impermeabile blu
una gonna blu
i jeans blu
le camicie blu

4.4 Position of adjectives • Posizione dell'aggettivo

In Italian the adjective usually follows the noun.

una città **tranquilla**
una giacca **verde**
un ragazzo **francese**

Some short, very commonly used adjectives go before the noun.

È una **bella** macchina.

Some adjectives have a different meaning depending on their position.

un **caro** bambino (un bambino buono)
una macchina **cara** (una macchina costosa)

5 Comparative and superlative adjectives • Gradi dell'aggettivo
5.1 Comparatives • Il comparativo (L13)
5.1.1 Comparatives *più/meno* • Il comparativo di maggioranza e di minoranza (L13)

Comparatives are formed with **più** + *adjective, or with* **meno** + *adjective. The second term of comparison is introduced by the preposition* **di**, *either simple or with the article.*

Questi pantaloni sono **eleganti**.

Questi pantaloni sono **<u>più</u> eleganti <u>di</u>** quelli.

I jeans sono **<u>meno</u> eleganti <u>dei</u>** pantaloni.

5.1.2 Comparatives *tanto/quanto, così/come* • Il comparativo di uguaglianza (L13)

Comparatives of equality are formed with the adverb **come** *or the adverb* **quanto** *between the adjective and the second term of comparison.*

Franca è **simpatica <u>come</u>** Lucia.

Luigi è **alto <u>quanto</u>** me.

5.2 Absolute superlative • Il superlativo assoluto (L13)

The absolute superlative expresses the highest degree of a quality. It is formed with **molto** *(which does not change!) + the adjective or by adding* -issimo/-issima/-issimi/-issime *at the root of the adjective. In this case adjectives which end in* -e *take the ending* -o *for the masculine and* -a *for the feminine (*elegante - elegantissimo*).*

masculine	
molto tranquill**o**	tranquill**issimo**
molto interessant**e**	interessant**issimo**

feminine	
molto tranquill**a**	tranquill**issima**
molto interessant**e**	interessant**issima**

With adjectives ending in -co *and* -go, *an* -h-, *is inserted and thus the pronunciation remains the same.*

Ho poc**h**issimi vestiti.

Il viaggio è stato lung**h**issimo.

6 Demonstrative adjectives and pronouns • I dimostrativi

Demonstratives can be adjectives or pronouns.

Demonstrative adjectives accompany nouns, demonstrative pronouns replace nouns. Demonstrative adjectives and pronouns agree in gender and number with the word to which they refer.

Questa macchina è molto bella. (*demonstrative adjective*)	**Questa** invece no. (*demonstrative pronoun*)

6.1 *Questo* and *quello* • *Questo e quello* (L2)

Questo *refers to people or things which are near to the person speaking.*
Quello *refers to people or things which are at a distance from the person speaking.*

Questo *demonstrative adjective*	Questo *demonstrative pronoun*	Quello *demonstrative pronoun*
Questo vestito è stretto.	Questo è Giovanni.	Quello è Giovanni.
Questa casa è cara.	Questa è Maria.	Quella è Maria.
Questi panini sono buoni.	Questi sono Giovanni e Marco.	Quelli sono Giovanni e Marco.
Queste paste sono alla crema.	Queste sono Maria e Anna.	Quelle sono Maria e Anna.

6.2 Demonstrative adjective *quello* • Forme dell'aggettivo dimostrativo *quello* (L11)

The demonstrative adjective **quello** *changes depending on the initial letter of the noun which follows. Its endings are similar to many forms of the definite article.*

	masculine		feminine	
	singular	*plural*	*singular*	*plural*
before a consonant	**quel** gelato	**quei** gelati	**quella** camera	**quelle** camere
before a vowel	**quell'**amico	**quegli** amici	**quell'**amica	**quelle** amiche
before s + *consonant,* z, ps *and* y	**quello** straniero **quello** zucchino	**quegli** stranieri **quegli** zucchini		

7 Verbs • Il verbo

Regular verbs are divided into three conjugations: infinitives of verbs which end in -are *(1st conjugation),* -ere *(2nd conjugation), and* -ire *(3rd conjugation).*

7.1 *Presente indicativo* (Present tense) • Il presente indicativo

7.1.1 Regular verbs - Verbi regolari (L1-5)

		-are	-ere	-ire	
		abit**are**	prend**ere**	dorm**ire**	cap**ire**
singular	*first person*	abit**o**	prend**o**	dorm**o**	cap**isco**
	second person	abit**i**	prend**i**	dorm**i**	cap**isci**
	third person	abit**a**	prend**e**	dorm**e**	cap**isce**
plural	*first person*	abit**iamo**	prend**iamo**	dorm**iamo**	cap**iamo**
	second person	abit**ate**	prend**ete**	dorm**ite**	cap**ite**
	third person	abit**ano**	prend**ono**	dorm**ono**	cap**iscono**

The endings -o, -i, -iamo *are the same for all three conjugations.*
The third person singular is used also in formal address: Dove abit**a**?
In the first and second persons plural and in the infinitive the stress falls on the second last syllable:
abit**a**re, abiti**a**mo, abit**a**te.

In the other cases the stress follows the first person singular: a̱bito, a̱biti, a̱bita, a̱bitano.
There are many verbs which are conjugated in the same way as **capire**. *The most common are:* finire, preferire, pulire, spedire.

7.1.2 Verbs ending in *-care/-gare*, *-ciare/-giare*, *-gere* and *-scere* • Verbi in *-care/-gare*, *-ciare/-giare*, *-gere* e *-scere*

		gio**care**	pa**gare**
singular	*1st person*	gioco	pago
	2nd person	giochi	paghi
	3rd person	gioca	paga
plural	*1st person*	giochiamo	paghiamo
	2nd person	giocate	pagate
	3rd person	giocano	pagano

comin**ciare**	man**giare**
comincio	mangio
cominci	mangi
comincia	mangia
cominciamo	mangiamo
cominciate	mangiate
cominciano	mangiano

leg**gere**	cono**scere**
leggo	conosco
leggi	conosci
legge	conosce
leggiamo	conosciamo
leggete	conoscete
leggono	conoscono

With verbs which end in -care/-gare, in the second person singular and the first person plural an -h- is placed between the c/g and -are; thus the pronunciation remains the same.
In verbs which end in -ciare/-giare, the -i- of the root word and the -i- of the ending are united, so that the forms of the second person singular and the first person plural have only one -i-.
In verbs which end in -gere and -scere the pronunciation of the g and the sc changes when the vowel which follows is o or e/i: leggo [-go], leggi [dʒi], conosco [-ko], conosci [-ʃi].

7.2 *Presente indicativo* - Irregular verbs • Presente indicativo - Verbi irregolari (L1-5)

		andare	avere	bere	dare	dire	essere
singular	*1st person*	vado	ho	bevo	do	dico	sono
	2nd person	vai	hai	bevi	dai	dici	sei
	3rd person	va	ha	beve	dà	dice	è
plural	*1st person*	andiamo	abbiamo	beviamo	diamo	diciamo	siamo
	2nd person	andate	avete	bevete	date	dite	siete
	3rd person	vanno	hanno	bevono	danno	dicono	sono

		fare	rimanere	scegliere	stare	uscire	venire
singular	*1st person*	faccio	rimango	scelgo	sto	esco	vengo
	2nd person	fai	rimani	scegli	stai	esci	vieni
	3rd person	fa	rimane	sceglie	sta	esce	viene
plural	*1st person*	facciamo	rimaniamo	scegliamo	stiamo	usciamo	veniamo
	2nd person	fate	rimanete	scegliete	state	uscite	venite
	3rd person	fanno	rimangono	scelgono	stanno	escono	vengono

7.3 Present progressive • Presente indicativo - Forma progressiva (L14)

Italian also has a progressive form of the present tense which is used to express an action which is underway at the time of speaking. The progressive form in Italian uses the verb **stare** *together with the* **gerund** *of the verb that you wish to use.*

Sto andando a lezione. *(I am going to class)*   Livia sta leggendo il giornale. *(Livia is reading the newspaper)*
Anna e Sergio stanno dormendo. *(Anna and Sergio are sleeping)*

-are	-ere	-ire	
and**are**	prend**ere**	dorm**ire**	cap**ire**
and**ando**	prend**endo**	dorm**endo**	cap**endo**

irregular verbs		
bere	dire	fare
bevendo	dicendo	facendo

Important! *In Italian, the progressive form of the present tense is* **__not__** *used to talk about future actions.*

7.4 *Piacere* • Il verbo *piacere* (L4)

Differently from other languages, in Italian when we use the verb **piacere** *the subject of the sentence is not the person who has the feeling, but the thing (or the person) which provokes the feeling. Therefore, when* **piacere** *is followed by a singular noun, it is conjugated in the third person singular; when the noun which follows it is plural, the verb* **piacere** *is conjugated in the third person plural. The person who has the feeling is expressed by an indirect object.*

Ti <u>piace</u> **questa musica?**

Mi <u>piace</u> **la pizza.**

singular subject

Le <u>piacciono</u> **tutti i libri.**

Non mi <u>piacciono</u> **i gamberi.**

plural subject

When the verb **piacere** *is followed by another verb, the latter is left in the infinitive and the verb* **piacere** *is conjugated in the third person singular.*

    Mi <u>piace</u> **leggere**. *(infinitive)*

Even if the third persons of the verb **piacere** *are most used, the verb does have a complete conjugation. The first and second person are used when the people who are speaking or of whom we are speaking are the persons to cause the feeling.*

    Mi piaci molto. *(I like you a lot)*

    Non gli piacciamo. *(They don't like us)*

		piacere
singular	1st person	piaccio
	2nd person	piaci
	3rd person	piace
plural	1st person	piacciamo
	2nd person	piacete
	3rd person	piacciono

7.5 *C'è, ci sono* • *C'è, ci sono* (L5)

C'è *and* **ci sono** *are the two forms of the verb* esserci. **C'è** *is used with singular nouns and* **ci sono** *with plural nouns.*

    C'è un parcheggio qui vicino?   **Ci sono** due/delle camere libere per domani?

7.6 *Sapere* and *conoscere* • Il verbo *sapere* e il verbo *conoscere* (L4)

The verbs **sapere** *and* **conoscere** *are both translated into English as "to know", but in Italian they generally have different uses.*

7.6.1 *Conoscere* • Uso del verbo *conoscere* (L4)

The regular verb **conoscere** *is always used with a direct object:*

    Conosco New York.

    Conosci un buon ristorante giapponese?

    I miei genitori non conoscono Giovanni.

    Mio fratello conosce molti film italiani.

7.6.2 Sapere • Forme e uso del verbo *sapere* (L4)

The verb **sapere**, *which is irregular in the* presente indicativo, *is generally followed by a phrase:*

Sai dove vanno in vacanza?

So chi è il presidente italiano.

Maria non sa perché non siamo andati alla festa.

Sapete qual è la macchina di Vincenzo?

		sapere
singular	1st person	so
	2nd person	sai
	3rd person	sa
plural	1st person	sappiamo
	2nd person	sapete
	3rd person	sanno

The verb **sapere** *can also have a direct object when it means "to have knowledge acquired through study and information":*

So il francese.

Sapete molte cose sull'Italia.

Finally **sapere** *is used followed by another verb in the infinitive in the sense of "to be able to":*

Franco sa suonare il piano.

Non so giocare a tennis.

7.7 Modal verbs *dovere, potere, volere* • I verbi servili (L6)

The modal verbs **dovere**, **potere** *and* **volere** *are followed by another verb in the infinitive to which they give a sense of necessity (dovere), possibility (potere) or willingness (volere). For all three verbs, the forms of the* presente indicativo *are irregular.*

Devo lavorare tutto il fine settimana.

Non possiamo venire a cena domani sera.

Renzo vuole comprare una casa a Venezia.

		dovere	potere	volere
singular	1st person	devo	posso	voglio
	2nd person	devi	puoi	vuoi
	3rd person	deve	può	vuole
plural	1st person	dobbiamo	possiamo	vogliamo
	2nd person	dovete	potete	volete
	3rd person	devono	possono	vogliono

7.8 Reflexive verbs - *Presente indicativo* • I verbi riflessivi - Presente indicativo *(L8)*

Reflexive verbs are conjugated like normal verbs preceded by the reflexive pronoun. Reflexive verbs describe:

- *an action in which the subject and the object are the same;*

Lavo la macchina. (*not reflexive*)   Mi lavo. (*reflexive*)

- *a reciprocal action, this type of verb would be translated into English with the expression "each other".*

Carlo scrive un libro. (*not reflexive*)   Carlo e Pia si scrivono molte lettere. (*reflexive*)

		riposar**si**	perder**si**	vestir**si**
singular	1st person	**mi** riposo	**mi** perdo	**mi** vesto
	2nd person	**ti** riposi	**ti** perdi	**ti** vesti
	3rd person	**si** riposa	**si** perde	**si** veste
plural	1st person	**ci** riposiamo	**ci** perdiamo	**ci** vestiamo
	2nd person	**vi** riposate	**vi** perdete	**vi** vestite
	3rd person	**si** riposano	**si** perdono	**si** vestono

The negation **non** *comes before the reflexive pronoun.*

Domani **non mi** alzo presto.

7.9 *Passato prossimo* (Past tense) • Il passato prossimo (L7-13-14)

7.9.1 Regular conjugation • Formazione del passato prossimo (L7)

*The **passato prossimo** is a compound tense, that is, a tense formed with two words: the first word is the presente indicativo of **avere** or **essere** (auxilliary verbs), the second word is the past participle of the verb.*

studiare	➔	**ho** studi**ato**
andare	➔	**siamo** and**ati**

The past participle of regular verbs ending in -are is formed with the ending -ato, verbs which end in -ere have the past participle ending in -uto, verbs ending in -ire have the past participle ending in -ito.

mangi**are**	➔	mangi**ato**
av**ere**	➔	av**uto**
part**ire**	➔	part**ito**

*The negation **non** comes before the auxilliary verb.*
The past participle always follows the auxilliary verb.

Davide **non** ha mangiato.
Non sono uscito ieri sera.

7.9.2 Irregular past participles • Verbi con participio passato irregolare (L7)

Many verbs, especially those which end in -ere, have an irregular past participle.

aprire	ho **aperto**		fare	ho **fatto**		rompere	ho **rotto**
bere	ho **bevuto**		leggere	ho **letto**		scegliere	ho **scelto**
chiedere	ho **chiesto**		mettere	ho **messo**		scendere	sono **sceso/-a**
chiudere	ho **chiuso**		morire	è **morto/-a**		scrivere	ho **scritto**
correre	ho **corso**		nascere	è **nato/-a**		spendere	ho **speso**
decidere	ho **deciso**		perdere	ho **perso**		vedere	ho **visto**
dire	ho **detto**		prendere	ho **preso**		venire	sono **venuto/-a**
discutere	ho **discusso**		rimanere	sono **rimasto/-a**		vincere	ho **vinto**
essere	sono **stato/-a**		rispondere	sono **stato/-a**		vivere	ho **vissuto**

7.9.3 Auxilliary verbs: *essere* or *avere*? • Scelta del verbo ausiliare: *essere* o *avere*? (L7)

*When the auxilliary is **avere**, the past participle does not change.*

avere	past participle	avere	past participle
ho	mangiato	abbiamo	mangiato
hai	mangiato	avete	mangiato
ha	mangiato	hanno	mangiato

Dario ha mangia**to** la pasta.
Daniela ha mangia**to** la pizza.
Dario e Daniela hanno mangia**to** in pizzeria.
Daniela e Maria hanno mangia**to** al ristorante.

*The auxilliary **avere** is used:*
- with all transitive verbs, that is, the verbs which can take a direct object
　Ho mangiato **la pizza**.
　Mario ha studiato **filosofia**.
　Abbiamo visitato **il museo**.

- with some intransitive verbs, that is, verbs which cannot take a direct object. Some verbs of movement such as camminare, nuotare, passeggiare, sciare *and* viaggiare *form the* passato prossimo *with* **avere**

Davide ha litigato con la sua ragazza.
Ho passeggiato nel parco.
Anna ha camminato tutto il giorno.

When the auxilliary is **essere**, *the past participle agrees in gender and number with the subject.*

essere	past participle	essere	past participle
sono	andato/-a	siamo	andati/-e
sei	andato/-a	siete	andati/-e
è	andato/-a	sono	andati/-e

Dario è andat**o** a Stromboli.
Daniela è andat**a** a Bolzano.
Dario e Daniela sono andat**i** in vacanza.
Daniela e Maria sono andat**e** al lavoro.

The auxilliary essere *is used:*

- with many intransitive verbs, in particular verbs which express <u>movement</u> *(*andare, venire, entrare, uscire, arrivare, partire, tornare…*),* <u>state</u> *(*essere, stare, rimanere…*) and* <u>change</u> *(*diventare, nascere, morire, crescere…*)*

Elena è andata in Canada.
Siamo stati a Roma.
Giorgio è nato nel 1970.

- with reflexive verbs (L9)	*- with the verb* piacere
Mi sono alzato alle 7.	La mostra mi **è piaciuta** molto.
Teresa si è sposata a maggio.	Gli **sono piaciuti** i tuoi disegni?

7.9.4 *Essere* and *avere* with *cominciare* and *finire* • Scelta dell'ausiliare *avere* o *essere* con i verbi *cominciare* e *finire* (L13)
Some verbs, such as **cominciare** *and* **finire**, *form the* passato prossimo *with* avere *or with* essere, *depending on the whether the use is transitive or intransitive.*

Ho cominciato il corso d'italiano.	Federica **ha finito** l'università.
Tullio **ha cominciato** a studiare.	**Ho finito** di leggere il libro.
Il corso **è cominciato** lunedì.	Il concerto **è finito** tardi.

7.9.5 *Essere* and *avere* with modal verbs • Scelta dell'ausiliare *avere* o *essere* con i verbi servili (L14)
The modal verbs dovere, potere *and* volere *followed by the infinitive can form the* passato prossimo *with* avere *or with* essere, *depending on the auxilliary required by the verb in the infinitive which follows them.*

Stefano **ha** dovuto **vendere** la moto.	Stefano **è** dovuto **tornare** a casa.
Non **ho** potuto **studiare** ieri.	Non **sono** potuto **andare** al cinema.
Hanno voluto **mangiare** al ristorante.	**Sono** volute **uscire**.

7.10 Imperfetto (*Imperfect*) • L'imperfetto (L12)
7.10.1 Regular conjugation • Coniugazione regolare (L12)

		-are	-ere	-ire	
		parlare	vivere	dormire	preferire
singular	1st person	parlavo	vivevo	dormivo	preferivo
	2nd person	parlavi	vivevi	dormivi	preferivi
	3rd person	parlava	viveva	dormiva	preferiva
plural	1st person	parlavamo	vivevamo	dormivamo	preferivamo
	2nd person	parlavate	vivevate	dormivate	preferivate
	3rd person	parlavano	vivevano	dormivano	preferivano

7.10.2 Irregular conjugation • Verbi con coniugazione irregolare (L12)

		essere	bere	dire	fare
singular	1st person	ero	bevevo	dicevo	facevo
	2nd person	eri	bevevi	dicevi	facevi
	3rd person	era	beveva	diceva	faceva
plural	1st person	eravamo	bevevamo	dicevamo	facevamo
	2nd person	eravate	bevevate	dicevate	facevate
	3rd person	erano	bevevano	dicevano	facevano

7.10.3 Use of the *imperfetto* • Uso dell'imperfetto (L12)

The **imperfetto** *is used for:*

- talking about habitual past actions
   Da bambina **andavo** spesso in montagna.

- to describe features of people or objects
   Mia nonna **era** molto bella.   Il treno **era** molto lento.

- past situations
   Alla festa **c'era** molta gente.

The imperfetto *is often used with the time expressions* **normalmente** *and* **di solito**
   Normalmente d'estate andavo al mare.   **Di solito** la sera andavamo a ballare.

7.10.4 Use of the *passato prossimo* and of the *imperfetto* • Uso del passato prossimo e dell'imperfetto (L12)

passato prossimo	imperfetto

The passato prossimo *is used to express a completed action in the past.*
   Ieri sera **siamo andati** al cinema.
   Ho abitato a Londra per cinque anni.
	The imperfetto, *on the other hand, expresses a past situation of indeterminate duration.*
	   In quel periodo **avevo** molti amici.
	   I miei nonni **abitavano** in campagna.

The passato prossimo *is used to express an action which happened once or a certain number of times.*
   Martedì **siamo tornati** tardi.
   Sono stato a Shangai molte volte.
	The imperfetto *describes a habitual action or an action which was regularly repeated.*
	   Normalmente **tornavamo** presto.
	   Studiavamo sempre il pomeriggio.

When we talk about several actions in the past, we use:
- *the* **passato prossimo** *to talk about events which occurred in sequence, one after the other.*
  Sono uscito di casa, ho comprato un giornale e sono andato al bar.

- *the* **imperfetto** *to speak of a series of events which happened at the same time and of indefinite duration.*
  Mentre guidavo, Sergio controllava la cartina.

- *the* **imperfetto** *and the* **passato prossimo** *if an action was not yet finished when another began; the first goes in the* imperfetto, *the next one in the* passato prossimo.
  Mentre leggevo, è entrata una ragazza.

When we talk about actions in the past, the conjunction **mentre** *is always followed by the* imperfetto.

7.11 *Condizionale presente* (Present conditional) • Il condizionale presente (L11-13)
7.11.1 Regular conjugation • Coniugazione regolare (L11-13)
In general the verbs which form the **condizionale presente** *in a regular manner all use the same ending combined with the root of each conjugation. The root of the verb is obtained by removing the final -e from the infinitive. For verbs which end in -are the vowel -a of the infinitive changes to -e.*

		parlare	vendere	dormire	preferire
singular	1st person	parler**ei**	vender**ei**	dormir**ei**	preferir**ei**
	2nd person	parler**esti**	vender**esti**	dormir**esti**	preferir**esti**
	3rd person	parler**ebbe**	vender**ebbe**	dormir**ebbe**	preferir**ebbe**
plural	1st person	parler**emmo**	vender**emmo**	dormir**emmo**	preferir**emmo**
	2nd person	parler**este**	vender**este**	dormir**este**	preferir**este**
	3rd person	parler**ebbero**	vender**ebbero**	dormir**ebbero**	preferir**ebbero**

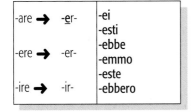

The following verbs are exceptions to this rule:
dare ➜darei; fare ➜farei; stare ➜starei

Verbs ending in -care *and* -gare *add an* -h- *before the ending:*
*cercare ➜cerc**h**erei; pagare ➜pag**h**erei*

Verbs ending in -ciare *and* -giare *lose the* -i-:
*cominc**i**are ➜comincerei; mang**i**are ➜mangerei*

7.11.2 Irregular conjugation • Verbi con coniugazione irregolare (L11-13)
The verbs which form the condizionale presente *in an irregular manner use the same endings as regular verbs, it is the root of the verb which is irregular.*

	avr**ei**
	avr**esti**
avere ➜ avr-**ei** ➜	avr**ebbe**
	avr**emmo**
	avr**este**
	avr**ebbero**

avere	avr-	
andare	and-	-ei
cadere	cadr-	
dovere	dovr-	-esti
essere	sar-	
potere	potr-	-ebbe
sapere	sapr-	
vedere	vedr-	-emmo
vivere	vivr-	
rimanere	rimar-	-este
tenere	terr-	
venire	verr-	-ebbero
volere	vorr-	

7.11.3 Uses of the *condizionale presente* • Usi del condizionale presente (L11-13)
The condizionale presente is used for:

- *expressing a possibility or supposition*
  Pensi che verrebbe con noi?
- *expressing wishes*
  Vorrei fare un corso di spagnolo.
- *making a polite request for something*
  Mi darebbe una mano?

- *giving advice*
  Dovrebbe smettere di fumare.
- *making a suggestion*
  Potremmo andare al cinema!

8 Prepositions • Le preposizioni

8.1 Prepositions - Simple • Preposizioni semplici (L3-5)
Simple prepositions are words which do not change and which connect the elements of a sentence.
The simple prepositions in Italian are: di, a, da, in, con, su, per, tra/fra.

8.2 Prepositions with articles • Preposizioni articolate (L6)
The prepositions di, a, da, in, su *can be combined with the definite article to form a single word.*
In that event they are called **preposizioni articolate**.

+	il	lo	l'	la	i	gli	le
di	del	dello	dell'	della	dei	degli	delle
a	al	allo	all'	alla	ai	agli	alle
da	dal	dallo	dall'	dalla	dai	dagli	dalle
in	nel	nello	nell'	nella	nei	negli	nelle
su	sul	sullo	sull'	sulla	sui	sugli	sulle

8.3 Use of prepositions • Quadro sintetico delle funzioni e dell'uso delle preposizioni
Prepositions can express a large variety of meanings and functions.
The most frequent uses of all the prepositions are summarized below.

8.3.1 Preposition **a** • La preposizione **a**

Space - Indicates the place or the town where one is or where one is going
Sto **a** Firenze.   Sono **a** scuola.
Vado **al** cinema.   Vado **a** Parigi.

Space - Indicates the distance required to reach a place
La casa è **a** 50 metri dal mare.

Introduces an indirect object
Ho scritto **a** mia madre.

Time - Indicates a moment in the future
Alle due / **A** mezzanotte.
A più tardi! / **A** domani!

Indicates how something is prepared
Tè **al** limone   Spaghetti **al** pomodoro

In combination with some verbs
Adesso comincio **a** studiare.

8.3.2 Preposition **di** • La preposizione **di**

Space - Indicates the town of origin, used with the verb essere
Sei **di** qui? - No, sono **di** Ferrara.

Specification
Il figlio **di** Franco   Gli orari **dei** negozi

Time - Indicates the parts of the day or days of the week
Di mattina / **Di** sera / **Di** domenica

Indicates an indefinite quantity (di+article) (L10)
Vorrei **del** salame e **della** mozzarella.
(Vorrei un po' di salame e un po' di mozzarella.)

Material /Content - Indicates the material or the content of an object
Una cravatta **di** seta   Una bottiglia **di** vino

Indicates a comparison between two people or things
Edoardo è più piccolo **di** Piero.
Il Po è più lungo **dell'**Adige.

In combination with some verbs
Finisco **di** lavorare alle 18:00.

8.3.3 Preposition da • La preposizione da
Space - Indicates the place where one is or where one is going (only with names of people)
Sono **dal** dottore.
Domani vado **da** una mia amica.

Time - Indicates a period which started in the past and continues up to the present
Lavoro qui **da** cinque anni.

Space - Indicates the place of provenance or departure
Da dove viene? – **Da** Roma.
Il treno **da** Milano

Time - Indicates when a period of time begins
Da lunedì comincio un nuovo lavoro.
Lavoro **da** lunedì a sabato.
Lavoro **dalle** 8 alle 17.

8.3.4 Preposition in • La preposizione in
Space - Indicates the place, the country or the region where one is or where one is going
Sono **in** Italia, **in** Sicilia.
Sono **in** banca.
Vado **in** un agriturismo **in** Toscana.
Vado **in** vacanza **in** Germania.

Indicates a means of transport
Vai **in** treno o **in** macchina?

8.3.5 Preposition con • La preposizione con
Indicates with whom one does something
Esci sempre **con** gli amici?

Indicates the means by which something is done or a means of transport
Paga **con** la carta di credito?
Parto **con** la macchina.

Indicates what a thing or a person is like
Per me un cornetto **con** la marmellata.
Una ragazza **con** gli occhi blu

8.3.6 Preposition su • La preposizione su
Space - Indicates the place where one is or where one is going
Sono **sul** treno.
Salgo **sull'**autobus.
Navigo **su** Internet.

Indicates the subject of something
Vorrei un libro **sulla** Toscana.
È un film **su** Cristoforo Colombo.

8.3.7 Preposition per • La preposizione per
Space - Indicates the destination
Domani parto **per** la Svezia.
Un treno **per** Milano

Indicates for whom one does something
Ho comprato un regalo **per** Paolo.

Time - Indicates the duration of an action
Per quanto tempo resta qui?
Posso restare qui solo **per** un'ora.

Indicates for what reason or aim one does something
Siamo qui **per** visitare la città.
Sono qui **per** motivi di lavoro.

8.3.8 Preposition fra/tra • La preposizione fra/tra
Space - Indicates where something is found
La chiesa è **fra** il museo e il teatro.

Time - Indicates after how long something happens
Il corso d'italiano finisce **tra** due mesi.

8.4 Other prepositions • Altre preposizioni

dietro (behind)	Dietro la stazione c'è una chiesa.
dopo (after)	Torno a casa dopo le dodici.
durante (during)	Durante le vacanze mi riposo.

senza (without)	Un'aranciata senza ghiaccio.
sopra (above)	La temperatura è sopra la media.
sotto (under)	Sotto il cappotto porta un vestito blu.
verso (towards)	Vengo verso le nove.

8.5 Idiomatic uses of prepositions • Preposizioni improprie (L5)

accanto a (next to)	La stazione è accanto al bar.
di fronte a (opposite)	Abitiamo di fronte alla stazione.
davanti a (in front of)	Davanti alla posta c'è una cabina telefonica.
fino a (until)	Resto fuori fino alle due. Lei va fino alla stazione.

in mezzo a (in the middle of)	In mezzo alla piazza c'è una fontana.
insieme a (with)	Oggi esco insieme a un amico.
prima di (before)	Vengo prima della lezione.
oltre a (as well as)	Oltre al pane compra del latte.
vicino a (near)	Abito vicino all'ospedale.

9 Pronouns • I pronomi personali
9.1 Subject pronouns • I pronomi soggetto

In general, in Italian, personal subject pronouns such as io, tu.... are not used because the indication of the person is already present in the verb.

Subject pronouns are used only when we want to stress the person or where the verb is missing.
> **Io** sono di Genova. E **tu**?

In formal address we use the third person feminine Lei. The formal pronoun Lei is used both when speaking to a man or to a woman.
> Signor Ruiz, **Lei è** spagnolo?
> Signora Bianchi, **Lei** di dove **è**?

When speaking to two or more people usually the second person plural voi is used, also in the polite form (in very formal situations the third person plural Loro can be used).

singular		plural	
1st person	io	1st person	noi
2nd person	tu	2nd person	voi
3rd person masculine	lui	3rd person masculine	loro
3rd person feminine	lei	3rd person feminine	loro
3rd person formal	Lei		

Grammar

9.2 Direct object pronouns • I pronomi diretti

9.2.1 Forms and use • Forme e uso (L10)

Direct object pronouns replace the object or the person we are referring to.

singular		plural	
1st person	mi	*1st person*	ci
2nd person	ti	*2nd person*	vi
3rd person masculine	lo	*3rd person masculine*	li
3rd person feminine	la	*3rd person feminine*	le
3rd person formal	La		

Direct object pronouns always go before the verb.
The pronouns lo, la, li *and* le *agree with the gender and the number of the noun they replace.*

Quando vedi **Mario**?   Quando vedi **Maria**?
Lo incontro domani.   **La** incontro domani.

Quando vedi **i colleghi**?   Quando vedi **le colleghe**?
Li incontro domani.   **Le** incontro domani.

Before a vowel or the letter **-h** *singular pronouns take the apostrophe.*
Plural pronouns li *and* le *never take the apostrophe.*

Lo aiuto➔L'aiuto   La ho➔L'ho
Hai letto il giornale? - No, non **l'ho** letto.   Ascolti musica classica? - Si, **l'**ascolto spesso.

Lo *can also replace a phrase.*

Dov'è Mario? - Non **lo** so. (= non so **dov'è Mario**).

9.2.2 Agreement • Accordo del participio passato con i pronomi diretti (L14)

When the passato prossimo *is preceded by the direct object pronouns* lo, la, li, le, *the past participle agree in gender and number with the pronoun.*

Hai visto **il film**? - Sì, **l'**ho vist**o**. (il film)
Hai chiuso **la finestra**? - Sì, **l'**ho chius**a**. (la finestra)
Hai chiamato **i ragazzi**? - Sì, **li** ho chiamat**i**. (i ragazzi)
Hai spedito **le lettere**? - No, non **le** ho ancora spedit**e**. (le lettere)

9.2.3 Idiomatic uses • Dislocazione del complemento oggetto

When we want to stress the noun we put it at the beginning of the sentence, followed by the direct object pronoun.

Il parmigiano lo vuole stagionato o fresco?
Le olive le vuole verdi o nere?

9.3 Ne • La particella pronominale *ne* (L10)

Ne *replaces a noun wich functions as a direct object and also contains a reference to quantity.*

- Vorrei **del** pane.
- ▼ Quanto **ne** vuole?
- **Ne** vorrei mezzo chilo.

- Ha **dei** pomodori?

- **ne** ho due.
- ▼ Sì, **ne** ho alcuni.
- **ne** ho molti.

9.4 Indirect object pronouns • I pronomi indiretti (L11)

The indirect object pronoun is used to replace a noun preceded by the preposition **a** *and to answer the question* "A chi?"

Scrivo una mail **a Carlo**.   **Gli** scrivo una mail.

singular		plural	
1st person	mi	*1st person*	ci
2nd person	ti	*2nd person*	vi
3rd person masculine	gli	*3rd person masculine*	gli
3rd person feminine	le	*3rd person feminine*	gli
3rd person formal	Le		

Indirect object pronouns always go before the verb.

Questo vestito **mi** sembra troppo caro.   Signor Bruni, **Le** piace questo vino?

The negation **non** *comes before the pronoun.*

Questo colore **non mi** piace.

9.5 Verbs that take direct and indirect object pronouns • Verbi con complemento diretto o indiretto (L11)

9.5.1 Verbs with direct object pronouns • Verbi seguiti da un complemento diretto

In Italian, some verbs are commonly followed by a direct object.

aiutare	(someone)	Aiuto **Giulio**.➔**Lo/L'**aiuto.
amare	(something/someone)	Amo **le canzoni italiane**.➔**Le** amo.
ascoltare	(something/someone)	Ascolto **la radio**.➔**La/L'**ascolto.
bere	(something)	Bevo **un cappuccino**.➔**Lo** bevo.
chiamare	(someone)	Chiamiamo **Anna**.➔**La** chiamiamo?
conoscere	(something/someone)	Non conosco **tuo fratello**.➔Non **lo** conosco.
guardare	(something/someone)	Guardo **la televisione**.➔**La** guardo.
invitare	(someone)	Invito **i miei amici**.➔**Li** invito.
mangiare	(something)	Non mangiano **la carne**.➔Non **la** mangiano.
parlare	(something)	Parlo **il francese**.➔**Lo** parlo.
perdere	(something/someone)	Perdo sempre **l'ombrello**.➔**Lo** perdo sempre.
prendere	(something)	Prendo **il caffè**.➔**Lo** prendo.
salutare	(someone)	Salutano **il professore**.➔**Lo** salutano.
sentire	(something/someone)	Non sente mai **la sveglia**.➔Non **la** sente mai.
studiare	(something/someone)	Studiamo **italiano**.➔**Lo** studiamo.
trovare	(something/someone)	Non trovo **le chiavi**.➔Non **le** trovo.
vedere	(something/someone)	Vedo **gli amici** stasera.➔**Li** vedo stasera.
visitare	(something/someone)	Visito **il museo**.➔**Lo** visito.

9.5.2 Verbs with indirect object pronouns • Verbi seguiti da un complemento indiretto

In Italian, some verbs are commonly followed by an indirect object.

parlare	(to someone)	Parliamo **ai nostri genitori.→Gli** parliamo.
piacere	(to someone)	**A Serena** piace il gelato.→**Le** piace il gelato.
rispondere	(to someone)	Rispondo **al professore.→Gli** rispondo.
sembrare	(to someone)	**A Gino** la TV sembra stupida.→La TV **gli** sembra stupida.
telefonare	(to someone)	Telefono **a Roberta.→Le** telefono.

9.5.3 Double object pronouns • Verbi seguiti da un complemento diretto e indiretto

Finally, some verbs can be followed both by a direct object and an indirect object.

chiedere	(something)	Chiedo **a Giulio** di venire. → **Gli** chiedo di venire.
	(to someone)	Chiedo **una spiegazione.→La** chiedo.
dare	(something)	Do **le chiavi** a Franco.→**Le** do a Franco.
	(to someone)	Diamo una mano **a Stefano.→Gli** diamo una mano.
dire	(something)	Dico **la verità.→La** dico.
	(to someone)	Ho detto **a Nina** di venire.→**Le** ho detto di venire.
leggere	(something)	Leggo **il giornale.→Lo** leggo.
	(to someone)	Leggono una storia **ai bambini.→Gli** leggono una storia.
mandare	(something)	Mando **il documento** stasera.→**Lo** mando stasera.
	(to someone)	Hai mandato l'invito **a Tina.→Le** hai mandato l'invito?
portare	(something)	Porto **il dolce.→Lo** porto.
	(to someone)	Che cosa porti **a Lena?→**Che cosa **le** porti?
raccontare	(something)	Racconta **la storia.→La** racconta.
	(to someone)	Racconta tutto **agli amici.→Gli** racconta tutto.
regalare	(something)	Regalo **il mio vecchio computer.→Lo** regalo.
	(to someone)	**A mia figlia** regalo una collana.→**Le** regalo una collana.
scrivere	(something)	Scrivo **una lettera.→La** scrivo.
	(to someone)	Scrivo **a Mauro.→Gli** scrivo.
vendere	(something)	Vendo **la mia macchina.→La** vendo.
	(to someone)	Vende **al fratello** la casa.→**Gli** vende la casa.

9.6 Object pronouns with modal verbs • Posizione dei pronomi oggetto con i verbi servili (L14)

*With the verbs **dovere, potere, volere** and **sapere** + infinitive, direct and indirect object pronouns and **ne** can precede or follow the two verbs; in the second case they form a single word with the infinitive, which loses the final vowel.*

pronoun + modal verb + infinitive
Gli devi parlare.
Non **lo** voglio chiamare.
Ne puoi comprare due?
Lo sai suonare?

modal verb + infinitive + pronoun
Devi parlar**gli**.
Non voglio chiamar**lo**.
Puoi comprar**ne** due?
Sai suonar**lo**?

10 Interrogatives • Gli interrogativi (L4)

Interrogatives are used to formulate questions.

interrogative	example
chi?	Chi sei?
(che) cosa?	(Che) cosa studi?
che? + noun	Che giorno è oggi?
come?	Come sta?
dove?	Dove abiti? / Dove va?
di dove?	Di dove sei?
qual? + essere	Qual è il tuo indirizzo?
quale? + noun	Qual e corso frequenta?

interrogative	example
quali? + noun	Quali corsi frequenta?
quanto?	Quanto costa il libro?
quanto? + noun	Quanto tempo hai?
quanta? + noun	Quanta carne compro?
quanti? + noun	Quanti amici hai?
quante? + noun	Quante amiche hai?
quando?	Quando venite?
perché?	Perché non telefoni?

11 Possessive Adjectives • Aggettivi e pronomi possessivi
11.1. Forms and agreement • Forme e concordanza (L8-9)

	masculine				feminine			
	singular		plural		singular		plural	
io	il mio		i miei		la mia		le mie	
tu	il tuo		i tuoi		la tua		le tue	
lui/lei	il suo		i suoi		la sua		le sue	
Lei	il Suo	libro	i Suoi	amici	la Sua	stanza	le Sue	amiche
noi	il nostro		i nostri		la nostra		le nostre	
voi	il vostro		i vostri		la vostra		le vostre	
loro	il loro		i loro		la loro		le loro	

Possessive adjectives agree in gender and number with the noun to which they refer, that is, the thing which is possessed. They never agree in gender or number with the person who possesses the thing.

*Chiara: "Piero, hai visto **il mio** cellulare e **le mie** chiavi?"*

*Piero: "**Il tuo** cellulare è vicino al telefono, con **i tuoi** guanti. **Le tue** chiavi non le ho viste. Ah, forse sono dentro **il mio** zaino?"*

Suo/sua/suoi/sue *mean both* «di lui» *and* «di lei».
Enrico viene con **il suo** amico italiano.
Marta parla con **una sua** amica inglese.
Giuliano ha accompagnato a casa **le sue** amiche.

Loro *does not change, only the article changes.*
I Rossi mi danno **la loro** macchina.
Gianni e Teresa vendono **il loro** appartamento.
Anna e Bruno hanno invitato **i loro** amici.

11.2 Possessive adjectives to indicate family members • Aggettivi possessivi con nomi che indicano parentela (L9)

*Usually the possessive adjective is preceded by an article. The article is not used with single nouns indicating family members (*padre, madre, fratello, sorella, zio, cugina, *etc.).*

Ti presento **mio** fratello.
Sua figlia è bionda.

However, with the same nouns in the plural, the article is used.

I tuoi fratelli sono più grandi di te?
Marta è venuta con **i suoi** figli.
I miei nonni sono polacchi.

The article is used also in the singular:
- *with the possessive adjective* **loro**
   il loro padre
- *when the noun is modified by an adjective*
   la mia cara nonna
- *with altered forms*
   la mia sorel**lina**

12 Formal address • La forma di cortesia (L3)

*In Italian, **Lei**, the third person singular feminine, is used for formal address.*
The verb is therefore in the third person singular.
In passing from an informal register to a formal register, it is necessary to change not only the verbs.
The following also change:

- forms of greeting

Ciao Pietro, come **stai**? *(informal)*   **Ciao** Francesca, a domani. *(informal)*
Buongiorno Sig. Marini, come **sta?** *(formal)*   **Arrivederci** Sig.ra Merli, a domani. *(formal)*

- direct object pronouns

Giulia, **ti** chiamo più tardi. *(informal)*   Giorgio, **ti** ringrazio molto. *(informal)*
Sig.ra Sini, **La** chiamo più tardi. *(formal)*   Dottor Brutti, **La** ringrazio molto. *(formal)*

- indirect object pronouns

Marco, **ti** ho detto la verità. *(informal)*   Ciao Maria, **ti** telefono domani. *(informal)*
Sig. Mincio, **Le** ho detto la verità. *(formal)*   Arrivederci Sig.ra Rosi, **Le** telefono domani. *(formal)*

- possessive adjectives

Paola, questi sono **i tuoi** occhiali? *(informal)*   Franco, **la tua** macchina è molto bella. *(informal)*
Professoressa, questi sono **i suoi** occhiali?   Avvocato, **la Sua** macchina è molto bella. *(formal)*
(formal)

*For the polite form in the plural, usually **voi** is used, the second person plural. In very formal situations it is possible to use **Loro**, the third person plural.*

13 Advers • L'avverbio

13.1 Forms and use • Forme ed uso

Adverbs have the function of defining verbs, adjectives or even other adverbs.

Luigi parla **lentamente**.   Questo film è **veramente** interessante.   Lina suona **molto** bene.

Adverbs never change. They are formed with the feminine form of the adjective + -mente.
For the adjectives which end in -e the suffix -mente is added directly.

ADJECTIVE		ADVERB
libero ➜	liber*a* ➜	libera**mente**
elegante	➜	elegante**mente**

*Adjectives ending in -**le** and -**re** lose the final -**e** before -mente.*

normale ➜ normal**mente**
regolare ➜ regolar**mente**

13.2 Adverbs - *Bene/male* • Gli avverbi *bene/male* (L6)

The adverb bene *corresponds to the adjective* buono.

Rosa parla **bene** inglese.   Rosa parla un inglese **buono**.

The adverb male *corresponds to the adjective* cattivo.

Franco cucina **male**.   Franco è un **cattivo** cuoco.

13.3 Adverbs of time • Avverbi di tempo (L7)

Adverbs of time, such as, appena già, ancora *(when used in negative sentences),* mai *and* più, *referring to a verb conjugated in the* passato prossimo, *are normally placed between the auxilliary verb and the past participle.*

Sono **appena** tornata a casa.   **Non** ho **ancora** telefonato al medico.
Ho **già** fatto la spesa.   **Non** hanno **mai** visitato Roma.
                  Non ho **più** visto Federico dopo il divorzio.

13.4 Indefinite adverbs: *poco, molto, tanto, troppo* • Gli indefiniti: *poco, molto, tanto, troppo* (L11)

Poco, molto, tanto, troppo *can be used as adjectives, pronouns and adverbs.*

As adjectives they agree in gender and number with the nouns to which they refer.

Ho **poca** pazienza.   Sono molto occupato, ho **troppe** cose da fare.
Hanno **tante** cose da fare.   Ho letto **molti** libri.

As adverbs they never change.

Ho mangiato **troppo**.   Ho una casa **molto** bella.   Abbiamo studiato **poco**.

14 Numbers • I numeri
14.1 Cardinal Numbers • I cardinali
14.1.1 From 0 to 99 • Da 0 a 99 (L1-2)

0 zero	20 venti	40 quaranta	60 sessanta	80 ottanta
1 uno	21 **ventuno**	41 **quarantuno**	61 **sessantuno**	81 **ottantuno**
2 due	22 ventidue	42 quarantadue	62 sessantadue	82 ottantadue
3 tre	23 ventitré	43 quarantatré	63 sessantatré	83 ottantatré
4 quattro	24 ventiquattro	44 quarantaquattro	64 sessantaquattro	84 ottantaquattro
5 cinque	25 venticinque	45 quarantacinque	65 sessantacinque	85 ottantacinque
6 sei	26 ventisei	46 quarantasei	66 sessantasei	86 ottantasei
7 sette	27 ventisette	47 quarantasette	67 sessantasette	87 ottantasette
8 otto	28 **ventotto**	48 **quarantotto**	68 **sessantotto**	88 **ottantotto**
9 nove	29 ventinove	49 quarantanove	69 sessantanove	89 ottantanove
10 dieci	30 trenta	50 cinquanta	70 settanta	90 novanta
11 undici	31 **trentuno**	51 **cinquantuno**	71 **settantuno**	91 **novantuno**
12 dodici	32 trentadue	52 cinquantadue	72 settantadue	92 novantadue
13 tredici	33 trentatré	53 cinquantatré	73 settantatré	93 novantatré
14 quattordici	34 trentaquattro	54 cinquantaquattro	74 settantaquattro	94 novantaquattro
15 quindici	35 trentacinque	55 cinquantacinque	75 settantacinque	95 novantacinque
16 sedici	36 trentasei	56 cinquantasei	76 settantasei	96 novantasei
17 diciassette	37 trentasette	57 cinquantasette	77 settantasette	97 novantasette
18 diciotto	38 **trentotto**	58 **cinquantotto**	78 **settantotto**	98 **novantotto**
19 diciannove	39 trentanove	59 cinquantanove	79 settantanove	99 novantanove

The numbers **venti, trenta, quaranta** *etc. drop the last vowel before adding* **-uno** *or* **-otto**. *Example:* **trentuno/trentotto**. *Where* **tre** *is the last digit of a larger number, it has the accent: Example:* **quarantatré**.

14.1.2 100 and beyond • Da 100 in poi (L3)

100 cento	101 centouno	112 centododici
200 duecento	250 duecentocinquanta	290 duecentonovanta
800 ottocento	900 novecento	933 novecentotrentatré
1000 mille	2000 duemila	10.000 diecimila
1.000.000 un milione	2.000.000 due milioni	
1.000.000.000 un miliardo	2.000.000.000 due miliardi	

Note that the plural of mille *is* -mila*: 3.000 =* **tremila**
The plural of milione *is* milioni *and the plural of* miliardo *is* miliardi.

14.2 Ordinal numbers • Gli ordinali
14.2.1 From 1 to 10 • Da 1 a 10 (L6)
The first ten ordinal numbers are irregular.

1°	primo	6°	sesto
2°	secondo	7°	settimo
3°	terzo	8°	ottavo
4°	quarto	9°	nono
5°	quinto	10°	decimo

14.2.2 11 and beyond • Da 11 in poi (L6)
From 11th onwards the ordinal numbers are regular. They are formed by dropping the final vowel and adding the suffix -esimo *to the cardinal number:*

11° = undici + -esimo ➡ undicesimo   20° = venti + -esimo ➡ ventesimo
12° = dodici + -esimo ➡ dodicesimo   100° = cento + -esimo ➡ centesimo

Ordinal numbers are adjectives and therefore they agree in gender and number with the nouns to which they refer.

la seconda traversa   il terzo ponte   la quinta fermata

Lesson glossary

LESSON 1   PRIMI CONTATTI

ciao *1*	hi; hello/bye
buongiorno *1*	good morning
buonasera *1*	good evening
professore *1*	professor, teacher
come ti chiami? *2*	what's your name?
mi chiamo … *2*	my name's …
chiamarsi *2*	to be called
essere *2*	to be
piacere *2*	nice to meet you
nome *6*	name
cognome *6*	surname
come si scrive? *6*	how do you spell?
come si pronuncia? *8*	how do you pronounce?
parola *8*	word
è sbagliato	it's wrong
sbaglio	mistake
errore	error
classe *9*	classroom
finestra *9*	window
insegnante *9*	teacher
libro *9*	book
penna *9*	pen
sedia *9*	chair
lavagna *9*	blackboard
porta *9*	door
registratore *9*	tape recorder
tavolo *9*	table
che significa? *9*	what does [it] mean?
di dove sei? *10*	where are you from?
sono di Genova *11*	I'm from Genoa
sono italiano/a *11*	I'm Italian
sei americano/a? *11*	I'm American
no, sono inglese *11*	no, I'm English
come si dice …? *13*	how do you say …?
abitare *14*	to live
studiare *14*	to study
lavorare *14*	to work
visitare *16*	to visit
preparare *16*	to prepare
ascoltare *16*	to listen to
telefonare *16*	to telephone
qual è il tuo numero di telefono? *20*	what's your telephone number?
qual è il tuo indirizzo? *20*	what's your address?
arrivederci *22*	goodbye
a domani *22*	see you tomorrow
a presto *22*	see you soon

LESSON 2   BUON APPETITO

buon appetito *1*	enjoy your meal
cappuccino *1*	cappuccino
birra *1*	beer
cornetto	croissant
con la crema	cream-filled
con la marmellata *1*	jelly-filled
pomodoro *1*	tomato
fragola *1*	strawberry
gelato *1*	icecream
torta *1*	cake
per me *3*	for me
anch'io *3*	me too
vorrei *3*	I would like
desiderare *3*	to want
prendere *3*	to take
ordinare	to order
caffè *3*	coffee
caffè macchiato	coffe with a dash of cream
con zucchero	with sugar
senza zucchero	no sugar
tè	tea
al limone	with lemon
al latte *3*	with milk
aranciata *5*	orange soda
cameriere *6*	waiter
panino con prosciutto e formaggio *6*	ham and cheese sandwich
pasta al cioccolato *6*	chocolate pastry
questo *6*	this
quello *6*	that
bruschetta *6*	toasted bread flavoured with oil and garlic
antipasti *8*	starter
primi piatti *8*	first courses
secondi piatti *8*	main courses
contorni *8*	side dishes
minestrone *8*	minestrone
carne *8*	meat
cotoletta *8*	cutlet
pollo *8*	chicken
arrosto *8*	roast meat
pesce *8*	fish
insalata mista *8*	mixed salad
patatine fritte *8*	french fries
purè di patate *8*	mashed potatoes
spinaci al burro *8*	spinach with butter
peperoni alla griglia *8*	grilled peppers
macedonia *8*	fruit salad
frutta fresca *8*	fresh fruit
a prezzo fisso *8*	fixed price
arancia *10*	orange
mela	apple
vino *10*	wine
acqua minerale *10*	mineral water
bicchiere	glass
bottiglia	bottle
da bere *13*	to drink
per antipasto *13*	as an appetizer
per primo *13*	as a first course
per secondo *13*	as a main course

per contorno *13*	as a side dish	tavolo *14*	table
per dessert *13*	for dessert	per cortesia *17*	please
buono *14*	good	per favore *17*	please
cattivo	bad	grazie *17*	thank you
tornare *14*	to return	prego	you're welcome
avere fame *14*	to be hungry	il conto, per favore *17*	check, please
mangiare *14*	to eat	spremuta d'arancia *22*	orange juice
spuntino *14*	snack	succo di frutta	fruit juice
formaggio *14*	cheese	ghiaccio	ice

LESSON 3   IO E GLI ALTRI

come stai? *1*	how are you?	impiegata *11*	clerical worker (female)
benissimo, grazie *1*	very well, thanks	operaia *11*	factory worker (female)
questa è Eva *1*	this is Eva	ingegnere *11*	engineer (male/female)
questo è Guido *1*	this is Guido	professoressa *11*	professor (female)
amico *1*	friend	studente *11*	student (male)
parlare *1*	to speak	attore *11*	actor
amare *3*	to love	scrittrice *11*	writer (female)
lavorare *3*	to work	traduttrice *11*	translator (female)
architetto (m) *3*	architect	cantante *11*	singer (male/female)
lingua *4*	language	dentista *11*	dentist (male/female)
mondo *4*	world	farmacista *11*	pharmacist (male/female)
città d'origine *5*	home town	commessa *12*	clerk/shop assistant (female)
lavoro *5*	work		
professione	profession/occupation	impiegato *12*	clerical worker (male)
avvocato *5*	lawyer (male/female)	operaio *12*	factory worker (male)
parrucchiere *5*	hairdresser (male)	pensionato	pensioner (male)
medico chirurgo *5*	surgeon (male/female)	pensionata	pensioner (female)
ospedale *5*	hospital	professore *12*	professor (male)
lunedì *5*	Monday	studentessa *12*	student (female)
martedì *5*	Tuesday	attrice *12*	actress
mercoledì *5*	Wednesday	scrittore *12*	writer (male)
giovedì *5*	Thursday	traduttore *12*	translator (male)
venerdì *5*	Friday	negozio *13*	shop
sabato *5*	Saturday	ufficio *13*	office
domenica *5*	Sunday	ufficio postale *13*	post office
fine settimana *5*	weekend	ristorante *13*	restaurant
settimana	week	officina *13*	work shop
giorno lavorativo	working day	banca *13*	bank
avere *5*	to have	fabbrica *13*	factory
fare *5*	to do; to make	farmacia *13*	pharmacy
organizzare *5*	to organize	sono in Italia *15*	I'm in Italy
conoscere *5*	to know	sono a Taormina, in Sicilia *15*	I'm in Taormina, in Sicily
insegnare *5*	to teach		
detestare *5*	to detest/to hate	Olga è di San Pietroburgo ma abita a Firenze *15*	Olga is from Saint Petersburg but lives in Florence
vivere *5*	to live		
viaggiare *5*	to travel		
tornare *5*	to return	andiamo a Palermo *15*	we are going to Palermo
giocare a tennis *5*	to play tennis	arriva da Bruxelles *15*	he/she/it is coming from Brussels
partire *5*	to leave		
passare *5*	to pass	partiamo per Napoli *15*	we are leaving for Naples
guidare *5*	to drive	lavorare in banca *19*	work in a bank
seguire un corso *5*	to take a course	lavorare in proprio *19*	be self-employed
sognare *5*	to dream	per motivi di lavoro *19*	for business reasons
essere sposato *5*	to be married	collega *19*	colleague (male/female)
e tu che lavoro fai? *10*	what do you do for a living ?	migliorare *19*	to improve
		frequentare *19*	to attend
e tu dove lavori? *10*	where do you work?	imparare *19*	to learn
io sono impiegata in uno studio fotografico *10*	I work in a photography studio	signora *22*	Mrs/Madam
		signorina	Miss
faccio la segretaria *10*	I'm a secretary	signor/signore *22*	Mr/Sir
scuola *10*	school		
agenzia pubblicitaria *10*	advertising agency		
commesso *11*	clerk/shop assistant (male)		

LESSON 4   TEMPO LIBERO

guardare la televisione *1*	watch television	corso di lingua *5*	language course
fare sport *1*	play sport	parco *5*	park
leggere *1*	to read	simpatico *5*	nice
ballare *1*	to dance	sicuro *5*	sure
cucinare *1*	to cook	divertente *5*	entertaining
dormire *1*	to sleep	eccezionale *5*	exceptional
stare a casa *2*	stay at home	stressante *5*	stressful
andare in palestra *2*	go to the gym....	comico *5*	comic
di solito *3*	usually	nervoso *5*	nervous
andare al cinema *4*	go to the movies	al bar *5*	at the café
andare in bicicletta *4*	to cycle	per strada *5*	on the street
giocare a carte *4*	play cards	al museo *5*	at museum
navigare su internet *4*	surf the Web	ogni giorno *5*	every day
ascoltare musica *4*	listen to music	dopo *5*	after
giocare a tennis *4*	play tennis	adesso *5*	now
fare la spesa *4*	do the shopping	qualche volta *5*	sometimes
fare una passeggiata *4*	go for a walk	spesso *5*	often
passare il tempo libero *5*	spend one's leisure time	tutto *5*	all
andare in giro per la città *5*	go around the town	molto *5*	a lot
bere una birra *5*	drink a beer	poco	a little
vedere un film in lingua originale *5*	see a foreign movie	andare a teatro *10*	go to the theater
		sempre *12*	always
essere stanco *5*	to be tired	mai *12*	never
cominciare *5*	to begin	piacere *15*	to please
camminare *5*	to walk	il giovedì *16*	on Thursdays
scrivere *5*	to write	durante la settimana *20*	during the week
capire *5*	to understand	come *21*	how
sembrare *5*	to seem	come stai?	how are you
vedere *5*	to see	che cosa/che cosa *21*	what/what; which/thing
preparare *5*	to prepare	chi	who
provare *5*	to try	dove *21*	where
preferire *5*	to prefer	quale *21*	which
sapere *5*	to know	quando *21*	when
compagno di classe *5*	classmate	quanto *21*	how much

LESSON 5   IN GIRO PER L'ITALIA

cupola *1*	dome	uscire *2*	to go out
castello *1*	castle	rimanere *2*	to remain
piazza *1*	square	restare *2*	to stay
golfo *1*	gulf	girare per la città *2*	to go round the town
fiume	river	tranquillo *2*	calm
palazzo *2*	apartment building	silenzioso *2*	quiet
appartamento *2*	apartment	economico *2*	inexpensive
primo piano *2*	second floor	caro *2*	expensive
camera *2*	room	spazioso *2*	spacious
terrazza *2*	terrace	piccolo *2*	small
in centro *2*	in the city center	luminoso *2*	bright
in periferia	in the suburbs	soprattutto *2*	especially
ragazza *2*	girl	dipende *2*	depend
ragazzo *2*	boy	secondo te *2*	in your opinion
turista	tourist	vicino *2*	near
insieme *2*	together	vista *4*	view
locale *2*	place; restaurant, bar etc	mostra *4*	exhibition
università *2*	university	mare *4*	sea
biblioteca *2*	library	gita *4*	trip
in bicicletta *2*	by bicycle	barca *4*	boat
in macchina *2*	by car	andare in giro *4*	to go around
in autobus *2*	by bus	venire *4*	to come
in treno *2*	by train	dare *4*	to give
in aereo *2*	by plane	dire *4*	to say
a piedi *2*	on foot	facile *4*	easy

difficile	difficult	antico *8*	ancient
rumoroso *4*	noisy	moderno *8*	modern
caotico *4*	chaotic	medievale *8*	medieval
comodo *4*	comfortable	rinascimentale *8*	Renaissance
bello *4*	beautiful	famoso *8*	famous
fantastico *4*	fastastic	un po' di… *8*	a little
stupendo *4*	wonderful	barocco *13*	baroque
romantico *4*	romatic	semaforo *15*	traffic lights
fuori *4*	outside	via *15*	street
dentro	inside	traversa *15*	side street
paese *8*	village	incrocio *15*	crossroads
quartiere popolare *8*	housing project	attraversare la piazza *15*	cross the square
zona industriale *8*	industrial area	continuare dritto *15*	go straight on
edificio *8*	building	andare a destra *15*	turn right
facciata *8*	facade	girare a sinistra *15*	turn left
affresco *8*	fresco; mural	veramente *15*	really
pian terreno *8*	first floor	peccato (escl.) *15*	what a shame!
balcone *8*	balcony	mi dispiace *15*	I'm sorry
persona *8*	person	libreria *16*	bookshop
gente *8*	people	ufficio del turismo *16*	tourist information office
chiesa *8*	church	stazione *16*	station
torre *8*	tower	distributore *17*	gas station
mercato *8*	market	parcheggio *17*	parking lot
statua *8*	statue	fermata dell'autobus *17*	bus stop
fontana *8*	fountain	di fronte *17*	in front of
lampione *8*	lamp-post	davanti *17*	in front of
ombrellone *8*	big umbrella, sunshade	accanto *17*	beside
		tra/fra *17*	between
tenda *8*	drape; curtain	dietro *17*	behind
luce *8*	light	scusi *18*	excuse me
pianta *8*	plant	che ora è ? *18*	what time is it?
prato *8*	lawn	che ore sono? *18*	what time is it?
albero *8*	tree	le due *18*	two o'clock
traffico *8*	traffic	le due e un quarto *18*	a quarter past two
rilassante *8*	relaxing	le due e trenta *18*	half past two
piacevole *8*	pleasant	le due e mezza *18*	half past two
elegante *8*	elegant	le tre meno un quarto *18*	quarter to three
semplice *8*	simple	mezzogiorno *18*	midday
pittoresco *8*	picturesque	mezzanotte *18*	midnight

LESSON 6   IN ALBERGO

camera singola *1*	single room	volere *4*	to want
camera doppia *1*	twin bedded room	letto *7*	bed
con bagno *1*	with bath	coperta *7*	blanket
con doccia *1*	with shower	cuscino *7*	pillow
aria condizionata *1*	air conditioning	lampada *7*	lamp
frigobar *1*	mini-bar	termosifone *7*	radiator
camera tripla *2*	three bedded room	carta igienica *7*	toilet paper
colazione compresa *2*	breakfast included	phon *7*	hairdryer
portare *2*	bring	saponetta *7*	soap
prenotare una camera	to book a room	valigia *7*	suitcase
per una notte *3*	for one night	sentire *9*	hear
per due notti *3*	for two nights	chiamo dalla stanza … *9*	I'm calling from room …
la camera viene 112 euro *3*	the room costs 112 Euro	avrei un problema *9*	I have a problem
		un'altra cosa *9*	another thing
conferma *3*	confirmation	un'ultima cosa *9*	one last thing
pagare con carta di credito *3*	to pay by credit card	bene *9*	good
		male *9*	bad
verso le nove *3*	about 9 o'clock	asciugamano *11*	towel
verso mezzogiorno *3*	about midday	acqua calda *11*	hot water
prenotazione *4*	reservation	camera matrimoniale *12*	double room
lasciare la camera *4*	vacate the room	mese *13*	month
mandare *4*	to send	gennaio *13*	January
dovere *4*	must, to have to	febbraio *13*	February
potere *4*	can, to be able to	marzo *13*	March

aprile *13*	April	vacanza *14*	vacation
maggio *13*	May	essere in vacanza *15*	to be on vacation
giugno *13*	June	salire *15*	to go up
luglio *13*	July	scendere	to go down
agosto *13*	August	chiacchierare *15*	to chat
settembre *13*	September	stagione *16*	season
ottobre *13*	October	inverno *16*	winter
novembre *13*	November	primavera *16*	spring
dicembre *13*	December	estate *16*	summer
primo *13*	first	autunno *16*	fall
secondo *13*	second	nuotare *17*	to swim
terzo *13*	third	passeggiare *17*	to stroll
quarto *13*	fourth	sciare *17*	to ski
quinto *13*	fifth	a che ora *20*	what time
sesto *13*	sixth	a mezzogiorno *20*	at midday
settimo *13*	seventh	all'una *20*	at one o'clock
ottavo *13*	eighth	alle due *20*	at two o'clock
nono *13*	ninth	aprire *22*	to open
decimo *13*	tenth	chiudere *22*	to close

LESSON 7   UN FINE SETTIMANA

albergo a gestione familiare *1*	family run hotel	nevica *8*	it's snowing
centro benessere *1*	health spa	pioggia	rain
pensione completa *1*	full board	neve	snow
mezza pensione *1*	half board	nebbia	fog
in montagna *1*	in the mountains	nuvola	cloud
al mare *1*	at the beach	al lago *10*	at the lake
visita guidata *1*	guided tour	fare colazione *10*	have breakfast
massaggi *1*	massages	fare un giro *10*	take a trip
sauna *1*	sauna	fare il bagno *10*	to swim/bathe
ginnastica *1*	gymnastics/work out	prendere il sole *10*	to sunbathe
piscina *1*	swimming pool	mettere *10*	to put
cucina tipica *1*	local cuisine	mettere in ordine *10*	to tidy up order
escursioni *1*	excursions	stamattina *11*	this morning
cartolina *3*	post card	domani mattina	tomorrow morning
il tempo è bello *3*	the weather is good	ieri sera *11*	yesterday evening/last night
c'è il sole	it's sunny	due settimane fa *11*	two weeks ago
è nuvoloso	it's cloudy	il mese scorso *11*	last month
tira vento *3*	it's windy	giovedì scorso *11*	last Thursday
fa caldo *3*	it's hot	la settimana scorsa *11*	last week
oggi *3*	today	pranzare *13*	have lunch
ieri *3*	yesterday	fare fotografie *13*	take photographs
l'altro ieri	the day before yesterday	fare un corso *13*	take a course
domani	tomorrow	giocare a tennis *13*	to play tennis
la mattina *3*	(in) the morning	affittare *13*	to rent
il pomeriggio *3*	(in) the afternoon	già *14*	already
stasera *3*	this evening	appena *14*	just
riposarsi *3*	to rest	(non) ancora *14*	(not) yet
passare *3*	to spend (time)	cena *15*	dinner
partecipare *3*	to take part	un biglietto per Sperlonga *16*	a ticket for Sperlonga
cenare *5*	have dinner	prendere (il treno) *16*	go by train
incontrare *5*	to meet	scendere (dal treno) *16*	get off (the train)
campeggio *6*	camp site	partenza *16*	departure
spiaggia *6*	beach	arrivo *16*	arrive
pranzo *7*	lunch	quanto tempo ci vuole? *16*	how long does it take?
la sera *7*	(in) the evening	ci vogliono trenta minuti *16*	it takes thirty minutes
fa freddo *8*	it's cold	ci vuole un'ora *16*	it takes an hour
piove *8*	it's raining	in traghetto *18*	by ferry

LESSON 8   VITA QUOTIDIANA

lavora dal lunedì al venerdì *1*	work from Monday to Friday	comincia a lavorare alle tre e mezza *1*	start work at half past three
lavora la domenica *1*	work on Sunday	finisce di lavorare a mezzanotte *1*	finish work at midnight
dall'una alle sette *1*	from 1 o'clock to 7 o'clock	va a lavorare in macchina	go to work by car
		con i mezzi pubblici	by public transport

cominciare *1*	start	divertirsi *4*	to enjoy oneself
finire *1*	finish	vedersi *4*	to meet/see someone
lavora come una matta *4*	work like crazy	chiamarsi *4*	to be called
trasloco *4*	move (house)	perdersi *4*	to get lost
cercare un lavoro *4*	look for a job	abituarsi *4*	to get used to
un annuncio sul giornale *4*	an ad in the newspaper	trovarsi (bene/male) *4*	to be happy/unhappy;
un posto di insegnante *4*	a teaching job		get along well/badly
mandare il curriculum *4*	send a resume	addormentarsi *7*	to fall asleep
colloquio *4*	interview	farsi la doccia *9*	to take a shower
pulire *4*	to clean	infilarsi la tuta *10*	to put on a track suit
occuparsi *4*	to deal with	andare a correre *10*	to go jogging
ritrovarsi *4*	to end up	auguri! *13*	best wishes!
svegliarsi *4*	to wake up	le feste *13*	the holidays
alzarsi *4*	to get up	compleanno *13*	birthday
prepararsi *4*	to get ready	anniversario	anniversary
lavarsi *4*	to wash oneself	matrimonio *13*	wedding
vestirsi *4*	to get dressed	laurea *13*	degree
vestirsi in fretta *4*	to get dressed quickly	Natale *14*	Christmas
stancarsi *4*	to tire oneself	Capodanno *14*	New Year
rilassarsi *4*	to relax	Epifania *14*	Epiphany
riposarsi *4*	to rest		

LESSON 9   LA FAMIGLIA

anziani *1*	elderly people	compagna/o *5*	partner; significant other
adulti	adults	una persona in gamba *5*	a clever person
ragazzi *1*	kids	che fine hai fatto? *5*	what's become of you?
nonni *2*	grandparents	che combini? *5*	what are you doing?
nonna *2*	grandmother	è da un secolo che *5*	it's a long time since
nonno *2*	grandfather	mai e poi mai *5*	never ever
genitori *2*	parents	riuscire *5*	to be able to
madre *2*	mother	trasferirsi *5*	to move house
padre *2*	father	laurearsi *5*	to graduate
mamma *2*	Mom	dedicarsi *5*	to dedicate oneself
papà *2*	Dad	il figlio maggiore *5*	the older son
figli *2*	children; offspring	la figlia minore	the younger daughter
figlia *2*	daughter	sposarsi *5*	to get married
figlio *2*	son	decidersi *5*	to make up one's mind
fratello *2*	brother	andare/venire a trovare	to go/come to visit
sorella *2*	sister	qualcuno *5*	someone
marito *2*	husband	aspettare *5*	to wait for
moglie *2*	wife	coppia	couple
zia *2*	aunt	il ragazzo *7*	boyfriend
zio *2*	uncle	la ragazza	girlfriend
nipote (f) *2*	niece	vivere da solo/a *7*	live alone
nipote (m) *2*	nephew	andare d'accordo *9*	to get along with
cugina *2*	cousin (female)	somigliare *9*	to look like
cugino *2*	cousin (male)	tagliarsi i capelli *12*	to get one's hair cut
la sorella più grande *4*	the oldest sister	convincere *13*	to convince/persuade
la sorella più giovane *4*	the youngest sister	fidanzarsi *13*	to get engaged
figlio unico *4*	only child	arrabbiarsi *13*	to get angry
famiglia numerosa *4*	large family	maschi *15*	males
mammone *4*	mother's boy	femmine *15*	females
cognato *5*	brother-in-law	famiglia di fatto *15*	*de facto* family
cognata	sister-in-law	famiglia allargata *15*	extended family
suoceri *5*	parents-in-law	coniugato *15*	married
suocera	mother-in-law	convivenza *15*	cohabitation
suocero *5*	father-in-law	andare a vivere da solo *15*	to go and live on one's own
parente	relative		

LESSON 10   SAPORI D'ITALIA

carne macinata *1*	ground meat	verdura	vegetables
bistecca *1*	steak	peperone *1*	peppers
pesce *1*	fish	patata *1*	potato
salame *1*	salame	uovo *1*	egg
formaggio *1*	cheese	ciliegia *1*	cherry

uva *1*	grapes	pollo *8*	chicken
pesca *1*	peach	calamaro *8*	squid
riso *1*	rice	salsiccia *8*	sausage
pane *1*	bread	insalata *8*	salad
biscotto *1*	cookie	fragola *8*	strawberry
miele *1*	honey	torta *8*	cake
burro *1*	butter	mezzo chilo di … *9*	half a kilogram of
aglio *1*	garlic	pancetta *9*	bacon
cipolla *1*	onion	olio *9*	oil
un pacco di … *2*	a packet of …	sale *9*	salt
due etti e mezzo di …*2*	250 grams of …	pepe *9*	pepper
un chilo di … *2*	a kilogram of …	fornello *9*	stove
due chili di … *2*	two kilos of …	padella *9*	pan
aceto *4*	vinegar	pentola *9*	pot
melanzana *5*	egg plant	zuppiera *9*	soup tureen
mensa *5*	cafeteria	forchetta *9*	fork
supermercato *5*	supermarket	rompere *9*	to break
buste di plastica *5*	plastic grocery bags	mischiare *9*	to mix
cibo *5*	food	aggiungere *9*	to add
ingrediente *5*	ingredient	tagliare *9*	to cut
sapore *5*	flavor	mettere *9*	to put
naturale *5*	natural	riempire *9*	to fill
artificiale	artificial	buttare *9*	to throw
prima di tutto *5*	first of all	cuocere *9*	to cook
in teoria *5*	in theory	cosa desidera oggi? *10*	what would you like today?
al contrario *5*	on the contrary	qualcos'altro? *10*	anything else?
per esempio *5*	for example	ancora qualcosa? *10*	anything else?
per fortuna *5*	fortunately	quanto ne vuole? *10*	how much do you want?
finalmente *5*	finally	altro? *10*	anything else?
veramente *5*	really	nient'altro *10*	nothing else
soprattutto *5*	above all	ecco *10*	here (it is/you are)
assolutamente *5*	absolutely	vorrei del parmigiano *10*	I'd like some parmisan cheese
purtroppo *5*	unfortunately		
entrare *5*	to enter	oliva verde *10*	green olive
comprare *5*	to buy	oliva nera *10*	black olive
mi sembra *5*	it seems to me	latte *10*	milk
ti sembra *5*	you get the impression	cereali *15*	cereals
ambientarsi *5*	to settle in	prosciutto cotto *17*	boiled ham
incoraggiare *5*	to encourage	prosciutto crudo *17*	cured raw ham
rinunciare *5*	to give up	vino bianco *17*	white wine
zuppa *8*	soup	vino rosso *17*	red wine
minestrone *8*	minestrone		

LESSON 11   FARE ACQUISTI

abbigliamento *1*	clothing	giallo *1*	yellow
vestito *1*	suit (man)/dress (woman)	arancione *1*	orange
camicia *1*	shirt	rosa *(does not change) 1*	pink
camicetta *1*	top; blouse	rosso *1*	red
maglia *1*	top; sweater	celeste *1*	sky-blue
pullover *1*	pullover	blu *(does not change) 1*	blue
pantaloni *1*	pants	viola *(does not change) 1*	violet
gonna *1*	skirt	verde *1*	green
cravatta *1*	tie	grigio *1*	grey
giacca *1*	jacket	marrone *1*	brown
giubbotto *1*	jacket	nero *1*	black
cappotto *1*	overcoat	di pelle *1*	(made of) leather
impermeabile *1*	raincoat	di lana *1*	(made of) wool
giacca a vento *1*	windbreaker	di cotone *1*	(made of) cotton
scarpe con i tacchi alti *1*	high-heeled shoes	di seta *1*	(made of) silk
scarpe basse *1*	low-heel shoes	a righe *1*	striped
stivali *1*	boots	classico *1*	classic
borsetta *1*	purse	elegante *1*	elegant
bianco *1*	white	sportivo *1*	casual
beige *(does not change) 1*	beige	aderente *1*	close-fitting

indossare *1*	to wear	curarsi di *7*	to take care of
scegliere *1*	to choose	un paio di scarpe *11*	a pair of shoes
mettere *1*	to put	mocassini *11*	loafers
vestirsi in modo sportivo *1*	to dress casually	ombrello *11*	umbrella
portare i jeans *1*	to wear jeans	serio *11*	serious
capo *3*	garment	convenzionale *11*	conventional
di moda *3*	trendy	vistoso *11*	loud
giovanile *3*	young	comodo *11*	comfortable
da uomo *3*	men's	stretto *11*	tight
di ottima qualità *3*	excellent quality	largo *11*	big
caro *3*	expensive	costoso *11*	expensive
cambiare un maglione *3*	to change a sweater/pullover	in vetrina *11*	in the shop window
		in saldo *11*	in the sale
taglia *3*	size	vorrei provare … *11*	I would like to try on …
scontrino *3*	receipt	ti/Le stanno benissimo *11*	they suit you very well
maglietta *7*	T-shirt	che ne dici/dice di *11*	what would you say to
alla moda *7*	fashionable	avresti/avrebbe il 37? *11*	do you have it in size 37?
casual *7*	casual	no, mi dispiace *11*	no, I'm sorry
trasandato *7*	sloppy	che numero? *11*	what size?
offrire *7*	to offer	quanto viene/vengono? *11*	how much is it/are they?
aspetto *7*	appearance	più *14*	more
taglio di capelli *7*	haircut	meno *14*	less
portare i capelli corti/lunghi *7*	to have long/short hair	troppo *14*	too/too much

LESSON 12   DA PICCOLA

animale *1*	animal	qualche volta *4*	sometimes
cane *1*	dog	allora *4*	so
specie *1*	species	poi *4*	later; afterwards
gatti *1*	cats	comunque *4*	however
serpente *1*	snake	favorevole *8*	favorable
cavallo *1*	horse	contrario *8*	contrary
tigre *1*	tiger	normalmente *10*	generally
uccello *1*	bird	una volta *11*	once
delfino *1*	dolphin	di solito *11*	usually
tartaruga *1*	turtle	nascere *12*	to be born
criceto *1*	hamster	costringere *12*	to force
coniglio *1*	rabbit	sentirsi escluso *12*	to feel excluded; left out
leone *1*	lion	attirare l'attenzione su... *12*	to attract attention to...
farfalla *1*	butterfly	ricordare *12*	to remind
crescere *1*	to grow	pensare *12*	to think
trasformarsi *1*	to transform/change into	allegro *12*	cheerful
accontentare *1*	to indulge	vivace *12*	lively
amare *1*	to love	loquace *12*	talkative
odiare *1*	to hate	chiuso *12*	introverted
viziare *2*	to spoil	severo *12*	strict
soffrire *3*	to suffer	da piccolo *12*	when [someone] was a child
allergico *3*	allergic	da bambino *12*	when [someone] was a child
comprare da mangiare *4*	to buy food	un bambino su cinque *12*	one child in five
dare da mangiare	to feed	a 13 anni *12*	at 13 years of age
riuscire *4*	to be able to	in un certo senso *12*	in a way; in some ways
accompagnare *4*	to accompany	infanzia *12*	childhood
portare fuori il cane *4*	to take the dog out	lite *12*	arguments
fare compagnia *4*	to keep someone company	malattia *12*	illnesses
		carattere *12*	personality
triste *4*	sad	ricordare *12*	to remember
mentre *4*	while	noia *12*	boredom
subito dopo *4*	immediately afterwards	c'era una volta *17*	once upon a time

LESSON 13   NON È BELLO CIÒ CHE È BELLO...

alto *1*	tall	giovane *1*	young
basso *1*	short	calvo *1*	bald
magro *1*	thin	ha i capelli neri	he/she has black hair
grasso *1*	fat	corti	short

lunghi	long	elettrodomestici *9*	domestic appliances
ricci	curly	scale *9*	stairs
lisci *1*	straight	ascensore *9*	elevator
biondi	blond	vista *9*	view
castani *1*	brown	quartiere *9*	neighborhood
bianchi *1*	gray	vicino (s) *9*	neighbour
ha gli occhi azzurri	he/she has blue eyes	inquilino *9*	tenant
verdi	green	nuovo *9*	new
castani	brown	vecchio *9*	old
neri *1*	black	silenzioso *9*	silent
porta gli occhiali *1*	he/she wears glasses	sottile *9*	thin
ha la barba *1*	he has a beard	luminoso *9*	bright
ha i baffi *1*	he has a mustache	arredato *9*	furnished
bello *2*	beautiful	moderno *9*	modern
attraente *2*	attractive	accogliente *9*	cosy
qualità	quality	grande *9*	large
difetti	defects	pratico *9*	practical
brutto *4*	ugly	vivace *9*	lively
intelligente *4*	intelligent	100 metri quadrati *9*	100 square meters
simpatico *4*	pleasant	su due livelli *9*	on two levels
aperto *4*	open	al terzo piano *9*	fourth floor (USA)
timido *4*	shy	stretto *9*	narrow
carino *4*	cute	ripido *9*	steep
sensibile *4*	sensitive	stanza *9*	room
divertente *4*	enjoyable	salone *9*	living room
interessante *4*	interesting	soggiorno	sitting room
noioso *4*	boring	sala da pranzo	dining room
vanitoso *4*	vain	camera da letto *9*	bedroom
chiuso *8*	closed	camera degli ospiti *9*	guest room
socievole *8*	sociable	bagno *9*	bathroom
serio *8*	series	cucina *9*	kitchen
chiacchierona *8*	talkative person (female)	terrazzo *9*	patio
chiacchierone *8*	talkative person (male)	trovarsi *9*	to be/to be found
gentile *8*	kind	adattare *9*	to arrange
possessivo *8*	possessive	molto (aggettivo) *13*	very
geloso *8*	jealous	molto (avverbio) *13*	much
passionale *8*	passionate	divano *16*	couch
ragionevole *8*	reasonable	poltrona *16*	armchair
indipendente *8*	independent	campagna *16*	country
ottimista *8*	optimist	giardino *16*	garden
pessimista *8*	pessimist	orto *16*	vegetable garden
generoso *8*	generous	piante *16*	plants
impulsivo *8*	impulsive	metropolitana *16*	subway
emotivo *8*	emotional	smog *16*	smog
sicuro di sé *8*	self confident	traffico *16*	traffic
testardo *8*	stubborn	vita sana *16*	healthy life
superficiale *8*	shallow	vantaggio *16*	advantage
curioso *8*	curious	inconveniente *16*	disadvantage
tranquillo *8*	calm	trasferirsi *16*	to move house
irritabile *8*	irritable	annoiarsi *16*	to get bored
nervoso *8*	nervous	fiori *18*	flowers
felice	happy	balcone *18*	balcony
triste	sad		
casa *9*	house, home		
appartamento *9*	apartment		
edificio *9*	building		
spazio *9*	space		
muro *9*	wall		
parquet *9*	parquet		
mobili *9*	furniture		

che cosa si può fare in città? *2*	what can one do in the city?
teatro *2*	theater
opera *2*	opera
adattamento *2*	adaptation
replica *2*	repeat performance
regia di Marco Missironi *2*	directed by Marco Missironi
botteghino *2*	box office
lunedì riposo *2*	closed Monday
musica sudamericana *2*	South American music
mussica classica *2*	classical music
cinema *2*	cinema
di Francesca Archibugi *2*	by Francesca Archibugi
con Ornella Muti *2*	starring Ornella Muti
mostra *2*	exhibition
arte contemporanea *2*	contemporary art
opere *2*	works
esporre *2*	to exhibit
locale *2*	place
caffè *2*	café
pronto! *4*	hello
che programmi hai per sabato sera? *4*	what are you doing /what plans do you have for Saturday evening?
appuntamento *4*	date, appointment
ti va di …? *4*	would you like to …?
perché non vieni con me? *4*	why don't you come with me?
va bene *4*	all right
d'accordo *4*	I agree
mi dispiace, ma … *4*	I'm sorry but …
no, dai, andiamo a teatro! *4*	no, come on, let's go to the theatre!
veramente avrei un impegno *4*	to tell the truth, I've got a previous engagement/I'm busy
fare la fila *4*	wait in line
cellulare *4*	cellulare phone
che ne dici di. ..? *5*	what do you say …?
hai voglia di …? *5*	do you want to …?
sì, volentieri *5*	I'd love to
buona idea! *5*	good idea!
perché invece non andiamo al mare? *5*	why don't we got to the beach instead?
veramente non mi va *5*	I really don't want to
perfetto! *5*	perfect!
spettacolo *9*	show
come rimaniamo per domenica sera? *9*	what arrangements shall we make for Sunday evening?
in ritardo *13*	late
in orario *13*	on time
buone maniere *13*	good manners
luoghi pubblici *13*	public places
locali pubblici *13*	public places
commento *13*	comment
battuta *13*	joke
schermo *13*	screen
rumore *13*	noise
biglietto *13*	ticket
posto libero/occupato *13*	seat free/taken
telefonino *13*	cellulare phone
è d'obbligo… *13*	it is necessary
ad alta/bassa voce *13*	in a loud voice; speak out loud/speak quietly; whisper
evitare *13*	to avoid
disturbare *13*	to disturb
tossire *13*	to cough
starnutire *13*	to sneeze
ammirare *13*	to look at; to admire
spegnere *13*	to turn off

Lesson Glossary

Glossary in alphabetical order

Italian-English

Key
abbr. = abbreviation
agg. = adjective
avv. = adverb
cong. = conjunction
escl. = exclamation
inter. = interjection
loc. = adverbial phrase
pr. = pronoun
prep. = preposition
sf. = feminine noun
sm. = masculine noun
v. = verb

Italian	English
a bassa voce (loc.)	speaking quietly; whispering
abbigliamento (sm.)	clothing
abitare (v.)	to live
abituarsi (v.)	to get used to
accanto a (prep.)	beside
accendere (v.)	to switch on
accogliente (agg.)	welcoming
accompagnare (v.)	to accompany
accontentare (v.)	to please, to satisfy
aceto (sm.)	vinegar
acqua (sf.)	water
acqua minerale	*mineral water*
ad alta voce (loc.)	in a loud voice
adattamento (sm.)	adjustment
adattare (v.)	to adjust
addormentarsi (v.)	to fall asleep
aderente (agg.)	close-fitting
adesso (avv.)	now
adulto (agg./sm.)	adult
aereo (sm.)	aircraft
affittare (v.)	to rent
affresco (sm.)	fresco, mural
agenzia (sf.)	agency
aggiungere (v.)	to add
aglio (sm.)	garlic
agosto (sm.)	August
al contrario	on the contrary
albergo (sm.)	hotel
albero (sm.)	tree
alla moda (loc.)	fashionable
allegro (agg.)	cheerful
allergico (agg.)	allergic
allora (avv.)	then
alto (agg.)	tall
altro (agg.)	other
(l')altro ieri (avv.)	the day before yesterday
alzarsi (v.)	to get up
amare (v.)	to love
ambientarsi (v.)	to settle in
americano (sm./agg.)	American
amico (sm.)	friend
ammirare (v.)	to look at; to admire
anche (cong.)	also
ancora (avv.)	still; yet; again; more
non ancora	*not yet*
andare (v.)	to go
andare in giro	*to go round, to tour*
andare a piedi	*walk, go on foot*
andare a correre	*to go running, jogging*
andare a trovare qualcuno	*go to visit someone*
andare d'accordo	*to agree with someone*
andare in vacanza	*to go on vacation*
animale (sm.)	animal
anniversario (sm.)	anniversary
annoiarsi (v.)	to get bored
annuncio (sm.)	classified advertisement
antico (agg.)	old, ancient
antipasto (sm.)	appetizer
anziano (agg./sm.)	old
aperto (agg.)	open
appartamento (sm.)	apartment
appena (avv.)	just
appuntamento (sm.)	appointment; date
aprile (sm.)	April
aprire (v.)	to open, to switch on
arancia (sf.)	orange (fruit)
aranciata (sf.)	orange soda
arancione (agg.)	orange (color)
architetto (sm.)	architect
aria condizionata (sf.)	air conditioning
arrabbiarsi (v.)	to get angry; to lose your temper
arredato (agg.)	furnished
arrivederci (inter.)	goodbye
arrivo (sm.)	arrival
arrosto (sm.)	roast
arte (sf.)	art
ascensore (sm.)	elevator
asciugamano (sm.)	towel
ascoltare (v.)	to listen to
aspettare (v.)	to wait for
aspetto (sm.)	appearance
assolutamente (avv.)	absolutely
assomigliare (v.)	to look like
attenzione (sf.)	attention
attirare (v.)	attract
attirare l'attenzione su … (v.)	to draw attention to …
attore (sm.)	actor
attraente (agg.)	attractive
attraversare (v.)	to cross
attraverso (prep.)	through
attrice (sf.)	actress
auguri! (escl.)	Best wishes!/
australiano (sm./agg.)	Australian
austriaco (sm./agg.)	Austrian
autobus (sm.)	bus
autunno (sm.)	fall, autumn
avere (v.)	to have
avere fame (v.)	*to be hungry*
avere voglia (v.)	*to want*
avvocato (sm.)	lawyer
azzurro (agg.)	light blue
bagno (sm.)	bathroom
balcone (sm.)	balcony
ballare (v.)	to dance
banca (sf.)	bank
barba (sf.)	beard
barca (sf.)	boat
barocco (agg.)	Baroque
basso (agg.)	short
battuta (sf.)	joke
beige (agg. invariabile)	beige
bello (agg.)	nice, beautiful
bene (avv.)	good
benessere (sm.)	wellbeing
bere (v.)	to drink
bianco (agg.)	white
biblioteca (sf.)	library
bicchiere (sm.)	glass
bicicletta/bici (sf.)	bicycle/bike
biglietto (sm.)	ticket
biondo (agg.)	blond
birra (sf.)	beer
biscotto (sm.)	cookie
bistecca (sf.)	steak
blu (agg. invariabile)	blue
bocca (sf.)	mouth
borsetta (sf.)	purse
botteghino (sm.)	box office
bottiglia (sf.)	bottle
bruschetta (sf.)	toasted bread flavoured with oil and garlic
brutto (agg.)	ugly
buonasera (inter.)	good evening or good afternoon
buongiorno (inter.)	good morning or good day
buono (agg.)	good
burro (sm.)	butter
busta (sf.)	envelope, grocery bag

Glossary

busta di plastica	plastic grocery bag
buttare (v.)	to throw
caffè (sm.)	café, coffee
caffè macchiato (agg.)	coffee with a dash of cream
calamaro (sm.)	squid
caldo (agg.)	hot
calvo (agg.)	bald
cambiare (v.)	to change
camera (sf.)	room
camera singola	single room
camera doppia	twin-bedded room
camera matrimoniale	double room
camera tripla	three-bedded room
camera da letto	bedroom
camera degli ospiti	guest room
camicetta (sf.)	top, blouse
camicia (sf.)	shirt
camminare (v.)	to walk
campagna (sf.)	countryside
campeggio (sm.)	camp site
canadese (sm./agg.)	Canadian
cane (sm.)	dog
cantante (sm/f.)	singer
caotico (agg.)	chaotic
capelli (sm.)	hair
capire (v.)	to understand
capo (d'abbigliamento) (sm.)	item (of clothing); garment
Capodanno (sm.)	New Year
cappotto (sm.)	overcoat
cappuccino (sm.)	cappuccino
carattere (sm.)	personality
carino (agg.)	cute
carne (sf.)	meat
caro (agg.)	expensive; dear
carta (sf.)	paper
carta di credito	credit card
carta igienica	toilet paper
carte (da gioco)	(playing) cards
cartolina (sf.)	postcard
casa (sf.)	house, home
castano (agg.)	chestnut
castello (sm.)	castle
casual (agg.)	casual
cattivo (agg.)	bad
cavallo (sm.)	horse
celeste (agg.)	sky-blue
cellulare (sm.)	mobile/cell phone
cena (sf.)	dinner
cenare (v.)	to have dinner, to dine
centro (sm.)	center/city center
cercare (v.)	to look for, search
cereali (sm.)	cereals
certo (agg.)	certain
che (pr. e agg.)	that, which, what, who
chi (pr.)	who
chiacchierare (v.)	to chat
chiacchierona (agg.f.)	talkative person (female)
chiacchierone (agg.m.)	talkative person (male)
chiamare (v.)	to call
chiamarsi (v.)	to be called, named
chiesa (sf.)	church
chilo (sm.)	kilogram
chirurgo (sm.)	surgeon
chiudere (v.)	to close, to shut
chiuso (agg.)	closed, shut
ciao (inter.)	hello, hi, bye etc.
cibo (sm.)	food
ciliegia (sf.)	cherry
cinema (sm.)	cinema
cinese (sm./agg.)	Chinese
cioccolato (sm.)	chocolate
cipolla (sf.)	onion
città (sf.)	town, city
classe (sf.)	classroom
classico (agg.)	classical
cognata (sf.)	sister-in-law
cognato (sm.)	brother-in-law
cognome (sm.)	last name, surname
colazione (sf.)	breakfast
collega (sm./f.)	colleague
colloquio (sm.)	interview
colore (sm.)	color
combinare (v.)	to do
come (cong./avv.)	how, like, as
comico (agg.)	comical, funny
cominciare (v.)	to begin, to start
commento (sm.)	comment
commessa (sf.)	shop assistant/clerk (female)
commesso (sm.)	shop assistant/clerk (male)
comodo (agg.)	convenient, comfortable
compagno (sm.)	classmate, life partner, significant other (male)
compleanno (sm.)	birthday
buon compleanno	happy birthday
comprare (v.)	to buy
compreso (agg.)	including, inclusive of
comunque (avv./cong.)	anyway; however
concerto (sm.)	concert
conferma (sf.)	confirmation
coniglio (sm.)	rabbit
coniugato (agg.)	married
conoscere (v.)	to know, to be acquainted with
contemporaneo (agg.)	contemporary
continuare (v.)	to continue
continuare dritto	go straight on
conto (sm.)	bill; check
contorno (sm.)	side dish
contrario (agg.)	contrary
controllare (v.)	to check
convenzionale (agg.)	conventional
convincere (v.)	to convince, persuade
convivenza (sf.)	cohabitation
coperta (sf.)	blanket
coppia (sf.)	couple
coreano (agg.)	Korean
cornetto (sm.)	croissant
corso (sm.)	course
corto (agg.)	short
cosa (pr.)	what
cosa (sf.)	thing
così (avv. e cong.)	in this way, therefore
costoso (agg.)	expensive
costringere (v.)	to force, to oblige
cotoletta (sf.)	cutlet
cotone (sm.)	cotton
cravatta (sf.)	tie
credere (v.)	to believe
crema (sf.)	custard
crescere (v.)	to grow
criceto (sm.)	hamster
cucina (sf.)	cooking; cuisine
cucina (sf.)	kitchen
cucinare (v.)	to cook
cugina (sf.)	cousin (female)
cugino (sm.)	cousin (male)
cuocere (v.)	to cook
cupola (sf.)	dome
curarsi di (v.)	to take care of
curioso (agg.)	curious
curriculum (sm.)	curriculum vitae
cuscino (sm.)	pillow, cushion
d'accordo (escl.)	OK; I agree
da bambino, da piccolo (loc.)	when [someone] was a child
da giovane (loc.)	when [someone] was young
da solo	alone
dare (v.)	to give
dare da mangiare	to feed
data (sf.)	date
davanti a (prep.)	in front of
decidere (v.)	to decide
decidersi (v.)	to make up one's mind
decimo (agg.)	tenth
dedicarsi (v.)	to dedicate oneself
delfino (sm.)	dolphin
dentista (sm./f.)	dentist
dentro (avv.)	inside
desiderare (v.)	to wish, to want
destra (sf.)	right
detestare(v.)	to hate, dislike
di fronte (prep.)	in front of
di moda (loc.)	in fashion, trendy
di solito (loc.)	usually
dicembre (sm.)	December
dietro (avv./prep.)	behind; back
difetto (sm.)	defect, fault
difficile (agg.)	difficult

dimenticare (v.)	to forget	famoso (agg.)	famous	fritto (agg.)	fried
dipendere (v.)	to depend	fantastico (agg.)	fantastic, wonderful	frutta (sf.)	fruit
dipende (v.)	*it depends*			fuori (avv.)	out; outside
dire (v.)	to say, tell	fare (v.)	to do, to make	gatto (sm.)	cat
dispiacere (v.)	to be disagreeable, unpleasant	*fare la spesa*	*to do the shopping*	gelato (sm.)	ice-cream
		fare sport	*to play sport*	geloso (agg.)	jealous
distributore (sm.)	gas station	*fare una*	*to go for a walk*	genero (sm.)	son-in-law
disturbare (v.)	to disturb	*passeggiata*		generoso (agg.)	generous
divano (sm.)	couch	*fare caldo*	*to be hot (weather)*	genitori (sm.)	parents
diventare (v.)	to become	*fare freddo*	*to be cold (weather)*	gennaio (sm.)	January
diverso (agg.)	different	*fare colazione*	*to have breakfast*	gente (sf.)	people
divertente (agg.)	enjoyable, fun, entertaining	*fare fotografie*	*to take photographs*	gentile (agg.)	kind
		fare il bagno	*to swim, to bathe*	gestione (sf.)	management
divertirsi (v.)	to enjoy oneself	*fare un corso*	*to take a course*	ghiaccio (sm.)	ice
doccia (sf.)	shower	*fare un giro*	*to go around, to take a trip around etc*	già (avv.)	already; previously
dolce (agg.)	sweet			giacca (sf.)	jacket
dolce (sm.)	dessert			*giacca a vento*	*windbreaker*
domanda (sf.)	question, application	*fare compagnia*	*to keep someone company*	giallo (agg.)	yellow
domandare (v.)	to ask			giapponese (sm./agg.)	Japanese
domani (avv.)	tomorrow	*fare la fila*	*to wait in line, to stand in line*	giardino (sm.)	garden, park
domenica (sf.)	Sunday			ginnastica (sf.)	gymnastics, physical exercise
dopo (avv./prep./cong.)	after	farfalla (sf.)	butterfly		
		farmacia (sf.)	pharmacy	giocare (v.)	to play
dormire (v.)	to sleep	farmacista (sm/f.)	pharmacist	*giocare a tennis*	*to play tennis*
dove (avv.)	where	farsi la doccia (v.)	to have a shower, to take a shower	giorno (sm.)	day
dovere (v.)	must, to have to			giovane (agg.)	young
dunque (cong.)	therefore	favorevole (agg.)	favorable	giovanile (agg.)	young
durante (prep.)	during	febbraio (sm.)	February	giovedì (sm.)	Thursday
e, ed (cong.)	and	felice (agg.)	happy	girare (v.)	to turn around, to go around etc
eccezionale (agg.)	exceptional	femmina (sf.)	female		
ecco (avv.)	here (it is)	fermata (sf.)	stop (bus stop)	girare per la città	to go around the town, city
economico (agg.)	cheap, not expensive	fermata dell'autobus	bus stop		
		festa (sf.)	holiday; party	gita (sf.)	trip, tour
edificio (sm.)	building	fidanzarsi (v.)	to get engaged, to find a boyfriend/ girlfriend	giubbotto (sm.)	jacket
elegante (agg.)	elegant, stylish			giugno (sm.)	June
elettrodomestico (sm.)	home electrical appliance			giusto (agg.)	correct, right
		figli (sm.)	children, offspring	golfo (sm.)	gulf
emotivo (agg.)	emotional	figlia (sf.)	daughter	gonna (sf.)	skirt
entrare (v.)	to enter	figlio (sm.)	son	grande (agg.)	large
entrata (sf.)	entrance	*figlio unico*	*only child (male)*	grasso (agg.)	fat
epifania (sf.)	Epiphany	fila (sf.)	queue, line	grazie (inter.)	thank you
esame (sm.)	examination, test	finalmente (avv.)	finally	grigio (agg.)	grey
escluso (agg.)	excluding, exclusive of	fine settimana (sm.)	weekend	griglia (sf.)	grill
		finestra (sf.)	window	guardare (v.)	to look at, to watch
escursione (sf.)	excursion, outing, trip etc	finire (v.)	to finish, to end		
		fiore (sm.)	flower	guidare (v.)	to drive
esercizio (sm.)	exercise	fisso (agg.)	fixed	ieri (avv.)	yesterday
esporre (v.)	to expose, exhibit	fiume (sm.)	river	imparare (v.)	to learn
essere (v.)	to be	fontana (sf.)	fountain	impegno (sm.)	commitment, effort
estate (sf.)	summer	forchetta (sf.)	fork		
etto (sm.)	measurement of weight -100 grammes	formaggio (sm.)	cheese	impermeabile (sm.)	raincoat
		fornello (sm.)	stove	impiegata (sf.)	clerk/clerical worker
		forse (avv.)	maybe, perhaps		
evitare (v.)	to avoid	fragola (sf.)	strawberry	impiegato (sm.)	clerk/clerical worker
fabbrica (sf.)	factory	francese (sm./agg.)	French		
facciata (sf.)	facade	fratello (sm.)	brother	impulsivo (agg.)	impulsive
facile (agg.)	easy	freddo (agg.)	cold	in fretta (loc.)	in a hurry
fame (sf.)	hunger	frequentare (v.)	to take (a course)	in gamba (loc.)	clever
famiglia (sf.)	family	(un corso)		in giro (loc.)	around
famiglia allargata	extended family	fresco (agg.)	fresh, cool	incontrare (v.)	to meet
famiglia di fatto	de facto family	frigobar (sm.)	mini-bar (hotel room)	inconveniente (sm.)	problem; disadvantage
familiare (agg.)	family				

incoraggiare (v.)	to encourage	macedonia (sf.)	fruit salad	migliorare (v.)	to improve
incrocio (sm.)	crossroads	macinato (agg.)	ground	minestrone (sm.)	minestrone
indiano (sm./agg.)	Indian	madre (sf.)	mother	mischiare (v.)	to mix
indipendente (agg.)	independent/ separate	maggio (sm.)	May	misto (agg.)	mixed
		maggiore (agg.)	older	mobile (sm.)	piece of furniture
indirizzo (sm.)	address	la maggior parte (loc.)	most of, the majority of	mocassini (sm.)	loafers
indossare (v.)	to put on, to wear			moderno (agg.)	modern
industriale (agg.)	industrial	maglia (sf.)	top; sweater	modo (sm.)	way
infanzia (sf.)	childhood	maglietta (sf.)	T-shirt	moglie (sf.)	wife
infatti (cong.)	in fact	maglione (sm.)	sweater; pullover	molto (agg.)	very
infilarsi	to put on	magro (agg.)	thin	molto (avv.)	much
(una maglia) (v.)	(a sweater)	mai (avv.)	never, not ever	mondo (sm.)	world
ingegnere (sm.)	engineer	mai e poi mai	never ever	montagna (sf.)	mountain
inglese (sm./agg.)	English	malattia (sf.)	illness	monumento (sm.)	monument
ingrediente (sm.)	ingredient	male (avv.)	bad	mostra (sf.)	exhibition
inquilino (sm.)	tenant	mamma (sf.)	mother, Mom	mostrare (v.)	to show
insalata (sf.)	salad	mammone (agg.)	mother's boy	motivo (sm.)	reason
insegnante (sm/f.)	teacher	mancia (sf.)	tip, gratuity	motocicletta	motorcycle
insegnare (v.)	to teach	mandare (v.)	to send	(sf. abbr.: moto)	
insieme (avv.)	together	mangiare (v.)	to eat	motorino (sm.)	motorbike
intelligente (agg.)	intelligent	maniera (sf.)	manner	muro (sm.)	wall
interessante (agg.)	interesting	mare (sm.)	sea	museo (sm.)	museum
invece (avv.)	instead	marito (sm.)	husband	musica (sf.)	music
inverno (sm.)	winter	marmellata (sf.)	jelly, marmalade	nascere (v.)	to be born
irlandese (sm./agg.)	Irish	marrone (agg.)	brown	Natale (sm.)	Christmas
irritabile (agg.)	irritable	martedì (sm.)	Tuesday	buon Natale	happy Christmas
italiano (sm./agg.)	Italian	marzo (sm.)	March	naturale (agg.)	natural
lago (sm.)	lake	maschile (agg.)	masculine; mens' (clothing)	navigare	surf
lampada (sf.)	lamp			(su internet) (v.)	(the Web)
lampione (sm.)	lamppost	maschio (sm.)	male	nebbia (sf.)	fog
lana (sf.)	wool	massaggio (sm.)	massage	necessario (agg.)	necessary
largo (agg.)	big	matrimonio (sm.)	marriage, wedding	negozio (sm.)	store, shop
lasciare (v.)	to leave	mattina (sf.)	morning	nero (agg.)	black
latte (sm.)	milk	medico (sm.)	doctor	nervoso (agg.)	irritable, nervous
laurea (sf.)	degree	medievale (agg.)	medieval	neve (sf.)	snow
laurearsi (v.)	to graduate from university	mela (sf.)	apple	nevicare (v.)	to snow
		melanzana (sf.)	egg plant	niente (avv.)	nothing
lavagna (sf.)	blackboard	melone (sm.)	melon	nipote (sf./sm.)	niece or nephew- grand daughter or grandson
lavarsi (v.)	to wash oneself	meno (avv.)	less		
lavorare (v.)	to work	meno male	thank goodness		
lavorativo (agg.)	working	mensa (sf.)	cafeteria	noia (sf.)	boredom
lavoro (sm.)	work, job	mentre (cong.)	while	noioso (agg.)	boring, tedious
leggere (v.)	to read	mercato (sm.)	market	nome (sm.)	name
leone (sm.)	lion	mercoledì (sm.)	Wednesday	non (avv.)	not
letto (sm.)	bed	mese (sm.)	month	nonna (sf.)	grandmother
libero (agg.)	free	messicano (sm./agg.)	Mexican	nonni (sm.)	grandparents
libreria (sf.)	book store	metà (sf.)	half	nonno (sm.)	grandfather
libro (sm.)	book	metro (sm.)	meter (measurement)	nono (agg.)	ninth
lingua (sf.)	language; tongue			normalmente (avv.)	usually
lite (sf.)	argument	metro quadrato	square meter	notizia (sf.)	news
livello (sm.)	level	metropolitana (sf.)	subway	notte (sf.)	night
locale (sm.)	place	mettere (v.)	to put, to put on, to wear	novembre (sm.)	November
loquace (agg.)	talkative			numero (sm.)	number
luce (sf.)	light			numero di scarpe	shoe size
luglio (sm.)	July	mettere in ordine (v.)	to tidy up	numeroso (agg.)	numerous
luminoso (agg.)	bright	mezzanotte (sf.)	midnight	nuora (sf.)	daughter-in-law
lunedì (sm.)	Monday	mezzo (agg.)	half	nuotare (v.)	to swim
lungo (agg.)	long	mezzo (sm.)	half; means	nuovo (agg.)	new
luogo (sm.)	place	mezzo pubblico	public transport	nuvola (sf.)	cloud
luogo pubblico	public place	mezzogiorno (sm.)	noon	nuvoloso (agg.)	cloudy
ma (cong.)	but	mi dispiace (escl.)	I'm sorry	o (cong.)	or
macchina (sf.)	car	miele (sm.)	honey	occhiali (sm.)	spectacles

occhio (sm.)	eye
occuparsi (v.)	to deal with
occupato (agg.)	busy
odiare (v.)	to hate
officina (sf.)	workshop
offrire (v.)	to offer
oggetto (sm.)	object
oggi (avv.)	today
ogni (agg.)	each, every
olio (sm.)	oil
oliva (sf.)	olive
ombrello (sm.)	umbrella
ombrellone (sm.)	beach umbrella
opera (sf.)	opera
opera d'arte	work of art
operaia (sf.)	factory/manual worker (female)
operaio (sm.)	factory/manual worker (male)
oppure (cong.)	or
ora (sf.)	hour, time
ordinare (v.)	to order
orecchio (sm.)	ear
organizzare (v.)	to organize
originale (agg.)	original
orologio (sm.)	clock, watch
orto (sm.)	vegetable garden
ospedale (sm.)	hospital
ospite (sf/m.)	guest
ottavo (agg.)	eighth
ottimista (agg.)	optimistic
ottobre (sm.)	October
pacco (sm.)	parcel
padella (sf.)	pan, skillet
padre (sm.)	father
paesaggio (sm.)	landscape
paese (sm.)	country; village
pagare (v.)	to pay
pagina (sf.)	page
paio (sm.)	pair
palazzo (sm.)	apartment building, palace
palestra (sf.)	gym
pancetta (sf.)	bacon
pane (sm.)	bread
panino (sm.)	sandwich
panorama (sm.)	panorama, view
pantaloni (sm.)	pants
papà (sm.)	father, Dad
parcheggio (sm.)	parking space
parco (sm.)	park
parente (sf/m.)	relative
parlare (v.)	to speak
parmigiano (sm.)	Parmisan cheese
parola (sf.)	word
parquet (sm.)	parquet flooring
parrucchiere (sm.)	hairdresser
parte (sf.)	part
partecipare (v.)	to take part
partenza (sf.)	departure
partire (v.)	to depart
passare (v.)	to pass
passare il tempo	*spend one's time*
passeggiare (v.)	to go for a walk, to go walking, to stroll
passeggiata (sf.)	walk
passionale (agg.)	passionate
pasta (sf.)	pastry
pasticceria (sf.)	pastry shop; cake shop
patata (sf.)	potato
peccato (escl.)	what a shame, what a pity
pelle (sf.)	skin
penna (sf.)	pen
pensare (v.)	to think
pensionato (agg.)	retired
pensione (sf.)	boarding house
pensione completa	*full board*
mezza pensione	*half board*
pentola (sf.)	cooking pot
pepe (sm.)	pepper
peperoncino (sm.)	red pepper
peperone (sm.)	sweet pepper
per cortesia (loc.)	please
per esempio (loc.)	for example
per favore (loc.)	please
per fortuna (loc.)	fortunately
per piacere (loc.)	please
pera (sf.)	pear
perché (avv.)	why
perché (cong.)	because
perdersi (v.)	to get lost
perfetto (agg.)	perfect
periferia (sf.)	suburbs
però (cong.)	but, however
persona (sf.)	person
pesca (sf.)	peach
pesce (sm.)	fish
pessimista (agg.)	pessimistic
pettinarsi (v.)	to comb one's hair
phon (sm.)	hairdryer
piacere (escl.)	pleased to meet you
piacere (sm.)	pleasure
piacere (v.)	to like
piacevole (agg.)	pleasant
piano (sm.)	floor
pianterreno (sm.)	*first floor, groundfloor*
pianoforte (sm abbr.: piano.)	piano
pianta (sf.)	plant
piatto (sm.)	course
piazza (sf.)	piazza, square
piccolo (agg.)	small
pigro (agg.)	lazy
pioggia (sf.)	rain
piovere (v.)	to rain
piscina (sf.)	swimming pool
piselli (sm.)	peas
pittoresco (agg.)	picturesque
poco (pr. abbr.: po')	a little
un po' di...	*a small amount of...*
poco (agg.)	not much
poi (avv.)	then
pollo (sm.)	chicken
poltrona (sf.)	armchair
pomeriggio (sm.)	afternoon
pomodoro (sm.)	tomato
ponte (sm.)	bridge
popolare (agg.)	popular
porta (sf.)	door
portare (v.)	to bring, to carry; to wear, to be dressed in
portoghese (sm./agg.)	Portugese
possessivo (agg.)	possessive
posta (sf.)	mail
postino (sm.)	mailman
posto (sm.)	place
posto (di lavoro) (sm.)	job
potere (v.)	can, to be able to
povero (agg.)	poor
pranzare (v.)	to have lunch
pranzo (sm.)	lunch
pratico (agg.)	practical
prato (sm.)	lawn
preferire (v.)	to prefer
preferito (agg.)	favorite
prego (inter.)	you're welcome
prendere (v.)	to take
prendere il treno (v.)	*to go by train*
prendere il sole (v.)	*to sunbathe*
prenotare (v.)	to book, to make a reservation
prenotazione (sf.)	reservation, booking
preoccuparsi (v.)	to worry
preparare (v.)	to prepare
prepararsi (v.)	to get ready
presto (avv.)	soon
prezzo (sm.)	price
prima (avv.)	before
prima di tutto	*first of all*
primavera (sf.)	spring (season)
primo (agg.)	first
problema (sm.)	problem
prodotto (sm.)	product
professione (sf.)	profession, occupation
professore (sm.)	Professor, teacher (male)
professoressa (sf.)	Professor, teacher (female)
programma (sm.)	program, plan
promettere (v.)	to promise
pronto! (inter.)	hello! (on the telephone)
pronunciare (v.)	to pronounce
prosciutto (sm.)	ham
prosciutto cotto	boiled ham
prosciutto crudo	cured raw ham
provare (v.)	to try

Glossary

provare (un vestito)	to try on (clothes)
pubblicità (sf.)	advertising
pubblicitario (agg.)	advertising
pubblico (agg.)	public
pulire (v.)	to clean
pullover (sm.)	pullover
purè (sm.)	puree
purtroppo (avv.)	unfortunately
qual/quale (agg./pr.)	what; which
qualche (agg.)	some
qualche volta (loc.)	sometimes
qualcosa (pr.)	something
qualità (sf.)	quality
quando (avv./cong.)	when
quanto (agg./pr.)	how much
quartiere (sm.)	neighborhood
quarto (agg.)	fourth
quasi (avv.)	almost
quello (agg./pr.)	that
questo (agg./pr.)	this
quinto (agg.)	fifth
racconto (sm.)	story
ragazza (sf.)	girl
ragazzo (sm.)	boy
raggiungere (v.)	to reach
ragionevole (agg.)	reasonable
regalo (sm.)	gift
regia (sf.)	direction, production
regione (sf.)	region
registratore (sm.)	recorder
replica (sf.)	repeat performance
restare (v.)	to remain, to stay
resto (sm.)	change
rete (sf.)	network, net
riccio (agg.)	curly
ricco (agg.)	rich
ricetta (sf.)	recipe
ricevere (v.)	to receive
ricordare (v.)	to remember
ridere (v.)	to laugh
riempire (v.)	to fill
riga (sf.)	line
rilassante (agg.)	relaxing
rilassarsi (v.)	to relax
rimanere (v.)	to stay, remain
rinascimentale (agg.)	of the Renaissance
rinunciare (v.)	to renounce, to give up
ripetere (v.)	to repeat
ripido (agg.)	steep
riposarsi (v.)	to rest
riposo (sm.)	rest
riso (sm.)	rice
ristorante (sm.)	restaurant
ritardo (sm.)	delay
in ritardo	late
ritornare (v.)	return
ritrovarsi (v.)	to end up
riuscire (v.)	to manage to do something
romantico (agg.)	romantic
romanzo (sm.)	romance
rompere (v.)	to break
rosa (agg. invariabile)	pink
rosso (agg.)	red
rumore (sf.)	noise
rumoroso (agg.)	noisy
russo (agg.)	Russian
sabato (sm.)	Saturday
sala (sf.)	room, living room
sala da pranzo	dining room
salame (sm.)	salame
saldo (sm.)	(cut-price) sale
sale (sm.)	salt
salire (v.)	to go up, to rise, to get on
salone (sm.)	living room; lounge
salotto (sm.)	living room
salsiccia (sf.)	sausage
salutare (v.)	to greet, to say goodbye
sandali (sm.)	sandals
sano (agg.)	healthy
sapere (v.)	to know (something)
sapone (sm.)	soap
saponetta (sf.)	bar of soap
sapore (sm.)	taste, flavour
sauna (sf.)	sauna
sbagliare (v.)	to make a mistake
sbagliato (agg.)	wrong, mistaken
sbaglio (sm.)	mistake, error
scala (sf.)	stairs
scarpe (sf.)	shoes
scarpe basse	flat shoes
scarpe con i tacchi alti	high-heeled shoes
scegliere (v.)	to select, to choose
scendere (v.)	to go down, to get off (bus, train, plane etc); to get out of (car)
schermo (sm.)	screen
scherzare (v.)	to joke
sci (sm.)	ski
sciare (v.)	to ski
sciarpa (sf.)	scarf
sconto (sm.)	discount
scontrino (sm.)	receipt
scorso (agg.)	last
scozzese (sm./agg.)	Scot; Scottish
scrittore (sm.)	writer (male)
scrittrice (sf.)	writer (female)
scrivania (sf.)	desk
scrivere (v.)	to write
scuola (sf.)	school
scuro (agg.)	dark
scusare (v.)	to excuse
scusa	excuse me
scusi	excuse me (formal)
se (cong.)	if, whether
secolo (sm.)	century
secondo (agg.)	second
secondo te	in your opinion
sedersi (v.)	to sit down
sedia (sf.)	chair, seat
segretaria (sf.)	secretary (female)
segretario (sm.)	secretary (male)
seguire (un corso) (v.)	take (a course)
semaforo (sm.)	traffic lights
sembrare (v.)	to seem, to appear
semestre (sm.)	six-month period, semester
semplice (agg.)	simple
sempre (avv.)	always
sensibile (agg.)	sensitive
senso (sm.)	sense
sentire (v.)	to hear, to feel etc
sentirsi (v.)	to feel
senza (prep.)	without
sera (sf.)	evening
serata (sf.)	evening, night
serio (agg.)	serious
serpente (sm.)	snak
sesto (agg.)	sixth
seta (sf.)	silk
settembre (sm.)	September
settimana (sf.)	week
settimo (agg.)	seventh
severo (agg.)	strict
sì (avv.)	yes
sicuro (agg.)	safe, sure, secure
sicuro (di sé)	self-confident
significare (v.)	to mean
signora (sf.)	lady, Mrs
signore (sm.)	gentleman, Mr
signorina (sf.)	young lady, Miss
silenzioso (agg.)	quiet
simile (agg.)	similar
simpatico (agg.)	nice, friendly
sinistra (sf.)	left
smog (sm.)	smog
socievole (agg.)	sociable
soffrire (v.)	to suffer
soggiorno (sm.)	stay
sognare (v.)	to dream
sogno (sm.)	dream
soldi (sm.)	money
sole (sm.)	sun
solito (agg.)	usual
di solito	usually
solo (agg.)	only
da solo	alone, by oneself
soprattutto (avv.)	above all
sorella (sf.)	sister
sorpresa (sf.)	surprise
sorridere (v.)	to smile
sottile (agg.)	thin
spagnolo (sm./agg.)	Spanish
spazio (sm.)	space
spazioso (agg.)	spacious
specie (sf.)	species, kind, type
spedire (v.)	to send

spegnere (v.)	to switch off
spendere (v.)	to spend
sperare (v.)	to hope
spesso (avv.)	often
spettacolo (sm.)	show
spiaggia (sf.)	beach
spinaci (sm.)	spinach
sportivo (agg.)	sporty, casual
sposarsi (v.)	to get married
sposato (agg.)	married
spremuta (sf.)	juice
spuntino (sm.)	snack
stagione (sf.)	season
stamattina (avv.)	this morning
stancarsi (v.)	to tire oneself
stanco (agg.)	tired
stanza (sf.)	room
stare (v.)	to remain, to stay, to be
stare bene/male	to be well/to be unwell
starnutire (v.)	to sneeze
stasera (avv.)	this evening; tonight
stato (sm.)	state
statua (sf.)	statue
stazione (sf.)	station
stereo (sm)	stereo
stipendio (sm)	salary
stivali (sm.)	boots
storia (sf.)	history
strada (sf.)	street
straniero (agg.)	foreigner
strano (agg.)	strange
stressante (agg.)	stressful
stretto (agg.)	narrow
studente (sm.)	student (male)
studentessa (sf.)	student (female)
studiare (v.)	to study
studio (sm.)	office, study
stupendo (agg.)	wonderful
subito (avv.)	immediately
subito dopo	immediately after
succo (sm.)	juice
sudamericano (agg.)	South American
suocera (sf.)	mother-in-law
suoceri (sm.)	parents-in-laws
suocero (sm.)	father-in-law
suonare (v.)	to ring, to sound
suonare uno strumento musicale	to play
superficiale (agg.)	superficial
supermercato (sm.)	supermarket
surgelato (agg.)	frozen
sveglia (sf.)	alarm clock
svegliarsi (v.)	to wake up
svizzero (sm./agg.)	Swiss
tabaccheria (sf.)	tobacco shop
taglia (sf.)	size
tagliare (v.)	to cut
tagliarsi (v.)	to cut yourself
tagliarsi i capelli (v.)	get one's hair cut
taglio (di capelli)(sm.)	haircut
tanto (agg.)	so much
tanto (avv.)	so much
tartaruga (sf.)	turtle
tavola (sf.)	table
a tavola!	dinner's ready!
tavolo (sm.)	table
tazza (sf.)	cup
tè (sm.)	tea
tè al limone	tea with lemon
tè al latte	tea with milk
teatro (sm.)	theater
tedesco (sm./agg.)	German
telefonare (v.)	to telephone
telefonino (sm.)	mobile phone, cell phone
telefono (sm.)	telephone
telegiornale (sm)	TV news broadcast
televisione (sf.)	television
televisore (sm.)	television set
tempo (sm.)	time; weather
tempo libero	leisure time
temporale (sm)	storm
tenda (sf.)	tent
tenere (v.)	to hold
teoria (sf.)	theory
termosifone (sm.)	radiator
terrazza (sf.)	terrace
terzo (agg.)	third
testa (sf.)	head
testardo (agg.)	obstinate, stubborn
tigre (sf.)	tiger
timido (agg.)	shy
tipico (agg.)	typical
tirare (v.)	to draw, to pull
tornare (v.)	to turn, to return
torre (sf.)	tower
torta (sf.)	cake
tossire (v.)	to cough
tra/fra (prep.)	between; among; in, within
tradurre (v.)	to translate
traduttore (sm.)	translator (male)
traduttrice (sf.)	translator (female)
traffico (sm.)	traffic
traghetto (sm.)	ferry
tranquillo (agg.)	calm, quiet, tranquil
trasandato (agg.)	sloppy
trasferirsi (v.)	to move house
trasformarsi (v.)	to change oneself
trasloco (sm.)	move (house)
traversa (sf.)	side-street
treno (sm.)	train
triste (agg.)	sad
troppo (avv.)	too; too much
trovare (v.)	to find
trovarsi (v.)	to find oneself
turista (sf/m.)	tourist
tutto (agg. e pr.)	all
uccello (sm.)	bird
ufficio (sm.)	office
ufficio del turismo	Tourist office
ultimo (agg.)	last
università (sf.)	university
uomo (sm.)	man
uovo (sm.)	egg
(pl.: uova, sf.)	
uscire (v.)	to go out
uscita (sf.)	exit
uva (sf.)	grapes
va bene (loc.)	OK; all right
vacanza (sf.)	vacation
valigia (sf.)	suitcase
vanitoso (agg.)	vain
vantaggio (sm.)	advantage
vecchio (agg.)	old
vedere (v.)	to see
vedersi (v.)	to see each other; to meet
veloce (agg.)	fast, quick
venerdì (sm.)	Friday
venire (v.)	to come
venire (a costare) (v.)	to come to; to amount to
venire a trovare	come to visit
qualcuno (v.)	someone
vento (sm.)	wind
veramente (avv.)	really
verde (agg.)	green
verdura (sf.)	vegetables
vero (agg.)	true, real
verso (prep.)	towards
vestirsi (v.)	to dress, to get dressed
vestito (sm.)	dress
vetrina (sf.)	store window
via (sf.)	street
viaggiare (v.)	to travel
vicino (avv.)	near
vicino (sm.)	neighbour
vicino a (prep.)	near to
vino (sm.)	wine
vino rosso	red wine
vino bianco	white wine
viola (agg. invariabile)	purple
visita (sf.)	visit
visita guidata	guided tour
visitare (v.)	to visit
vista (sf.)	view
vistoso (agg.)	loud
vita (sf.)	life
vivace (agg.)	lively
vivere (v.)	to live
viziare (v.)	to spoil
voce (sf.)	voice, item
volentieri (avv.)	with pleasure
volerci (v.)	to take (eg it takes ten minutes to…)
volere (v.)	to want
volta (sf.)	time
zia (sf.)	aunt
zio (sm.)	uncle
zona (sf.)	area
zuppa (sf.)	soup
zuppiera (sf.)	soup tureen

Glossary

Glossary in alphabetical order

English-Italian

English	Italian
a little	po' (poco) (sm.)
a small amount of...	un po' di... (loc.)
above all	soprattutto (avv.)
absolutely	assolutamente (avv.)
to accompany	accompagnare (v.)
actor	attore (sm.)
actress	attrice (sf.)
to add	aggiungere (v.)
address	indirizzo (sm.)
to adjust	adattare (v.)
adjustment	adattamento (sm.)
adult	adulto (agg./sm.)
advantage	vantaggio (sm.)
advertising	pubblicità (sf.)
advertising	pubblicitario (agg.)
after	dopo (avv./prep./cong.)
afternoon	pomeriggio (sm.)
again	ancora, di nuovo (avv.)
agency	agenzia (sf.)
to agree with someone	andare d'accordo (v.)
air conditioning	aria condizionata (sf.)
aircraft	aereo (sm.)
alarm clock	sveglia (sf.)
all	tutto (agg. e pr.)
all right	va bene
allergic	allergico (agg.)
almost	quasi (avv.)
alone	da solo
already	già (avv.)
also	anche (cong.)
always	sempre (avv.)
American	americano (sm./agg.)
among	tra/fra (prep.)
to amount to	venire (a costare) (v.)
and	e (cong.)
animal	animale (sm.)
anniversary	anniversario (sm.)
anyway	comunque (avv./cong.)
apartment	appartamento (sm.)
apartment building	palazzo (sm.)
appearance	aspetto (sm.)
appetizer	antipasto (sm.)
apple	mela (sf.)
appointment	appuntamento (sm.)
April	aprile (sm.)
architect	architetto (sm.)
area	zona (sf.)
to argue	discutere (v.)
argument	lite (sf.)
armchair	poltrona (sf.)
around	in giro
arrival	arrivo (sm.)
art	arte (sf.)
to ask	domandare (v.)
attention	attenzione (sf.)
attract	attirare (v.)
attractive	attraente (agg.)
August	agosto (sm.)
aunt	zia (sf.)
Australian	australiano (sm./agg.)
Austrian	austriaco (sm./agg.)
autumn	autunno (sm.)
to avoid	evitare (v.)
back	dietro (avv./prep.)
bacon	pancetta (sf.)
bad	male (avv.)
bad	cattivo (agg.)
balcony	balcone (sm.)
bald	calvo (agg.)
bank	banca (sf.)
bar of soap	saponetta (sf.)
Baroque	barocco (agg.)
to bathe	fare il bagno (v.)
bathroom	bagno (sm.)
to be	essere (v.)
to be able to	*potere (v.)*
to be born	*nascere (v.)*
to be called	*chiamarsi (v.)*
to be cold (weather)	*fare freddo (v.)*
to be hot (weather)	*fare caldo (v.)*
to be hungry	*avere fame (v.)*
to be well/to be unwell	*stare bene/ male (v.)*
beach	spiaggia (sf.)
beach umbrella	ombrellone (sm.)
beard	barba (sf.)
beautiful	bello (agg.)
because	perché (cong.)
to become	diventare (v.)
bed	letto (sm.)
bedroom	camera da letto
beer	birra (sf.)
before	prima (avv.)
to begin	cominciare (v.)
behind	dietro (avv./prep.)
beige	beige (agg. invariabile)
to believe	credere (v.)
beside	accanto a (prep.)
best wishes!	auguri! (escl.)
between	tra/fra (prep.)
bicycle / bike	bicicletta/bici (sf.)
big	largo (agg.)
bill	conto (sm.)
bird	uccello (sm.)
birthday	compleanno (sm.)
black	nero (agg.)
blackboard	lavagna (sf.)
blanket	coperta (sf.)
blond	biondo (agg.)
blue	blu (agg. invariabile)
boarding house	pensione (sf.)
boat	barca (sf.)
boiled ham	prosciutto cotto
book	libro (sm.)
to book	prenotare (v.)
book store	libreria (sf.)
booking	prenotazione (sf.)
boots	stivali (sm.)
boredom	noia (sf.)
boring	noioso (agg.)
bottle	bottiglia (sf.)
box office	botteghino (sm.)
boy	ragazzo (sm.)
bread	pane (sm.)
to break	rompere (v.)
breakfast	colazione (sf.)
bridge	ponte (sm.)
bright	luminoso (agg.)
to bring	portare (v.)
brother	fratello (sm.)
brother-in-law	cognato (sm.)
brown	marrone (agg.)
building	edificio (sm.)
bus	autobus (sm.)
bus stop	fermata dell'autobus
busy	occupato (agg.)
but	ma, però (cong.)
butter	burro (sm.)
butterfly	farfalla (sf.)
to buy	comprare (v.)
by oneself	da solo
bye	ciao (inter.)
café	caffè, bar (sm.)
cafeteria	mensa (sf.)
cake	torta (sf.)
to call	chiamare (v.)
calm	calmo, tranquillo (agg.)
camp site	campeggio (sm.)
can	potere (v.)
Canadian	canadese (sm./agg.)
cappuccino	cappuccino (sm.)
car	macchina (sf.)
(playing) cards	carte (da gioco)
to carry	portare (v.)
castle	castello (sm.)

casual	casual (agg.)	confirmation	conferma (sf.)	different	diverso (agg.)
cat	gatto (sm.)	contemporary	contemporaneo (agg.)	difficult	difficile (agg.)
center/city center	centro (sm.)			dining room	sala da pranzo
century	secolo (sm.)	to continue	continuare (v.)	dinner	cena (sf.)
cereals	cereali (sm.)	contrary	contrario (agg.)	dinner's ready!	a tavola!
certain	certo (agg.)	convenient	comodo (agg.)	disadvantage	inconveniente (sm.)
chair	sedia (sf.)	conventional	convenzionale (agg.)	discount	sconto (sm.)
change	resto (sm.)			to disturb	disturbare (v.)
to change	cambiare (v.)	to convince	convincere (v.)	to do	fare (v.)
to change oneself	trasformarsi (v.)	to cook	cucinare (v.); cuocere (v.)	to do the shopping	fare la spesa (v.)
chaotic	caotico (agg.)			doctor	medico (sm.)
to chat	chiacchierare (v.)	cookie	biscotto (sm.)	dog	cane (sm.)
cheap	economico (agg.)	cooking	cucina (sf.)	dolphin	delfino (sm.)
check	conto (sm.)	cooking pot	pentola (sf.)	dome	cupola (sf.)
to check	controllare (v.)	cool	fresco (agg.)	door	porta (sf.)
cheerful	allegro (agg.)	correct	giusto (agg.)	to draw attention to ...	attirare l'attenzione su ... (v.)
cheese	formaggio (sm.)	cotton	cotone (sm.)		
cherry	ciliegia (sf.)	couch	divano (sm.)	to dream	sognare (v.)
chestnut	castano (agg.)	to cough	tossire (v.)	dream	sogno (sm.)
chicken	pollo (sm.)	country	paese (sm.)	dress	vestito (sm.)
childhood	infanzia (sf.)	countryside	campagna (sf.)	to dress	vestirsi (v.)
children	figli (sm.)	couple	coppia (sf.)	to drink	bere (v.)
Chinese	cinese (sm./agg.)	course	piatto (sm.)	to drive	guidare (v.)
chocolate	cioccolato (sm.)	course	corso (sm.)	during	durante (prep.)
to choose	scegliere (v.)	cousin (male)	cugino (sm.)	each	ogni (agg.)
Christmas	Natale	cousin (female)	cugina (sf.)	ear	orecchio (sm.)
church	chiesa (sf.)	credit card	carta di credito	easy	facile (agg.)
cinema	cinema (sm.)	croissant	cornetto (sm.)	to eat	mangiare (v.)
city	città (sf.)	to cross	attraversare (v.)	egg	uovo (sm.) (pl.: uova, sf.)
classical	classico (agg.)	crossroads	incrocio (sm.)		
classified advertisement	annuncio (sm.)	cuisine	cucina (sf.)	eggplant	melanzana (sf.)
		cup	tazza (sf.)	eighth	ottavo (agg.)
classmate	compagno (di scuola)(sm.)	cured raw ham	prosciutto crudo	elegant	elegante (agg.)
		curious	curioso (agg.)	elevator	ascensore (sm.)
classroom	classe (sf.)	curly	riccio (agg.)	emotional	emotivo (agg.)
to clean	pulire (v.)	curriculum vitae	curriculum (sm.)	to encourage	incoraggiare (v.)
clerk/clerical worker	impiegato (sm.); impiegata (sf.)	custard	crema (sf.)	to end	finire (v.)
		to cut	tagliare (v.)	to end up	ritrovarsi (v.)
clever	in gamba	to cut yourself	tagliarsi (v.)	engineer	ingegnere (sm.)
clock	orologio (sm.)	cute	carino (agg.)	English	inglese (sm./agg.)
to close	chiudere (v.)	cutlet	cotoletta (sf.)	to enjoy oneself	divertirsi (v.)
closed	chiuso (agg.)	dad	papà (sm.)	enjoyable	divertente (agg.)
close-fitting	aderente (agg.)	to dance	ballare (v.)	to enter	entrare (v.)
clothing	abbigliamento (sm.)	dark	scuro (agg.)	entrance	entrata (sf.)
cloud	nuvola (sf.)	date	data (sf.)	envelope	busta (sf.)
cloudy	nuvoloso (agg.)	daughter	figlia (sf.)	Epiphany	epifania (sf.)
coffee	caffè (sm.)	daughter-in-law	nuora (sf.)	evening	sera (sf.)
coffe with a dash of cream	caffè macchiato	day	giorno (sm.)	every	ogni (agg.)
		de facto family	famiglia di fatto	examination	esame (sm.)
cohabitation	convivenza (sf.)	to deal with	occuparsi (v.)	exceptional	eccezionale (agg.)
cold	freddo (agg.)	December	dicembre (sm.)	excluding	escluso (agg.)
colleague	collega (sm./f.)	to decide	decidere (v.)	excursion	escursione (sf.)
color	colore (sm.)	to dedicate oneself	dedicarsi (v.)	excuse me	scusa
to comb one's hair	pettinarsi (v.)	defect	difetto (sm.)	excuse me (formal)	scusi
to come	venire (v.)	degree	laurea (sf.)	exercise	esercizio (sm.)
to come to visit someone	venire a trovare qualcuno (v.)	delay	ritardo (sm.)	exhibition	mostra (sf.)
		dentist	dentista (sm./f.)	exit	uscita (sf.)
comfortable	comodo (agg.)	to depart	partire (v.)	expensive	costoso (agg.)
comical	comico (agg.)	departure	partenza (sf.)	expensive	caro, costoso (agg.)
comment	commento (sm.)	to depend	dipendere (v.)		
commitment	impegno (sm.)	desk	scrivania (sf.)	to expose	esporre (v.)
concert	concerto (sm.)	dessert	dolce (sm.)	extended family	famiglia allargata

eye	occhio (sm.)	garlic	aglio (sm.)	ground	macinato (agg.)
facade	facciata (sf.)	gas station	distributore (sm.)	to grow	crescere (v.)
factory	fabbrica (sf.)	generous	generoso (agg.)	guest	ospite (sf/m.)
factory/manual	operaio (sm.);	gentleman	signore (sm.)	*guest room*	*camera degli*
worker	operaia (sf.)	German	tedesco (sm./agg.)		*ospiti*
fall	autunno (sm.)	to get angry	arrabbiarsi (v.)	guided tour	visita guidata
to fall asleep	addormentarsi (v.)	to get bored	annoiarsi (v.)	gulf	golfo (sm.)
family	famiglia (sf.)	to get dressed	vestirsi (v.)	gym	palestra (sf.)
famous	famoso (agg.)	to get engaged	fidanzarsi (v.)	gymnastics	ginnastica (sf.)
fantastic	fantastico (agg.)	to get lost	perdersi (v.)	hair	capelli (sm.)
fashionable	alla moda	to get married	sposarsi (v.)	haircut	taglio (di capelli)
fast	veloce (agg.)	to get off	scendere (v.)		(sm.)
fat	grasso (agg.)	(bus, train, plane etc)		hairdresser	parrucchiere (sm.)
father	padre (sm.)	to get on	salire (v.)	hairdryer	phon (sm.)
father-in-law	suocero (sm.)	get one's hair cut	tagliarsi i capelli (v.)	half	mezzo (agg.)
favorable	favorevole (agg.)	to get out of (car)	scendere (v.)	half board	mezza pensione
favorite	preferito (agg.)	to get ready	prepararsi (v.)	ham	prosciutto (sm.)
February	febbraio (sm.)	to get up	alzarsi (v.)	hamster	criceto (sm.)
to feed	dare da mangiare (v.)	to get used to	abituarsi (v.)	happy	felice (agg.)
to feel	sentirsi (v.)	gift	regalo (sm.)	happy birthday!	buon compleanno!
female	femmina (sf.)	girl	ragazza (sf.)		(escl.)
ferry	traghetto (sm.)	to give	dare (v.)	to hate	odiare (v.)
fifth	quinto (agg.)	glass	bicchiere (sm.)	to have	avere (v.)
to fill	riempire (v.)	to go	andare (v.)	*to have a shower*	*farsi la doccia (v.)*
finally	finalmente (avv.)	*to go around*	*fare un giro (v.)*	*to have breakfast*	*fare colazione (v.)*
to find	trovare (v.)	*to go around*	*girare per*	*to have dinner*	*cenare (v.)*
to find a	fidanzarsi (v.)	*the city*	*la città (v.)*	*to have lunch*	*pranzare (v.)*
boyfriend/girlfriend		*to go by train*	*prendere il treno (v.)*	*to have to*	*dovere (v.)*
to find oneself	trovarsi (v.)	*to go down*	*scendere (v.)*	head	testa (sf.)
to finish	finire (v.)	*to go for a walk*	*fare una*	healthy	sano (agg.)
first	primo (agg.)		*passeggiata (v.)*	to hear	sentire (v.)
first of all	*prima di tutto*	*to go on vacation*	*andare in*	hello!	pronto! (inter.)
fish	pesce (sm.)		*vacanza (v.)*	(on the telephone)	
fixed	fisso (agg.)	*to go out*	*uscire (v.)*	here (it is)	ecco (avv.)
floor	piano (sm.)	*to go round*	*andare in giro (v.)*	hi	ciao (inter.)
grandfloor, first floor	*pianterreno (sm.)*	*to go running*	*andare a correre (v.)*	history	storia (sf.)
flower	fiore (sm.)	*to go straight on*	*continuare*	to hold	tenere (v.)
fog	nebbia (sf.)		*dritto (v.)*	holiday	festa (sf.)
food	cibo (sm.)	*to go to visit someone*	*andare a trovare*	home	casa (sf.)
for example	per esempio (loc.)		*qualcuno (v.)*	home electrical	elettrodomestico
to force	costringere (v.)	*to go up*	*salire (v.)*	appliance	(sm.)
foreigner	straniero (agg.)	*to go walking*	*passeggiare (v.)*	honey	miele (sm.)
to forget	dimenticare (v.)	good	bene (avv.);	to hope	sperare (v.)
fork	forchetta (sf.)		buono (agg.)	horse	cavallo (sm.)
fortunately	per fortuna (loc.)	good evening or	buonasera (inter.)	hospital	ospedale (sm.)
fountain	fontana (sf.)	good afternoon		hot	caldo (agg.)
fourth	quarto (agg.)	good morning or	buongiorno	hotel	albergo (sm.)
free	libero (agg.)	good day	(inter.)	hour	ora (sf.)
French	francese (sm./agg.)	goodbye	arrivederci (inter.)	house	casa (sf.)
fresco	affresco (sm.)	to graduate from	laurearsi (v.)	how	come (cong./avv.)
fresh	fresco (agg.)	university		how much	quanto (agg./pr.)
Friday	venerdì (sm.)	granddaughter	nipote (sf.)	however	comunque
fried	fritto (agg.)	grandfather	nonno (sm.)		(avv./cong.),
friend	amico (sm.)	grandmother	nonna (sf.)		però (cong.)
frozen	surgelato (agg.)	grandparents	nonni (sm.)	hunger	fame (sf.)
fruit	frutta (sf.)	grandson	nipote (sm.)	husband	marito (sm.)
fruit salad	macedonia (sf.)	grapes	uva (sf.)	I'm sorry	mi dispiace (escl.)
full board	pensione completa	green	verde (agg.)	ice	ghiaccio (sm.)
funny	comico,	to greet	salutare (v.)	ice-cream	gelato (sm.)
	divertente (agg.)	grey	grigio (agg.)	if	se (cong.)
furnished	arredato (agg.)	grill	griglia (sf.)	illness	malattia (sf.)
garden	giardino (sm.)	grocery bag	busta (sf.)	immediately	subito (avv.)

immediately after	subito dopo	late	in ritardo	to meet	incontrare (v.)
to improve	migliorare (v.)	to laugh	ridere (v.)	melon	melone (sm.)
impulsive	impulsivo (agg.)	lawn	prato (sm.)	merry Christmas!	buon Natale! (escl.)
in a hurry	in fretta (loc.)	lawyer	avvocato (sm.)	meter (measurement)	metro (sm.)
in a loud voice	ad alta voce (loc.)	lazy	pigro (agg.)	Mexican	messicano
in fact	infatti (cong.)	to learn	imparare (v.)		(sm./agg.)
in fashion	di moda (loc.)	to leave	lasciare (v.)	midnight	mezzanotte (sf.)
in front of	davanti a,	left	sinistra (sf.)	milk	latte (sm.)
	di fronte a (prep.)	leisure time	tempo libero	minestrone	minestrone (sm.)
in this way	così (avv. e cong.)	less	meno (avv.)	mini-bar	frigobar (sm.)
in your opinion	secondo te (loc.)	level	livello (sm.)	(hotel room)	
including	compreso (agg.)	library	biblioteca (sf.)	Miss	signorina (sf.)
independent	indipendente (agg.)	life	vita (sf.)	mistake	sbaglio (sm.)
Indian	indiano (sm./agg.)	life partner (male)	compagno (nella	to mix	mischiare (v.)
industrial	industriale (agg.)		vita) (sm.)	mixed	misto (agg.)
ingredient	ingrediente (sm.)	light	luce (sf.)	mobile phone,	cellulare,
inside	dentro (avv.)	light blue	azzurro (agg.)	cell phone	telefonino (sm.)
instead	invece (avv.)	like	come (cong./avv.)	modern	moderno (agg.)
intelligent	intelligente (agg.)	to like	piacere (v.)	Monday	lunedì (sm.)
interesting	interessante (agg.)	line	riga (sf.); fila (sf.)	money	soldi (sm.)
interview	colloquio (sm.)	lion	leone (sm.)	month	mese (sm.)
Irish	irlandese (sm./agg.)	to listen to	ascoltare (v.)	monument	monumento (sm.)
irritable	irritabile (agg.)	to live	abitare (v.);	more	ancora, di più
irritable	nervoso (agg.)		vivere (v.)		(avv.)
Italian	italiano (sm./agg.)	lively	vivace (agg.)	morning	mattina (sf.)
item (of clothing)	capo (d'abbiglia-	living room	salotto (sm.)	most of	la maggior parte
	mento) (sm.)	loafers	mocassini (sm.)	mother	madre (sf.)
jacket	giacca (sf.);	long	lungo (agg.)	mother	mamma (sf.)
	giubbotto (sm.)	to look at	guardare (v.);	mother's boy	mammone (agg.)
January	gennaio (sm.)		cercare (v.)	mother-in-law	suocera (sf.)
Japanese	giapponese	to look like	assomigliare (v.)	motorbike	motorino (sm.)
	(sm./agg.)	loud	vistoso (agg.)	motorcycle	motocicletta
jealous	geloso (agg.)	to love	amare (v.)		(sf. abbr.: moto)
job	posto (di lavoro)	lunch	pranzo (sm.)	mountain	montagna (sf.)
	(sm.);	mail	posta (sf.)	mouth	bocca (sf.)
	lavoro (sm.)	mailman	postino (sm.)	move (house)	trasloco (sm.)
joke	battuta (sf.)	to make	fare (v.)	to move house	trasferirsi (v.)
to joke	scherzare (v.)	to make a mistake	sbagliare (v.)	Mr	signore (sm.)
juice	succo (sm.);	to make a reservation	prenotare (v.)	Mrs	signora (sf.)
	spremuta (sm.)	to make up	decidersi (v.)	much	molto (avv.)
July	luglio (sm.)	one's mind		museum	museo (sm.)
June	giugno (sm.)	male	maschio (sm.)	music	musica (sf.)
just	appena (avv.)	man	uomo (sm.)	must	dovere (v.)
to keep someone	fare compagnia (v.)	to manage do	riuscire (v.)	name	nome (sm.)
company		something		narrow	stretto (agg.)
kilogram	chilo (sm.)	management	gestione (sf.)	natural	naturale (agg.)
kind	gentile (agg.);	manner	maniera (sf.)	near	vicino (avv.)
	specie (sf.),	March	marzo (sm.)	near to	vicino a (prep.)
	genere (sm.)	market	mercato (sm.)	necessary	necessario (agg.)
kitchen	cucina (sf.)	marmalade	marmellata (sf.)	neighborhood	quartiere (sm.)
to know (something)	sapere (v.),	marriage	matrimonio (sm.)	neighbour	vicino (sm.)
	conoscere (v.)	married	sposato,	network	rete (sf.)
Korean	coreano (agg.)		coniugato (agg.)	never	mai (avv.)
lady	signora (sf.)	masculine	maschile (agg.)	never ever	mai e poi mai
lake	lago (sm.)	massage	massaggio (sm.)	new	nuovo (agg.)
lamp	lampada (sf.)	May	maggio (sm.)	New Year	capodanno (sm.)
lamppost	lampione (sm.)	maybe	forse (avv.)	news	notizia (sf.)
landscape	paesaggio (sm.)	to mean	significare (v.)	nice	bello (agg.);
language	lingua (sf.)	measurement of	etto (sm.)		simpatico (agg.)
large	grande (agg.)	weight-100 gramme		niece or nephew	nipote (sf./sm.)
last	scorso (agg.);	smeat	carne (sf.)	night	notte (sf.)
	ultimo (agg.)	medieval	medievale (agg.)	ninth	nono (agg.)

noise	rumore (sf.)	part	parte (sf.)	program	programma (sm.)
noisy	rumoroso (agg.)	party	festa (sf.)	to promise	promettere (v.)
noon	mezzogiorno (sm.)	to pass	passare (v.)	to pronounce	pronunciare (v.)
not	non (avv.)	passionate	passionale (agg.)	public	pubblico (agg.)
not much	poco (agg.)	pastry	pasta (sf.)	*public place*	*luogo pubblico*
not yet	non ancora	pastry shop	pasticceria (sf.)	*public transport*	*mezzo pubblico*
nothing	niente (avv.)	to pay	pagare (v.)	to pull	tirare (v.)
November	novembre (sm.)	peach	pesca (sf.)	pullover	pullover, maglione
now	adesso (avv.)	pear	pera (sf.)		(sm.)
number	numero (sm.)	peas	piselli (sm.)	puree	purè (sm.)
numerous	numeroso (agg.)	pen	penna (sf.)	purple	viola (agg.
object	oggetto (sm.)	people	gente (sf.)		invariabile)
to oblige	costringere (v.)	pepper	pepe (sm.)	purse	borsetta (sf.)
obstinate	testardo (agg.)	perfect	perfetto (agg.)	to put	mettere (v.)
occupation	professione (sf.)	perhaps	forse (avv.)	to put on	mettere,
October	ottobre (sm.)	person	persona (sf.)		indossare (v.)
of the Renaissance	rinascimentale	personality	carattere (sm.)	quality	qualità (sf.)
	(agg.)	pessimistic	pessimista (agg.)	question	domanda (sf.)
to offer	offrire (v.)	pharmacist	farmacista (sm/f.)	queue	fila (sf.)
office	ufficio (sm.)	pharmacy	farmacia (sf.)	quick	veloce (agg.)
often	spesso (avv.)	piano	pianoforte (sm.	quiet	silenzioso (agg.)
oil	olio (sm.)		abbr.: piano)	rabbit	coniglio (sm.)
OK	va bene, d'accordo	picturesque	pittoresco (agg.)	radiator	termosifone (sm.)
old	vecchio (agg.);	piece of furniture	mobile (sm.)	to rain	piovere (v.)
	anziano (agg./sm.)	pillow	cuscino (sm.)	rain	pioggia (sf.)
old, ancient	antico (agg.)	pink	rosa (agg.	raincoat	impermeabile
older	maggiore (agg.)		invariabile.)		(sm.)
olive	oliva (sf.)	place	locale (sm.);	to reach	raggiungere (v.)
on the contrary	al contrario		luogo (sm.);	to read	leggere (v.)
onion	cipolla (sf.)		posto (sm.)	really	veramente (avv.)
only	solo (agg.)	plan	programma (sm.)	reason	motivo (sm.)
only child (male)	figlio unico	plant	pianta (sf.)	reasonable	ragionevole (agg.)
to open	aprire (v.)	to play (a game)	giocare (v.)	receipt	scontrino (sm.)
open	aperto (agg.)	*to play sport*	*fare sport (v.)*	to receive	ricevere (v.)
opera	opera (sf.)	*to play tennis*	*giocare a tennis (v.)*	recipe	ricetta (sf.)
optimistic	ottimista (agg.)	*to play (a musical*	*suonare (v.)*	recorder	registratore (sm.)
or	o, oppure (cong.)	*instrument)*		red	rosso (agg.)
orange (color)	arancione (agg.)	pleasant	piacevole (agg.)	red pepper	peperoncino (sm.)
orange (fruit)	arancia (sf.)	please	per cortesia (loc.),	region	regione (sf.)
orange soda	aranciata (sf.)		per piacere (loc.),	relative	parente (sf/m.)
to order	ordinare (v.)		per favore (loc.)	to relax	rilassarsi (v.)
to organize	organizzare (v.)	to please	accontentare (v.)	relaxing	rilassante (agg.)
original	originale (agg.)	pleased to meet you	piacere (escl.)	to remain	restare (v.)
other	altro (agg.)	pleasure	piacere (sm.)	to remember	ricordare (v.)
out	fuori (avv.)	poor	povero (agg.)	to renounce	rinunciare (v.)
outside	fuori (avv.)	popular	popolare (agg.)	to rent	affittare (v.)
overcoat	cappotto (sm.)	Portugese	portoghese	to repeat	ripetere (v.)
page	pagina (sf.)		(sm./agg.)	repeat performance	replica (sf.)
pair	paio (sm.)	possessive	possessivo (agg.)	reservation	prenotazione (sf.)
palace	palazzo (sm.)	postcard	cartolina (sf.)	rest	riposo (sm.)
pan	padella (sf.)	potato	patata (sf.)	to rest	riposarsi (v.)
panorama	panorama (sm.),	practical	pratico (agg.)	restaurant	ristorante (sm.)
	vista (sf.)	to prefer	preferire (v.)	retired	pensionato (agg.)
pants	pantaloni (sm.)	to prepare	preparare (v.)	to return	tornare (v.)
paper	carta (sf.)	to previously	già (avv.)	return	ritornare (v.)
parcel	pacco (sm.)	price	prezzo (sm.)	rice	riso (sm.)
parents	genitori (sm.)	problem	problema (sm.)	rich	ricco (agg.)
parents-in-laws	suoceri (sm.)	product	prodotto (sm.)	right	destra (sf.);
park	parco (sm.)	production	regia (sf.)		giusto (agg.)
parking space	parcheggio (sm.)	profession	professione (sf.)	to ring	suonare (v.)
Parmisan cheese	parmigiano (sm.)	Professor	professore (sm.);	to rise	salire (v.)
parquet flooring	parquet (sm.)		professoressa (sf.)	river	fiume (sm.)

roast	arrosto (sm.)	side dish	contorno (sm.)	steak	bistecca (sf.)
romance	romanzo (sm.)	side-street	traversa (sf.)	steep	ripido (agg.)
romantic	romantico (agg.)	silk	seta (sf.)	stereo	stereo (sm)
room	camera, stanza (sf.)	similar	simile (agg.)	still	ancora (avv.)
single room	*camera singola*	simple	semplice (agg.)	stop (bus stop)	fermata (sf.)
twin-bedded room	*camera doppia*	singer	cantante (sm/f.)	store	negozio (sm.)
double room	*camera matrimoniale*	sister	sorella (sf.)	store window	vetrina (sf.)
		sister-in-law	cognata (sf.)	storm	temporale (sm.)
three-bedded room	*camera tripla*	to sit down	sedersi (v.)	story	racconto (sm.)
Russian	russo (agg.)	sixth	sesto (agg.)	stove	fornello (sm.)
sad	triste (agg.)	size	taglia (sf.)	strange	strano (agg.)
safe	sicuro (agg.)	*shoe size*	*numero di scarpe*	strawberry	fragola (sf.)
salad	insalata (sf.)	ski	sci (sm.)	street	strada (sf.); via (sf.)
salame	salame (sm.)	to ski	sciare (v.)	stressful	stressante (agg.)
salary	stipendio (sm)	skin	pelle (sf.)	strict	severo (agg.)
(cut-price) sale	saldo (sm.)	skirt	gonna (sf.)	student	studente (sm.);
salt	sale (sm.)	sky-blue	celeste (agg.)		studentessa (sf.)
sandals	sandali (sm.)	to sleep	dormire (v.)	study	studio (sm.)
sandwich	panino (sm.)	sloppy	trasandato (agg.)	to study	studiare (v.)
Saturday	sabato (sm.)	small	piccolo (agg.)	suburbs	periferia (sf.)
sauna	sauna (sf.)	to smile	sorridere (v.)	subway	metropolitana (sf.)
sausage	salsiccia (sf.)	smog	smog (sm.)	to suffer	soffrire (v.)
to say	dire (v.)	snack	spuntino (sm.)	suitcase	valigia (sf.)
to say goodbye	salutare (v.)	snake	serpente (sm.)	summer	estate (sf.)
scarf	sciarpa (sf.)	to sneeze	starnutire (v.)	sun	sole (sm.)
school	scuola (sf.)	to snow	nevicare (v.)	to sunbathe	prendere il sole (v.)
Scot/Scottish	scozzese (sm./agg.)	snow	neve (sf.)	Sunday	domenica (sf.)
screen	schermo (sm.)	so much	tanto (agg. e avv.)	superficial	superficiale (agg.)
sea	mare (sm.)	soap	sapone (sm.)	supermarket	supermercato (sm.)
to search	cercare (v.)	sociable	socievole (agg.)	surf (the Web)	navigare
season	stagione (sf.)	some	qualche (agg.)		(su internet) (v.)
seat	sedia (sf.)	something	qualcosa (pr.)	surgeon	chirurgo (sm.)
second	secondo (agg.)	sometimes	qualche volta (loc.)	surname	cognome (sm.)
secretary	segretaria (sf.); segretario (sm.)	son	figlio (sm.)	surprise	sorpresa (sf.)
		son-in-law	genero (sm.)	sweater	maglia (sf.)
to see	vedere (v.)	soon	presto (avv.)	sweet	dolce (agg.)
to see each other	vedersi (v.)	soup	zuppa (sf.)	sweet pepper	peperone (sm.)
to seem	sembrare (v.)	soup tureen	zuppiera (sf.)	to swim	nuotare (v.)
to select	scegliere (v.)	South American	sudamericano	swimming pool	piscina (sf.)
self-confident	sicuro (di sé) (agg.)		(agg.)	Swiss	svizzero (sm./agg.)
semester	semestre (sm.)	space	spazio (sm.)	to switch off	spegnere (v.)
to send	spedire (v.)	spacious	spazioso (agg.)	to switch on	accendere (v.)
sense	senso (sm.)	Spanish	spagnolo (sm./agg.)	table	tavola (sf.);
sensitive	sensibile (agg.)	to speak	parlare (v.)		tavolo (sm.)
September	settembre (sm.)	speaking quietly	a bassa voce (loc.)	to take	prendere (v.)
serious	serio (agg.)	spectacles	occhiali (sm.)	*to take (eg it takes*	*volerci (v.)*
to settle in	ambientarsi (v.)	to spend	spendere (v.)	*ten minutes to…)*	
seventh	settimo (agg.)	*to spend one's time*	*passare il tempo*	*to take a course*	*frequentare un*
shirt	camicia (sf.)	spinach	spinaci (sm.)		*corso (v.)*
shoes	scarpe (sf.)	to spoil	viziare (v.)	*to take a shower*	*farsi la doccia (v.)*
flat shoes	*scarpe basse*	sporty	sportivo (agg.)	*to take care of*	*curarsi di (v.)*
high-heeled shoes	*scarpe con i tacchi alti*	spring (season)	primavera (sf.)	*to take part*	*partecipare (v.)*
		square	piazza (sf.)	*to take phographs*	*fare fotografie (v.)*
shop	negozio (sm.)	square meter	metro quadrato	talkative	loquace (agg.)
shop assistant/clerk	commesso (sm.); commessa (sf.)	squid	calamaro (sm.)	talkative person	chiacchierone (agg.m.);
		stairs	scala (sf.)		chiacchierona
short	corto (agg.); basso (agg.)	to start	cominciare (v.)		(agg.f.)
		state	stato (sm.)		
show	spettacolo (sm.)	station	stazione (sf.)	tall	alto (agg.)
to show	mostrare (v.)	statue	statua (sf.)	taste	sapore (sm.)
shower	doccia (sf.)	to stay	stare (v.)	tea	tè (sm.)
shy	timido (agg.)	stay	soggiorno (sm.)	*tea with lemon*	*tè al limone*

tea with milk	*tè al latte*
to teach	insegnare (v.)
teacher	insegnante (sm./f.)
telephone	telefono (sm.)
to telephone	telefonare (v.)
television	televisione (sf.)
television set	televisore (sm.)
to tell	dire (v.)
tenant	inquilino (sm.)
tent	tenda (sf.)
tenth	decimo (agg.)
terrace	terrazza (sf.)
thank goodness	meno male
thank you	grazie (inter.)
that	quello (agg./pr.); che (pr.)
the day before yesterday	l'altro ieri (avv.)
theater	teatro (sm.)
then	poi (avv.); allora (avv.)
theory	teoria (sf.)
therefore	dunque (cong.)
thin	magro (agg.); sottile (agg.)
thing	cosa (sf.)
to think	pensare (v.)
third	terzo (agg.)
this	questo (agg./pr.)
this evening	stasera (avv.)
this morning	stamattina (avv.)
through	attraverso (prep.)
to throw	buttare (v.)
Thursday	giovedì (sm.)
ticket	biglietto (sm.)
to tidy up	mettere in ordine (v.)
tie	cravatta (sf.)
tiger	tigre (sf.)
time	volta (sf.); ora (sf.)
time	tempo (sm.)
tip	mancia (sf.)
to tire oneself	stancarsi (v.)
tired	stanco (agg.)
tobacco shop	tabaccheria (sf.)
today	oggi (avv.)
together	insieme (avv.)
toilet paper	carta igienica (sf.)
tomato	pomodoro (sm.)
tomorrow	domani (avv.)
tongue	lingua (sf.)
tonight	stasera, stanotte (avv.)
too	troppo (avv.)
too much	troppo (avv.)
top	camicetta (sf.); maglia (sf.)
tourist	turista (sf/m.)
Tourist office	*ufficio del turismo*
towards	verso (prep.)
towel	asciugamano (sm.)
tower	torre (sf.)
town	città (sf.)
traffic	traffico (sm.)
traffic lights	semaforo (sm.)
train	treno (sm.)
to translate	tradurre (v.)
translator	traduttore (sm.); traduttrice (sf.)
to travel	viaggiare (v.)
tree	albero (sm.)
trip	gita (sf.)
true	vero (agg.)
to try	provare (v.)
to try on (clothes)	provare (un vestito) (v.)
T-shirt	maglietta (sf.)
Tuesday	martedì (sm.)
to turn	tornare (v.)
to turn around	girare (v.)
turtle	tartaruga (sf.)
TV news broadcast	telegiornale (sm)
typical	tipico (agg.)
ugly	brutto (agg.)
umbrella	ombrello (sm.)
uncle	zio (sm.)
to understand	capire (v.)
unfortunately	purtroppo (avv.)
university	università (sf.)
usual	solito (agg.)
usually	di solito
vacation	vacanza (sf.)
vain	vanitoso (agg.)
vegetable garden	orto (sm.)
vegetables	verdura (sf.)
very	molto (agg.)
view	vista (sf.)
village	paese (sm.)
vinegar	aceto (sm.)
to visit	visitare (v.)
visit	visita (sf.)
voice	voce (sf.)
to wait for	aspettare (v.)
to wait in line	*fare la fila*
to wake up	svegliarsi (v.)
to walk	camminare (v.), andare a piedi
walk	passeggiata (sf.)
wall	muro (sm.)
to want	volere
to wash oneself	lavarsi (v.)
to watch	guardare (v.)
watch	orologio (sm.)
water	acqua (sf.)
mineral water	*acqua minerale*
way	modo (sm.)
to wear	portare (indossare) (v.)
weather	tempo (sm.)
wedding	matrimonio (sm.)
Wednesday	mercoledì (sm.)
week	settimana (sf.)
weekend	fine settimana (sm.)
welcoming	accogliente (agg.)
wellbeing	benessere (sm.)
what	cosa (pr.interrog.); qual (pr.)/quale (agg./pr.)
what a shame	peccato (escl.)
when	quando (avv./cong.)
when [someone] was a child	da bambino, da piccolo
when [someone] was young	da giovane
where	dove (avv.)
whether	se (cong.)
which	qual (pr.)/quale (agg./pr.)
while	mentre (cong.)
white	bianco (agg.)
who	chi (pr. interrog.)
why	perché (avv.)
wife	moglie (sf.)
wind	vento (sm.)
windbreaker	giacca a vento
window	finestra (sf.)
wine	vino (sm.)
red wine	*vino rosso*
white wine	*vino bianco*
winter	inverno (sm.)
to wish	desiderare (v.)
with pleasure	volentieri (avv.)
within	tra/fra (prep.)
without	senza (prep.)
wonderful	stupendo (agg.)
wool	lana (sf.)
word	parola (sf.)
to work	lavorare (v.)
work	lavoro (sm.)
work of art	opera d'arte
working	lavorativo (agg.)
workshop	officina (sf.)
world	mondo (sm.)
to worry	preoccuparsi (v.)
to write	scrivere (v.)
writer	scrittore (sm.); scrittrice (sf.)
wrong	sbagliato (agg.)
yellow	giallo (agg.)
yes	sì (avv.)
yesterday	ieri (avv.)
yet	ancora (avv.)
you're welcome	prego (inter.)
young	giovane (agg.)
young lady	signorina (sf.)

Fonti

Pag 8: foto di Silvio Dondio e Luciana Ziglio.

Pag 15: foto di Italiaidea.

Pag 18: foto 1 da www.as-roma.dk; foto 2 da www.tottigoal.com; foto 3 da www.sport-channel.com.

Pag. 21: foto di Wolfgang Ressler, Monaco di Baviera.

Pag 22: foto 1, 4, 5 di Italiaidea; foto 2, 3 e 6 di Ph. P. Carossini, Firenze.

Pag 23 e 24: foto di Ph. P. Carossini, Firenze.

Pag 30: foto Big Night da www.ukquad.com.

Pag 31: foto pasta da www.pastagarofalo.it; foto frutta da www.lannaronca.it; foto salumi da www.pmnews.it.

Pag 32: foto 1 e 4 di Silvio Dondio e Luciana Ziglio; foto 2 e 5 archivio MHV; foto 3 di Giovanna Rizzo.

Pag 34: foto di Silvio Dondio e Luciana Ziglio.

Pag 38: foto 1 e 5 di Linda Cusimano; foto 2, 3 e 4 di Silvio Dondio e Luciana Ziglio.

Pag 42: foto da www.gcilbrianza.it.

Pag 43: fumetti da www.rete.toscana.it.

Pag 54: foto da www.uniroma1.it.

Pag 55: foto e testi da www.comune.torino.it.

Pag 56: foto in alto e in basso a sinistra di Ente Nazionale Italiano Per Il Turismo (E.N.I.T.); foto a destra in centro di Jürgen Frank; foto in basso a destra di Piero Salabè.

Pag 58: foto di IFA-BILDERTEAM-Fred.

Pag 60: foto a sinistra in alto e in basso e in alto al centro di Silvio Dondio e Luciana Ziglio; foto a destra in alto e in basso al centro di Linda Cusimano; foto a destra in basso di Jens Funke, Monaco.

Pag 65: foto 1 e 2 di Linda Cusimano; foto 3 e 4 di Silvio Dondio e Luciana Ziglio.

Pag 66: foto e articolo da www.iicbeirut.org.

Pag 67: foto da www.gcilbrianza.it; articolo da www.dwb.repubblica.it.

Pag 68: foto 1 e 3 di Ph. P. Carossini, Firenze.

Pag 75: foto di Jens Funke, Monaco.

Pag. 78: foto 1 da www.boschettoholiday.it; foto 2 da www.sonoutile.it.

Pag 79: testo da www.agriturismo.it; foto da www.orgiaglia.it.

Pag 80: foto a sinistra in alto e a destra in basso di Silvio Dondio e Luciana Ziglio; foto a destra in alto e a sinistra al centro di Linda Cusimano; foto a sinistra in basso IFA-BILDERTEAM-Eich; foto a destra al centro IFA.BILDERTEAM-Helweg.

Pag 92: foto Porta Soprana da www.ilcaffaro.com; foto mountain bike da www.altaviadeimontiliguri.it; cartina Liguria da www.italycyberguide.com; foto sci da www.altaviadeimontiliguri.it.

Pag 93: articolo da "Italia e Italia"; foto da digilander.libero.it; immagine sito Enit da www.enit.it.

Pag. 94: foto a sinistra in alto e al centro di Linda Cusimano; foto a sinistra in basso di Giovanna Rizzo; foto a destra in alto e in basso di Silvio Dondio e Luciana Ziglio.

Pag. 97: foto di Silvio Dondio e Luciana Ziglio.

Pag. 104: foto pellegrini in fila da www.corriere.it; foto chiesa da www.webalice.it.

Pag. 105: articolo adattato da www.repubblica.it; foto Ruini da images.virgilio.it; immagine Vaticano da www.vatican.va.

Pag. 106: foto a, b, d, e, f di Alexander Keller, Monaco di Baviera; foto c di Raffaele Celentano, Monaco di Baviera.

Pag. 107: foto di Raffaele Celentano, Monaco di Baviera.

Pag. 114: statistica da "La Repubblica", 28/3/2001.

Pag. 115: foto di Maria Balì, Monaco di Baviera.

Pag. 116: foto oggi da www.elettrotecnica.unina.it; foto 1941 da www.benedetta.it.

Pag. 117: articolo e foto da www.repubblica.it.

Pag. 118: foto a sinistra di Linda Cusimano; foto al centro di Silvio Dondio e Luciana Ziglio; foto a destra di Ph. P. Carossini, Firenze.

Pag. 119: foto di Giovanna Rizzo.

Pag. 126: foto alimentari di ROPI.

Pag. 128: foto libro da tecalibri.altervista.org; foto vigneto da www.lavinium.com; foto ragazza da www.lavinium.com; foto cantina da www.enotecaemiliaromagna.it.

Pag. 129: articolo da "Italia e Italia"; foto birra moretti da www.rakuten.co.jp; foto birra peroni e foto sottobicchieri da www.mondobirra.org.

Pag. 134: articolo e foto da www.la7.it.

Pag. 140: foto da www.giovani.it.

Pag. 141: articolo da www.donnamoderna.it; foto film da www.reflections.it; foto Armani da www.giodal.it; foto Prada da design.tdctrade.com; foto Dolce & Gabbana da img.terra.com; foto Cavalli da www.robertocavalli.net.

Pag. 142: testo adattato da www.larepubblica.it.

Pag. 143: foto di Raffaele Celentano, Monaco di Baviera.

Pag. 147: testo da "E tu chi eri? 26 interviste sull'infanzia" di Dacia Maraini, R.C.S. Libri.

Pag. 148: foto di Maria Balì, Monaco di Baviera.

Pag. 149: canzone "La gatta", musica e testo di Gino Paoli, (P) 1960 BMG Ricordi S.P.A.

Pag. 150: foto 1 da www.fulvionapoli.it; foto 2 e 3 da www.romeguide.it.

Pag. 151: articolo da www.provincia.roma.it.

Pag. 153: foto a sinistra di Raffaele Celentano, Monaco di Baviera.

Pag. 158: foto interno 1 di Raffaele Celentano, Monaco di Baviera; foto interno 2 di IKEA Deutschland; foto interno 3 di Sonntag & Fritz Immobilien; foto coppia e foto signora Archivio MHV; foto ragazzo di Luciana Ziglio.

Pag. 162: foto Hack da users.ictp.trieste.it; foto Pia da www.roma1.infn.it; foto Artoni da www.siciliafoto.it; foto Prestigiacomo da europa.eu.int; foto Veline da www.donnadelfuturo.it.

Pag. 163: foto donna da www.sportellostage.it; foto Montalcini da www.hi-net.it; foto Mussolini da www.corriere.it; foto Argento da www.vervost.de.

Pag. 164: foto di Alexander Keller, Monaco di Baviera.

Pag. 174: vignetta di D. Paparelli da portal.lobbyliberal.it.

Pag. 175: articolo da notizie.tiscali.it; disegno tv da www.girlyshoes.com.